ERIC METAXAS

SIEBEN MÄNNER

DIE GESCHICHTE SCHRIEBEN

Aus dem Englischen von Friedemann Lux

SCM
Hänssler

SCM

Stiftung Christliche Medien

Der SCM-Verlag ist eine Gesellschaft der Stiftung Christliche Medien,
einer gemeinnützigen Stiftung, die sich für die Förderung und Verbreitung christlicher Bücher,
Zeitschriften, Filme und Musik einsetzt.

FSC www.fsc.org MIX Papier aus verantwortungsvollen Quellen FSC® C006701

SCM Hänssler im SCM-Verlag GmbH & Co. KG · 71088 Holzgerlingen
Internet: www.scm-haenssler.de · E-Mail: info@scm-haenssler.de

Originally published in English under the title: Seven Men

Um der besseren Lesbarkeit willen wurde für fremdsprachige Sonderzeichen eine deutsche Transkription verwendet. So wird z.B. Karol Wojtyła als Karol Wojtyla wiedergegeben.

Übersetzung: Dr. Friedemann Lux
Umschlaggestaltung: Kathrin Spiegelberg, Weil im Schönbuch
Titelbild: siehe Bildnachweis im Anhang des Buches
Autorenfoto: © James Allen Walker
Satz: Satz & Medien Wieser, Stolberg
Druck und Bindung: CPI – Ebner & Spiegel, Ulm
Gedruckt in Deutschland
ISBN 978-3-7751-5507-6
Bestell-Nr. 395.507

Dieses Buch ist meinem Vater,
Nicholas Metaxas,
gewidmet.

Με Αγάπη

INHALT

VORWORT

Wir brauchen Helden.

Damit meine ich Leute, die über sich und über die Gesetze des gemeinhin Machbaren hinauswachsen – und zwar zum Nutzen und Wohl der Menschheit. Solche Vorbilder an Mut und Tatkraft stacheln uns nämlich an, selbst an unsere Grenzen zu gehen, wenn die Situation es erfordert.

Die meisten antiken Heldengeschichten kommen aus dem Land, aus dem auch Eric Metaxas väterlicherseits stammt: Griechenland. Den dortigen Dichtern verdanken wir die Geschichten von Herkules, Theseus und Achill. Diese Heroen unterscheiden sich von den Helden der Christenheit allerdings in mehrfacher Hinsicht: Erstens handelte es sich um Halbgötter; zweitens verfolgten sie mit ihren Heldentaten in der Regel egoistische Ziele; drittens stiegen ihnen die eigenen Erfolgsgeschichten zu Kopf.

Zumindest die letzten zwei Merkmale weisen auch die Helden auf, die sich nicht in der mythischen Vorgeschichte, sondern in der Weltgeschichte tummeln – Menschen wie Cäsar, Friedrich Barbarossa und Napoleon. Keiner von ihnen stellte sich in den Dienst der Barmherzigkeit, und keiner von ihnen blieb der Nachwelt als demütig in Erinnerung. Sie entzogen der Menschheit mehr Energie, als sie zurückgaben.

Ganz anders verhielten sich die sieben Männer, deren leuchtenden Beispiele uns in diesem Buch vor Augen geführt werden. Ihre Antriebskraft war nicht der Applaus der Zeitgenossen; sie waren nicht berauscht von der Illusion der eigenen Bedeutsamkeit. Sie sahen sich als geliebte Geschöpfe Gottes, die sich selbst aus Dankbarkeit und Notwendigkeit weiterverschenkten – an Schwache und Ausgegrenzte.

Die »glorreichen Sieben«, deren Biografien auf den folgenden Seiten präsentiert werden, stellen einen bunten Mix dar, genau wie die Christenheit überhaupt: ein Pole und je zwei Deutsche, Briten und Amerikaner. Dass diese Avantgarde des Guten rein männlich ist, liegt natürlich nicht daran, dass es an tapferen Christinnen fehlen würde. Man denke nur an Sophie Scholl oder Corrie ten Boom. Umgekehrt ist es vielmehr so, dass heutzutage ein Mangel an prominenten Kerlen mit Vorbildcharakter besteht. Sonst würden nicht immer mehr Halbwüchsige bei tätowierten und goldkettchenbehangenen Hip-Hop-Performern in die Lebensschule gehen.

Die Herren Bonhoeffer, Colson, Liddell, Luther, Robinson, Wilberforce und Wojtyla stellen die Alternative dar: lauter Vollblut-Typen, die ihr Testosteron auf karitative und kreative Art kanalisierten, die Freiräume schufen und dabei selbst Ausgrenzung erfuhren. Die Biografien dienen längst nicht nur als pädagogisch wertvoller Anschauungsunterricht, sondern sind dichter und spannender als jeder historische Thriller.

Ich wünsche viel Vergnügen und jede Menge heilige Inspiration mit dem Panorama wuchtiger Fronteinsätze, das der geniale Erzähler Eric Metaxas auf den folgenden Seiten ausbreitet.

Auf in den Kampf.

Dr. Markus Spieker
Berlin im Mai 2014

EINLEITUNG

Die meisten Leser werden mir wohl zustimmen, wenn ich behaupte, dass in unserer Gesellschaft die Männlichkeit in den letzten Jahrzehnten unter die Räuber gefallen ist. Das vorliegende Buch möchte dies ein kleines Stück weit wiedergutmachen, indem es zwei zentrale Fragen stellt und beantwortet. Erstens: *Was ist ein Mann?* Und zweitens: *Wodurch wird ein Mann groß?*

Verzeihen Sie mir bitte, wenn ich mit dem Western-Schauspieler John Wayne beginne. Er gehört nicht zu den sieben Männern in diesem Buch, aber für viele aus meiner Generation war (und ist) er so etwas wie ein Sinnbild der Männlichkeit. Warum? Weil er ein Haudegen war und sich für einen tollen Hecht hielt? Weil er groß und stark war und die meisten Männer das auch gerne wären? Nun, all das spielt sicher eine Rolle, aber ich glaube, das Entscheidende war, dass er meist Rollen spielte, in denen er mit seiner Größe und Kraft die Schwachen beschützte. Er gehörte zu den Guten. Er war stark und hart, aber nie gemein. John Wayne auf der Leinwand zu erleben, zeigte Generationen von Männern (und Frauen) mehr darüber, was einen Mann groß macht, als endlose Diskussionen über das Thema. Manchmal sagt ein Bild wirklich mehr als tausend Worte. Und unsere Reaktion auf John Wayne ist ein Schlüssel zum Geheimnis der Größe der Männer in diesem Buch.

Dies ist kein Buch, das über Männlichkeit *philosophiert* (zumindest nicht nach dieser Einleitung, die Sie auch übergehen können, aber warum sollten Sie, wenn Sie bis hierhin gelesen haben?), sondern das sie im wirklichen Leben großer Männer *demonstriert*. Man kann den ganzen Tag lang über Richtig und Falsch und Gut und Böse reden, aber irgendwann muss man es in Aktion erleben. Die beste Methode, anderen zu zeigen, welches Verhalten gut und welches schlecht ist, ist das Studium des realen Lebens realer Menschen. Wir brauchen Helden. Wir brauchen Vorbilder.

Mein persönliches größtes Vorbild ist Jesus – und vielleicht haben auch Sie schon gemerkt, dass er nicht nur Worte machte. Er sagte natürlich die erstaunlichsten Dinge, aber er lebte auch drei Jahre lang mit seinen Jüngern zusammen. Sie sahen, wie er aß und schlief und Wunder tat. Sie sahen, wie er lebte und litt und starb. Sie sahen, wie er mit den Menschen umging (sie selbst einbegriffen).

Er lebte unter ihnen – seine wichtigste Methode, sich den Männern mitzuteilen, die ihn später der Welt mitteilten. So »machte« er Jünger, die dann später selbst Jünger »machten«. Wer die Evangelien liest, bekommt eine Vorstellung davon, dass das Leben eines Menschen mindestens genauso wichtig ist wie seine Worte. Predigten können packend sein, aber das Leben so manches Predigers kann mich noch stärker packen. Die Art, wie ich lebe, teilt meinen Mitmenschen etwas mit. Sie ist ein Anschauungsunterricht im Leben.

Vorbilder waren in der Geschichte der Menschheit bis vor Kurzem immer wichtig. Die alten Griechen hatten Plutarchs *Große Griechen und Römer*, und im 16. Jahrhundert gab es Foxe's *Book of Martyrs*. Diese und ähnliche Bücher vermittelten die Botschaft, dass das Leben der porträtierten Personen groß und nachahmenswert sei. Viele Jahrhunderte lang hat das Studium von Vorbildern und Helden der nächsten Generation gezeigt, welchen Weg sie einschlagen sollte.

Das ist einer der Hauptgründe für die großen Biografien, die ich über William Wilberforce und Dietrich Bonhoeffer verfasste. Übrigens – eines der letzten Bücher, die Bonhoeffer vor seinem Tod las, waren die »Großen Männer« von Plutarch.

Doch, wie vorhin schon erwähnt, hat sich unsere Einstellung zu Helden und Vorbildern in den letzten Jahren verändert. Warum ist das so? Wie kam es dazu?

Die antiautoritäre Welle

Teilweise lässt sich die Frage dadurch beantworten, dass seit der Generation der 1968er in großen Teilen unserer Gesellschaft das Denken herrscht, dass niemand wirklich sagen könne, was »gut« und »böse« ist. Wir zögern, irgendjemanden als »Vorbild« zu bezeichnen. Der Satz »Darüber kann ich mir kein Urteil erlauben« ist geradezu ein Mantra unserer Zeit geworden.

Dass es dazu kam, hat (vor allem in den USA) mit dem Vietnamkrieg und Watergate (vgl. S. 205) zu tun; beide haben zweifellos den Trend zum Hinterfragen der »offiziellen Version«, ja unserer Politiker und Autoritäten überhaupt beschleunigt. Vor Vietnam hatten die Amerikaner so ziemlich alle eigenen Kriege als »gerecht« betrachtet, und die überwältigende kulturelle Botschaft lautete, ein patriotischer Amerikaner habe seine Pflicht zu tun und sein Land und dessen Freiheiten zu verteidigen, wo immer nötig. Mit Vietnam wurde all das anders. Und mit Watergate, als die Amerikaner – vor allem dank der Tonbandmitschnitte der Gespräche im Weißen Haus – es zum ersten Mal in der Geschichte erlebten, wie ein US-Präsident sich nicht wie ein Präsident, sondern unanständig, bestechlich und schändlich verhielt und Ausdrücke benutzte, die der Normalbürger seinen Kindern verbot.

Und so kam die Autorität dieses Präsidenten, Richard Nixon, auf den Prüfstand. Zu Recht. Das Problem ist nur, dass wir seitdem *keinem* unserer Prominenten mehr vertrauen und dazu neigen, bei berühmten Menschen vor allem das Negative zu sehen und zu suchen. Ein Fernsehevangelist kann noch so viel Gutes und Richtiges sagen – ein einziger falscher Satz, und alle Welt stürzt sich auf ihn. Es ist kein heldenfreundliches Klima.

Aber mehr noch: Unsere Gesellschaft wendet dieses Suchen nach dem Negativen nicht mehr nur auf die heutige Prominenz an, sondern auch auf die vergangene. So ist zum Beispiel George Washington in vielen Köpfen nicht mehr der heldenhafte »Vater Amerikas«, sondern ein reicher Grundbesitzer, der sich die Frechheit erlaubte, Sklaven zu halten. Viele Amerikaner haben die ungeheuren Opfer, die er brachte und für die sie ewig dankbar sein sollten, schier vergessen. Dergleichen ist nicht nur eine Schande, sondern ein schwerer Schaden für unser Land. Oder nehmen wir Christoph Kolumbus: Für viele ist er nicht mehr ein tapferer Visionär, der unter vollem Einsatz die Neue Welt entdeckte, sondern ein schäbiger Völkermörder. Sicher sollten wir niemals Menschen kritiklos vergöttern, doch das andere Extrem – das Schlechtmachen von Persönlichkeiten, die Großes und Gutes geleistet haben – ist genauso schädlich.

Die ganze Vorstellung *rechtmäßiger* Autorität ist in der westlichen Kultur in Misskredit geraten. Aus meiner Kindheit in den 1970er-Jahren kenne ich Aufkleber mit dem Spruch *Question Authority* (»Prüfe jede Autorität«). Was nicht nur bedeutete, dass man (was ja gut und richtig ist) prüfen sollte, ob eine Autorität rechtmäßig war, sondern sehr viel weiter ging; der Gedanke der Autorität an sich wurde infrage gestellt. Unsere Gesellschaft ist vom einen Extrem ins andere gefallen: von der unkritischen Bejahung jeder Autorität in ihre ebenso unkritische Verneinung, von der Naivität in den Zynismus. Die goldene Mitte (also das Prüfen jeder Autorität darauf, ob sie rechtmäßig ist), kam dabei unter die Räder. Wir benehmen uns wie eine Frau, die von einem Mann so enttäuscht und verletzt worden ist, dass sie hinfort keinem einzigen Mann mehr traut. Anstatt nach Menschen zu suchen, die unser Vertrauen verdienen, haben wir die Vertrauenswürdigkeit schlechthin abgeschafft; alles und jeder ist verdächtig.

Dies ist eine denkbar schlechte Situation, und in unserer Kultur zahlen wir einen hohen Preis für sie. Wie gesagt, wir brauchen Helden und Vorbilder. Wer die Bibel ernst nimmt, glaubt, dass die Menschheit gefallen ist und dass niemand außer Jesus vollkommen ist. Aber er glaubt auch, dass Menschen mit ihrem konkreten Leben eher ein gutes oder ein schlechtes Beispiel abgeben können. Ist es wirklich realistisch, anzunehmen, dass es keine Lebensläufe gibt, die eher nachahmenswert sind – oder abschreckend? Wollen wir im Ernst behaupten, dass es für uns (oder für unsere Kinder) egal ist, ob jemand mit seinem eigenen Leben Mutter Teresa und Dietrich Bonhoeffer nacheifert oder aber Hitler und Stalin?

Vor Kurzem schaute ich mir eine Wiederholungssendung der alten Westernserie *The Rifleman* (deutsch: »Westlich von Santa Fé«) an, mit Chuck

Connors in der Hauptrolle. Die Serie lief 1958–1963 und wurde vor allem von Jungen gesehen. Mich faszinierte die Darstellung echter Männlichkeit, ein guter, ja heldenhafter und tapferer Mann zu sein. Und wie sich solch ein Mann von einem Feigling oder Rabauken unterscheidet.

Eine Gesellschaft, die junge Männer hervorbringen will, die das Rechte tun, braucht solche Rollenbilder. Aber was für Vorbilder bekommen unsere jungen Leute heute im Fernsehen präsentiert? Der gute Held – das war einmal …

Dies ist ein Buch für jedermann (und jedefrau), aber als ich es schrieb, habe ich vor allem an die jungen Männer in unserer Gesellschaft gedacht, die so dringend Vorbilder brauchen. Wenn wir ihnen niemanden aus unserer Geschichte und Kultur als Vorbild präsentieren, dem nachzueifern sich lohnt, werden sie halt irgendjemand anderem nacheifern.

Jugendliche, die ihre Freizeit mit Videospielen und Gewalt auf dem Bildschirm verbringen, werden nicht leicht zu den Männern, die sie eigentlich werden sollten. Sie werden ohne Fundament aufwachsen und die große Aufgabe, zu der sie in die Welt gekommen sind – nämlich Helden und »groß« zu werden –, verpassen. Wie tragisch: Generationen junger Männer, die nicht begreifen, wer sie sind oder wie sie mit Frauen umgehen sollen, und die auf ihrem Lebensweg sich selbst (und wahrscheinlich etliche Frauen) tief verletzen werden. Es ist unerlässlich, dass wir ihnen zeigen, wie Gott sie gemeint hat und was ein echter Held ist. Die Männer in diesem Buch gehören zu meinen persönlichen Helden. Ich freue mich, sie meinen Lesern vorstellen zu dürfen, und hoffe, dass sie viele junge Männer zur Nachahmung anspornen werden.

Vater war der Beste

Ich habe vorhin gesagt, dass in unserer Zeit die Männlichkeit unter die Räuber gefallen ist. Dies ist eine Folge der antiautoritären Welle. Traditionell galt der Vater als Familienoberhaupt. Eine Gesellschaft, die Autorität demontiert,

demontiert den Vater mit, und in der Tat: Die vergangenen vier Jahrzehnte erlebten einen dramatischen Niedergang des Vaterbildes.

Eine der beliebtesten Radio- und Fernsehserien der 1950er-Jahre war *Father Knows Best* (»Vater ist der Beste«), ein liebevolles Porträt einer typisch amerikanischen Mittelklassefamilie. Der Vater (gespielt von Robert Young) war die unangefochtene Autoritätsperson, ohne dabei hart oder tyrannisch zu werden. Er strahlte eine stille Souveränität aus. Er war so freundlich, weise und großzügig, dass man sich unwillkürlich wünschte, der eigene Vater wäre auch so. Und heute? Präsentieren uns die Mainstream-Medien Väter entweder als gesichtslose Nieten oder als pompöse Trottel.

Väterlichkeit ist einer der Schlüssel zum Geheimnis des großen Mannes. Doch ein Mann braucht nicht buchstäblich ein Vater zu sein, um die Eigenschaften eines guten Vaters zu besitzen. Zwei der in diesem Buch porträtierten Männer – Dietrich Bonhoeffer und Johannes Paul II. – haben in ihrem Leben nie geheiratet oder Kinder gehabt. Und das Wort »Papst« kommt von dem lateinischen *papa* – »Vater«. Vatersein ist nicht in erster Linie biologisch. Wenn wir an unseren himmlischen Vater denken (Gott), dann denken wir an jemanden, der stark und voller Liebe ist und sich für die, die er liebt, opfert. *Das* ist echte Väterlichkeit und echte Männlichkeit.

Wer ist ein Mann?

In einer Welt, in der Autorität in Misskredit geraten ist und Leiter und vor allem Väter als verdächtig gelten, ist für Helden herzlich wenig Platz, ja, es bestehen nur noch konfuse Vorstellungen von Männlichkeit. Anstelle echter Männlichkeit, wie Gott, der Schöpfer, sie sich gedacht hat, finden wir heute zwei Zerrbilder von Männlichkeit.

Das erste Zerrbild ist der Macho – der eitle Kraftprotz, der seine Kraft nur dazu benutzt, anzugeben und die Schwächeren zu tyrannisieren. Offensichtlich hat Gott sich unter einem echten Mann etwas anderes vorgestellt. Der Macho ist der Mann, dessen Gefühlsleben nicht erwachsen geworden ist; hinter der Fassade des harten Kerls steckt ein egoistischer kleiner Junge voller Angst.

Das zweite Zerrbild ist der Softie – der Mann, der seine Männlichkeit prinzipiell leugnet und so tut, als gäbe es keine wirklichen Unterschiede zwischen Mann und Frau. Starksein ist für den Softie nichts Erstrebenswertes; denn was bringt es denn?

Gottes Definition von Männlichkeit ist völlig anders. Sie hat weder mit dem Macho noch mit dem Softie etwas zu tun. Die Bibel sagt, dass Gott uns nach seinem Bilde erschaffen hat, als Mann und als Frau. Die Bibel feiert Mannsein und Frausein – und die Unterschiede zwischen ihnen, die sich Gott persönlich ausgedacht hat. Unter anderem sagt die Bibel – an einer berühmten beziehungsweise berüchtigten Stelle –, dass Männer in der Regel stärker sind als Frauen, die sie in 1. Petrus 3,7 als das »schwächere Geschlecht« nennt. Aber warum hat Gott die Männer stärker erschaffen? Damit sie Frauen, Kinder und andere beschützen können, und schon darin liegt ein Stückchen Heldentum. Männliche Stärke ist eine Gabe Gottes, die wie alle Gottesgaben zum Besten der Mitmenschen eingesetzt werden sollte. In 1. Mose 12,1-3 verspricht Gott Abraham, er werde ihn segnen, *damit er seinerseits anderen zum Segen werden kann*. Alle Segnungen und Gaben (und auch körperliche Kraft ist eine Gabe) sind *Gottes* Gaben, die wir in seinem Sinne, zum Wohl unserer Mitmenschen einsetzen sollen. Männer haben ihre Kraft dazu einzusetzen, die Schwächeren (ob dies nun andere Männer sind oder Frauen und Kinder) zu beschützen. Echte Kraft ist immer Kraft, die sich in Gottes Dienst nehmen lässt.

Doch in unserer Zeit erleben wir die Verteufelung männlicher Kraft. Weil es Männer gab, die ihre Kraft egoistisch missbrauchten, haben manche Kreise die Männlichkeit an sich verteufelt. Wer dieser Ideologie aufsitzt, kommt zu dem Ergebnis, die einzig richtige Methode, mit Männlichkeit umzugehen, bestehe darin, die Männer zu schwächen; denn wenn sie stark wären, würden sie den anderen ja bloß Schaden zufügen. Kraft wird böse geredet, weil sie missbraucht werden kann, und auf diese Weise sind wir in einer Kultur gelandet, die glaubt, dass sie die Starken bekämpfen muss, um die

Schwachen zu beschützen. In einer solchen Kultur ist kein Platz mehr für Helden; sie vergisst den eigentlichen Sinn von Kraft und Macht. Es ist eine Welt, in der es keine Männer mehr gibt, sondern nur noch zwei Arten kleiner Jungen: hier die großmäuligen Machos, dort die emotional kastrierten Softies. Es ist eine Welt, in der Frauen vor allem selbstbewusst sein müssen und sich ja nie auf die Männer verlassen dürfen. Es ist eine quasi sozialistische »Umverteilung« von Macht: Man nehme sie den Männern weg und gebe sie den Frauen, damit es endlich gerecht zugeht … Natürlich geht die Rechnung nicht auf. Schlussendlich werden alle zum Verlierer.

Der edle Ritter, der die Schwächeren beschützt, und der Gentleman, der der Dame die Tür öffnet oder seinen Sitzplatz anbietet – so sehen christliche Männlichkeitsideale aus. Jesus sagte, der beste Führer ist ein guter Diener, der sich mit Herzblut für seine Untergebenen einsetzt. Der gute Hirte gibt sein Leben für die Schafe. Jesus wusch die Füße seiner Jünger, er starb für die, die er liebte. So stellt Gott sich Menschen vor, die führen, die stark sind, die ein Segen für ihre Umgebung sind. Gottes Definition von Männlichkeit und Kraft führt uns zum Bild des Ritters und Gentlemans, und nicht zu dem des rücksichtslosen Rüpels oder des konturlosen Pseudomannes, der nicht mehr weiß, was ihn von einer Frau unterscheidet.

Es gibt noch Ritter und Helden

Im vergangenen Sommer wurden in einem Kino in den USA zwölf Menschen, die in eine Mitternachtsvorstellung des neuesten Batman-Films gegangen waren, von einem bewaffneten Verrückten, der plötzlich um sich schoss, ermordet. Am stärksten beeindruckte mich an dem Vorfall, dass sich unter den Toten drei junge Männer befanden, die versucht hatten, ihre Freundinnen vor den Kugeln zu schützen. Irgendetwas hatte sie dazu bewegt, ihr Leben für eine junge Frau einzusetzen. Warum machten sie das, und was sagt uns das über echte Männlichkeit?

Der Mörder ist das perfekte Bild des Bösen, des Gegenteils von Liebe.

Er benutzt seine Macht (hier eine Pistole) dazu, anderen zu schaden, ja sie zu töten. Die drei jungen Männer hingegen sind ein Abbild der Macht der Liebe, das Gegenteil des Bösen. Diese Männer gebrauchten ihre Macht dazu, ihre Freundinnen zu beschützen. Im Täter tritt uns ein Egoist übelster Sorte entgegen, für den seine Mitmenschen keinen Wert zu haben scheinen und der sich entsprechend verhält. In seinen Opfern treten uns drei Männer entgegen, die absolut selbstlos handelten. Warum? Welchem Instinkt folgten sie?

Die Geschichten in diesem Buch sind Geschichten von Männern, die diesen zweiten Weg gingen. Männer, die darum wussten, dass Selbstlosigkeit einen Mann auszeichnet – und die Entscheidung, seine größten Stärken Gott zur Verfügung zu stellen; ja, dass es manchmal an der Zeit ist, etwas von sich im Dienst für den Mitmenschen oder für ein höheres Ziel einzusetzen.

Männer mit Herz gesucht

Wir behaupten, dass nicht nur John Wayne und andere Kinohelden, sondern auch Alltagshelden mutig sind. Ein anderes Wort für »mutig« ist »beherzt«. Der Mutige ist jemand, der ein festes Herz hat. Ein festes Herz – das ist Gottes Definition von »Kraft«. Der innerlich starke Mann ist der Mann, der ein festes, rechtes, gutes Herz hat. Das Herz eines Löwen sozusagen.

Sie haben es vielleicht schon beobachtet: Für den pseudomännlichen Macho ist »Herz« etwas Schwächliches, Weiches. Er versteht nicht, was es heißt, beherzt zu sein. Er verortet Männlichkeit anatomisch allein im Unterleib, und seine Heldentaten sind nur noch sexueller Natur. Während der echte Held einem Löwen gleicht, ähnelt der pseudopotente Sexprotz eher einem Affen oder Ziegenbock.

Das erste Kapitel seines Buches »Die Abschaffung des Menschen« betitelte C. S. Lewis *Men Without Chests* (»Menschen ohne Brust«). Lewis wusste darum, dass echten Männern (und Frauen) ein starkes, großes Herz in der Brust schlägt. Was Gott unter echter Männlichkeit versteht, begreifen wir erst dann, wenn wir sehen, dass es ihm um das Herz geht und nicht um sexuelle Großtaten.

Ein echter Mann ist ein beherzter Mann; ein Mann mit Mut. Doch Mut zu was? Mut, das Rechte zu tun, wenn alle Stimmen um mich herum mir einreden wollen: »Pass dich doch einfach an.« Mut, sich über die Umstände und scheinbaren Sachzwänge zu erheben. Mut, der Mann zu sein, den Gott sich vorstellt, und sich für andere einzubringen und hinzugeben, auch wenn mich das etwas kostet und alles dafür zu sprechen scheint, als Erstes an mich selbst zu denken.

Warum diese sieben Männer?

Der Leser dieses Buches wird sich unwillkürlich fragen, warum ich über genau diese sieben Männer schreibe, und nicht über andere. Meine Auswahl ist natürlich kein Gesetz der Meder und Perser. Es ist eine zum Großteil subjektive Wahl. Es gibt noch viele andere große Männer, die ich ebenfalls gerne in dieses Buch aufgenommen hätte und über die ich hoffentlich später noch werde schreiben können. Aber für dieses erste Buch suchte ich sieben Männer, die alle etwas gemeinsam hatten: Um eines höheren Zieles willen verzichteten sie auf etwas, das sie hätten behalten oder bekommen können. Diese Eigenschaft ist edel und bewundernswert; sie erfordert Mut und meist auch Glauben. Alle Männer in diesem Buch besitzen diese Qualität. Lassen Sie mich es kurz erklären.

Martin Luther (1483–1546) gab die Sicherheit auf, mit dem kirchlichen Strom seiner Zeit zu schwimmen. Er hätte eine vergleichsweise geruhsame Karriere im Kloster und an der Universität machen können, zu einer Zeit, als der Mönchsstand ein hohes Prestige genoss. Er hätte ein reibungsfreies Verhältnis zu den kirchlichen und weltlichen Autoritäten seiner Zeit pflegen können. Doch die Wahrheit, die er über Gott, die Bibel und die Kirche erkannt hatte, ließ ihn nicht mehr los. Er riskierte den sicheren Zusammenstoß mit der mächtigen kirchlichen Hierarchie, ja den Tod auf dem Scheiterhaufen, um ein Zeuge der Wahrheit zu sein und das zu sagen, was er vor Gott und seinem Gewissen laut sagen musste und nicht verschweigen durfte. Er machte den Mund auf, wenn, mit den Augen des Verstandes betrachtet, Schweigen klüger gewesen wäre. Aber er wusste: Mit Schweigen hätte er sich schuldig gemacht. Er tauschte eine behagliche Gelehrtenkarriere mit der Arena des öffentlichen Kampfes – und stieß so eine der größten Revolutionen in der Geschichte der Christenheit und Europas, ja der Welt an.

William Wilberforce (1759–1833) verzichtete auf die Chance, englischer Premierminister zu werden. Viele haben kommentiert, dass er »Prinzipien über die Partei« setzte. Doch warum tat er das? Weil es etwas gab, was für ihn noch viel wichtiger war, als der Führer des größten Weltreiches der damaligen Zeit zu werden. Er widmete sein Leben der Sache der schwarzen Sklaven – Menschen, die ihm seinen Einsatz nicht entlohnen konnten. Doch er wusste: Gott hatte für ihn ein noch weitaus größeres Opfer gebracht, und so setzte er sich eben für Menschen ein, die er nie kennenlernen würde – und für Gott.

So entscheidend für Luther die Entdeckung von Gottes Gnade war, wurde für Wilberforce seine Hinkehr zum christlichen Glauben bedeutsam. Sie eröffnete ihm schlagartig eine neue Sichtweise. Plötzlich erkannte er, dass alles, was er besaß – Reichtum, Macht, Einfluss, Beziehungen, Intelligenz und sein rhetorisches Talent –, ja eine Gabe Gottes war. Eine Gabe, die er für andere einsetzen musste. Er wusste plötzlich, warum er auf der Welt war: um alles, was Gott ihm da gegeben hatte, einzusetzen, um das Leben seiner Mitmenschen besser und schöner zu machen. Indem er fünf Jahrzehnte lang konsequent danach handelte, wurde er einer der wichtigsten Menschen, die je auf diesem Planeten gelebt haben. Er veränderte die Welt auf eine Art und Weise, wie es keiner seiner Zeitgenossen für möglich gehalten hätte.

Der Film *Chariots of Fire* (deutscher Titel: *Die Stunde des Siegers*) erzählt die Geschichte von *Eric Liddell* (1902–1945), der bewusst auf die Beifallsstürme von Millionen verzichtete, um den Sabbat zu halten und Gott zu ehren. Dies führte zu einer der bemerkenswertesten Episoden in der Geschichte des modernen Sports – und sie bestand nicht in einer sportlichen Großtat, sondern im Verzicht auf eine solche. Es war die historische Entscheidung eines tiefgläubigen jungen Christen, auf das zu verzichten, was in den Augen der gesamten Welt als das Logischste erschien, ja, was er verdient hatte: die Chance, olympisches Gold in seiner stärksten Disziplin zu gewinnen. Aber für Liddell kam Gott zuerst, und so verzichtete er auf seine beste Goldmedaillenchance. Doch das ist erst die erste Hälfte seiner Geschichte, wie Sie noch sehen werden.

Als Nächstes folgt der brillante und heldenhafte deutsche Pastor und Theologe *Dietrich Bonhoeffer* (1906–1945). Bonhoeffer bot dem nationalsozialistischen Regime mutig die Stirn und setzte mehrfach seine Freiheit und Sicherheit aufs Spiel, um für Gott und die Wahrheit zu kämpfen – nicht zuletzt im Sommer 1939, kurz vor Kriegsausbruch, als er die schicksalhafte Entscheidung traf, aus den USA nach Deutschland zurückzukehren, weil er spürte, dies sei Gottes Wille. Zuletzt opferte er sein Leben. Seine Opferbereitschaft ist zahllosen Menschen in Tausenden von Situationen Vorbild und Ansporn gewesen, das Rechte zu tun, und seine Geschichte wirkt heute noch nach.

Jackie Robinson (1919–1972) machte Geschichte, als er die sogenannte Rassenschranke im amerikanischen Profi-Baseball durchbrach. Doch dazu musste er Verzicht üben, wie ihn nur sehr wenige Männer durchgehalten hätten; er musste auf sein Recht verzichten, sich zu wehren – gegen rassistische Attacken, die an Gehässigkeit beinahe beispiellos waren. Es muss ihn übermenschliche Anstrengung gekostet haben, doch er schaffte es – weil er Gott vertraute und an die unzähligen Menschen dachte, denen er mit seiner Entscheidung den Weg bahnte. Er brachte große Opfer für Menschen, die er nie kennenlernen sollte. Er dachte an seine Frau und Kinder, aber auch an all die anderen, Fremden, die von seinem Entschluss, mutig das Rechte zu tun, profitieren würden. Sein Mut kostete ihn viel – und brachte ihn in dieses Buch.

Karol Wojtyla (1920–2005) – den meisten besser als *Papst Johannes Paul II.* bekannt – stellte sein Leben in den Dienst für Gott, wie es viele immer noch für besonders typisch halten: Er beschloss, ihm als Priester zu dienen. Danach wurde er Bischof, Erzbischof, Kardinal und schließlich Papst. Aber er war kein ehrgeiziger Mann und überhaupt nicht machthungrig. Er gab sein Recht auf ein selbstbestimmtes Leben auf, ja sein Recht auf die eigene Würde. In seinem Alter trat er couragiert weiter vor die Welt, obwohl er durch die parkinsonsche Krankheit gezeichnet war.* So demonstrierte er mit seinem eigenen Leben, was er mit seinen Worten bekannt hatte – dass jeder Mensch in Gottes Augen heilig ist. Auch als Schwache und Kranke – ja gerade dann! – sind wir geliebte Geschöpfe Gottes. Johannes Paul II. war ein Beispiel für konsequenten Heldenmut, ein Mann, der lebte, was er predigte.

Der einzige Mann in diesem Buch, den ich persönlich kennenlernen durfte, ist *Charles Colson* (1931–2012). Lange Zeit gehörte er nicht zu den Persönlichkeiten, die in einem Buch wie diesem auf keinen Fall fehlen durften. Er war ungeheuer ehrgeizig und machtversessen – und er wurde auch mächtig und brachte es bis zum Chefberater von US-Präsident Richard Nixon. Es war eine schwindelerregende Karriere für einen Mann, der noch keine vierzig war, und sie endete mit einem tiefen Fall. Doch als Colson im Laufe der Watergate-Affäre seine Macht verlor, fand er stattdessen den eigentlichen Sinn seines Lebens, ja des Lebens überhaupt, und als ihm das Gefängnis drohte, ließ er sich davon nicht unterkriegen. Sein Glaube war so stark, dass er wusste, was er zu tun hatte: Gott so bedingungslos vertrauen, dass es für den Rest der Welt nach Verrücktheit aussah. Tatsächlich sah es verrückt aus. Aber was die anderen dachten, war Colson mittlerweile egal. Für ihn zählte nur noch Gottes Meinung, und so schlug er einen gerichtlichen Deal aus, der ihm das Leben um einiges leichter gemacht hätte, legte ein Geständnis ab, das er nicht hätte ablegen müssen – und kam ins Gefängnis. Er hatte begriffen: Wirklich frei ist nur derjenige, der alles in Gottes Hand legt. Und so wurde Charles Colson zu einem Vorbild echter Größe für uns alle.

---

* Durch die Heiligsprechung Papst Johannes Paul II. am 27. April 2014 ist dieser erneut in den Fokus der Öffentlichkeit gerückt.

Appetitmacher

Wenn Sie mich fragen, dann gehören die sieben Männer in diesem Buch zu den größten Männern, die je gelebt haben, und ihre Geschichten zu lesen, wird Ihr Leben unendlich bereichern. Es ist mein sehnlicher Wunsch, dass diese Kurzbiografien Ihnen Appetit darauf machen, längere Biografien dieser Männer zu lesen. Ich hoffe, dass Sie anfangen, ihr Leben zu studieren, ja ihnen nachzueifern. Es ist mein Gebet, dass alle, die dieses Buch lesen, sich von ihm anspornen lassen, selbst echte Helden zu werden – große Männer (oder Frauen) in ihrer eigenen Generation.

In welcher Reihenfolge Sie die Geschichten der sieben Männer in diesem Buch lesen, ist egal. Sie können das Buch von vorne bis hinten durchlesen oder irgendwo in der Mitte einsteigen. Die Kapitel können für sich gelesen werden oder zusammen mit den anderen.

Eric Metaxas
New York City im Mai 2014

1. KAPITEL

MARTIN LUTHER

1483–1546

Meine Mutter wuchs als evangelische Christin in Deutschland auf. Mein ganzes Leben lang hörte ich von Martin Luther – und wusste doch sehr wenig über ihn. Mir war bekannt, dass er Sinn für Humor hatte und viele derbe Aussprüche auf ihn zurückgehen. In unserer Wohnung steht ein vergoldeter Becher mit Luthers Konterfei und dem Spruch: »Wer nicht liebt Wein, Weib und Gesang, der bleibt ein Narr sein Leben lang.«[1] Ich kannte Luthers bulliges Gesicht durch das berühmte Porträt von Lucas Cranach und wusste, dass die »Lutheraner« nach ihm benannt waren.

Aber das war auch schon fast alles, und bis zu den Recherchen für mein Buch über Dietrich Bonhoeffer, der stark von Luther geprägt war, war mir nicht klar, was ich da alles verpasst hatte. Falls Sie noch nicht viel über diesen großen Reformator wissen, hoffe ich, dass dieses Kapitel Ihnen helfen wird. Und falls Sie schon viel wissen, hoffe ich, dass Sie ein paar neue Entdeckungen machen.

Ich schreibe diese Zeilen zu einer Zeit, in der das große Reformationsjubiläum seine Schatten vorauswirft. 2017 sind fünfhundert Jahre seit jenem historischen 31. Oktober vergangen, an dem Luther seine 95 Thesen veröffentlichte und an die Tür der Schlosskirche zu Wittenberg angeschlagen haben soll.* Es wird als Geburtstag der Reformation erinnert und gefeiert. Kein

---

* Umstritten ist heute, ob Luther die Thesen tatsächlich an die Tür der Schlosskirche nagelte, s. S. 35.

Wunder, dass Luther zurzeit bei vielen große Aufmerksamkeit weckt, was nicht ohne geschäftstüchtige Auswüchse bleibt. Luther-Produkte sind in. Vor Kurzem schickte mir ein Freund ein Paar Socken, auf denen die vielleicht berühmtesten Worte gestickt waren, die auf Luther zurückgehen sollen: »Hier stehe ich.«

Ich weiß nicht, ob Sie sich jetzt laut lachend auf die Schenkel klopfen oder aber dieses Buch am liebsten in die Ecke legen würden. Ich selbst musste (nun ja, ein bisschen) kichern. Aber das Kichern vergeht mir sofort, wenn ich bedenke, wie wenig Menschen heute wirklich wissen, wer Luther war.

Wenn Sie in den USA den Namen »Luther« erwähnen, denken viele als Erstes an Martin Luther King, das große Idol der Bürgerrechtsbewegung, der weder Deutscher noch Lutheraner noch ein Mönch des sechzehnten Jahrhunderts war. Viele Menschen haben vergessen, wer Luther wirklich war, so wie sie auch William Wilberforce vergessen haben oder nur oberflächliches Halbwissen über Dietrich Bonhoeffer haben. Sie haben vergessen (falls sie es denn überhaupt je gewusst haben), was dieser Mönch mit den tiefgründigen Augen[2] in nur fünfzehn Jahren angestoßen hat: Seine Taten und Worte brachten einen Stein ins Rollen, der schließlich die fünfzehn Jahrhunderte alte christliche Kirche auseinanderriss, was zu den beiden Strömungen führte, die wir heute als »katholisch« und »evangelisch« bezeichnen.

Luther wurde so etwas wie ein Star des sechzehnten Jahrhunderts, und ähnlich wie die heutigen Stars schockierte er seine Zeitgenossen manchmal durch das, was er tat oder sagte, etwa über den Zustand seiner Kirche. Und noch heute, im einundzwanzigsten Jahrhundert, wären viele schockiert, wenn sie hörten, ein Priester habe eine ehemalige Nonne geheiratet. Können wir uns vorstellen, was für ein Skandal es vor fünfhundert Jahren gewesen sein muss, als Luther Katharina von Bora ehelichte, eine Nonne, die kurz zuvor den Nonnenhabit und ihr lebenslanges Gelübde abgelegt hatte?

Können wir uns vorstellen, wie sich die Kirchenführer des sechzehnten Jahrhunderts fühlten, als ein aufmüpfiger Mönch, der an der Universität Wittenberg lehrte, sie öffentlich angriff und wüst beleidigte? Seinen Widersacher, Dr. Eck, betitelte er mit »Dr. Sau« oder »Das Schwein aus Ingolstadt«.[3] Den Reformationsgegner, Herzog von Braunschweig-Wolfenbüttel, bezeichnete er nicht nur als dummen »Hans Worst« (Hanswurst),[4] sondern für ihn war er auch der »grobe Filtz, Rultz und Tölpel, der Esel aller Esel zu Wolfenbüttel«[5]. Und das war noch vergleichsweise harmlos. Es sollte noch heftiger kommen.

So stellte Luther eine fünfzehn Jahrhunderte alte Tradition auf den Kopf und erzürnte seine Kirchenoberen, als er das Alte und Neue Testament in das Deutsch seiner Zeit übersetzte, damit auch die einfachen Leute, die nicht des Lateinischen mächtig waren, sie lesen und darüber ins Gespräch kommen könnten. So etwas galt damals als hochgefährlich, denn der normale Bürger, so hieß es in der Kirche, wusste doch gar nicht, wie man die Bibel richtig las; was, wenn er sie völlig falsch verstand? Deshalb brauchte er das kirchliche Lehramt.

An diesem Argument war durchaus etwas Wahres dran. Was jeder lesen kann, kann auch jeder falsch verstehen; dieses Prinzip hat sich bis heute nicht geändert. Doch Luther war bereit, dieses Risiko einzugehen; er war der Überzeugung, dass die Vorzüge die Nachteile bei Weitem überwiegen würden: dem Wort der Heiligen Schrift direkt und unmittelbar zu begegnen. Und quasi nebenbei schuf Luther als Sprachgenie nichts anderes als die heutige deutsche Sprache.

Doch manchmal waren Luthers Absichten weniger edelmütig. Oft ging es ihm nur darum, seine Gegner zu schockieren, wenn er beispielsweise seinen Freund, den berühmten Maler Lucas Cranach, dazu brachte, einige seiner Schriften mit deftigen Karikaturen zu illustrieren.

Luther war ein Universalgelehrter mit vielfältigen Interessen und Talenten. Er liebte die Musik und glaubte, sie bringe uns näher zu Gott, schrieb Choräle, die Christen heute noch singen, darunter seinen berühmtesten, *Ein feste Burg ist unser Gott*.

Fünfhundert Jahre nachdem Luther das Übel des Ablasshandels bekämpft und den damaligen Papst als Antichristen tituliert hatte, ist sein berühmtes *sola fide* (»allein durch den Glauben«) nicht verstummt. Und wir erinnern uns ebenfalls immer noch an einige seiner heftigsten Beleidigungen –

und daran, dass auch dieser große Mann des Glaubens nicht vollkommen war.

Martin Luther wurde am 10. November 1483 in Eisleben (Sachsen-Anhalt) geboren, als Sohn von Hans und Margarete Luther. Es war ein sehr bewegtes Jahr für das christliche Abendland. Karl VIII. wurde zum König von Frankreich gekrönt, während in England Richard III. den Thron an sich riss. Die Bürger von Rom erlebten die Einweihung der Sixtinischen Kapelle, während in Spanien 1484 Tomás de Torquemada zum ersten Großinquisitor (also oberstem Ketzerjäger) ernannt wurde – wie gut für Luther, dass er in fernen deutschen Landen geboren wurde.

Johannes Gutenbergs Druckerpresse, die Luther gute Dienste leisten würde, war noch nicht lange erfunden, und neun Jahre nach Luthers Geburt begann ein genuesischer Seemann und Visionär namens Christoph Kolumbus seine epochale Reise über den Atlantik. Epidemien, die Millionen Opfer fordern konnten, waren häufig und sicher einer der Gründe für endzeitliche Stimmungen. Auch Luther war der Meinung, das Ende der Welt stehe vor der Tür.

Kein Jahr nach Martins Geburt zog die Familie nach Mansfeld um, das zu Luthers Heimat wurde. Luthers Vorfahren waren Bauern gewesen, doch sein Vater, der aus Rechtsgründen keinen Familienhof hatte erben können, wurde Bergmann und konnte schließlich eine Kupferschmelzerei erwerben. Obwohl er nicht lesen konnte, wurde er zu einem der »Viermänner« gewählt, die die Gemeinde Mansfeld gegenüber dem Rat vertraten.

Luthers Mutter hatte alle Hände voll zu tun mit Martin und seinen Geschwistern, von denen mehrere nicht das Erwachsenenalter erreichten. Das Geld reichte anfangs nur knapp zum Leben, und der erwachsene Luther sollte sich noch oft an die enorme Sparsamkeit und bittere Armut in seinem Elternhaus erinnern.

Mit Staunen sollte Luther später feststellen, wie hoch er in seinem Leben aufgestiegen war. Ein Biograf kommentiert:

> Dieses Wurzelbodens war er sich ebenso bewusst wie des für ihn wundersamen Umstandes, dass er, der Mann aus den eigentlich kleinen und einfachen bäuerlichen Verhältnissen, es zum Doktor der Heiligen Schrift und Gegenspieler des Papstes gebracht habe.[6]

Luthers Erziehung war streng; harte Prügel durch beide Eltern waren nicht ungewöhnlich. Uns Heutige mag das befremden, doch es war der damals übliche Stil in der Erziehung. Typisch war auch die konsequente religiöse Prägung. Schon als kleiner Junge war Luther von der Realität des Satans überzeugt – aber auch davon, dass Jesus Christus noch stärker war.[7] An der Schule, an der Luther auch schon in Latein und Logik unterrichtet wurde, herrschte die Prügelstrafe, oft aus nichtigstem Anlass; an diese Sitte blieben Luther bittere Erinnerungen.

Luther machte sich als Schüler so gut, dass er 1501, mit 19 Jahren, das Studium der Philosophie an der Universität im thüringischen Erfurt beginnen konnte, das er 1505 mit einem Magistergrad abschloss. Hans Luther wollte, dass es seinen Kindern einmal besser ginge als ihm. Sein Sohn sollte Rechtsanwalt werden. Also fing Martin gehorsam ein Jurastudium an. Doch dann geschah eines Tages etwas, das den Gang seines Lebens und damit auch den Gang der Weltgeschichte dramatisch verändern sollte.

Es war ein typisches »Damaskuserlebnis«, und ähnlich wie bei der Bekehrung des Apostels Paulus fand es unterwegs statt. Luther hatte gerade seine Eltern besucht und war zu Pferde auf dem Rückweg zur Universität, als ein gewaltiges Unwetter aufkam, bei dem ein Blitz so nah einschlug, dass Luther vor Angst wie gelähmt war. In Todesnot betete der junge Mann, der nichts anderes als Gottes baldiges Gericht erwartete, zur heiligen Anna, der Mutter Marias. »Hilf Du, St. Anna«, schrie er in den Wind und den Regen, »ich will ein Mönch werden!«[8]

Luther überstand das Gewitter unbeschadet. Zwar hätte er das Gelübde nicht als bindend ansehen müssen, da er es nicht aus freiem Willen, sondern in Todesangst gesprochen hatte. Doch er beschloss, sein Wort zu halten. Seit diesem Tag verbrachte er seine Zeit in intensivem Gebet, mit Fasten, Beichten und Wachen. Und ohne seinem Vater seine Pläne mitzuteilen, trat er bald darauf ins Erfurter Augustinerkloster ein. Als sein Vater davon hörte, war er außer sich. Dass sein so vielversprechender Sohn eine strahlende Zukunft als Jurist gegen die Mönchskutte getauscht hatte, konnte er nicht fassen. Aber Martin stand zu seinem Entschluss; für ihn gab es kein Zurück mehr.

Luther wurde nicht einfach nur Mönch, er wurde es mit tiefem Ernst und großer Hingabe. Was Martin Luther tat, das tat er gründlich; er war, im Guten wie im Bösen, kein Mann für das Lauwarme und Mittelmäßige.

Hinter den Klostermauern setzte er alles daran, um Gott, wie er ihn sich vorstellte, zufriedenzustellen. Doch nichts schien zu genügen. Verzweifelt rang er mit sich selbst und mit Gott, doch kam er nicht weiter. Wie sehr er sich auch anstrengte, irgendwie wusste er, dass es nicht ausreichte; er strengte sich noch mehr an, nur um erneut zu versagen. Zwar wurde Luther immer wieder von seinem Beichtvater, Generalvikar Johann von Staupitz, ermutigt, nicht unaufhörlich über eigene Sünden nachzudenken; er solle vielmehr »den Mann ansehen, der da heißt Christus«[9]. Doch letztlich konnte Staupitz Luther nicht völlig verstehen.

Luthers Anfechtungen bleiben. Völlig erschöpft vom Kämpfen, kam er schließlich zu dem Schluss: dass »ich nicht darauf vertrauen konnte, ich sei durch meine Genugtuung mit Gott versöhnt«, sondern ich fühlte mich »trotz meines untadeligen Lebens als Mönch [...] vor Gott als Sünder mit durch und durch unruhigem Gewissen«[10]. Er war geradezu besessen von der Frage, wie man diesem Gott des Zornes *und* der Liebe begegnen sollte, und »die Suche nach Gewissheit über Gottes Beziehung zu den Menschen wurde sein großes Lebensthema«[11].

Am 4. April 1507 wurde Luther zum Priester geweiht. Bald darauf lud ihn sein Vorgesetzter Staupitz an die Universität Wittenberg ein. Staupitz, inzwischen Dekan an der Universität, erkannte Luthers Gaben und sah den fünfundzwanzigjährigen Mönch schon in Wittenberg weiterstudieren und später dort selbst Theologie lehren. Luther ging also nach Wittenberg, wo er 1508 Bakkalaureus der Theologie wurde und am 19. Oktober 1512 zum Doktor promoviert wurde; wenige Tage später nahm man ihn in die theologische Fakultät auf. Zu dieser Zeit begann Luther, sich intensiv mit den Paulusbriefen im Neuen Testament zu beschäftigen, was in den folgenden Jahren reiche Früchte tragen sollte.

Zum Jahreswechsel 1510/1511 unternahm Luther eine Reise nach Rom. Staupitz hatte ihn dorthin geschickt, um in einem Zwist zwischen zwei verschiedenen Parteien innerhalb des Augustinerordens zu schlichten. Was Luther in Rom sah, sollte seine Sicht von der Kirche, in welcher er Mönch war, entscheidend beeinflussen. Damals hatte der Bau des neuen Petersdoms begonnen, und wohl kaum einer war nicht beeindruckt von der beispiellosen Pracht dieser zu Gottes Ehren errichteten Kirche.

Ein anderes Kapitel waren die Menschen der Stadt. Luther, so ein Biograf, war entsetzt über »das Chaos, den Dreck und das Verhalten der Bewohner, die in der Öffentlichkeit urinierten und Prostituierte aufsuchten«[12]. Zu den Freiern der Prostituierten gehörten auch Geistliche. Nicht weniger befremdlich für Luther waren korrupte und unfähige Priester, die ihre Messen nur herunterleierten. Für jemanden, der seinen Glauben so ernst nahm wie Luther, war Rom ein zutiefst deprimierendes Erlebnis.

Nach Deutschland zurückgekehrt setzte sich der junge Priester damit auseinander, was Buße eigentlich bedeutet. Ein Mensch sündigt. Wie macht die Kirche es ihm dann möglich, Buße zu tun und gewissermaßen seine Schuld wiedergutzumachen? Luther wusste, welche Lösung in der Kirche seiner Zeit im Schwange war. Es war die Praxis des »Ablasses«. Dabei erhielt der Gläubige die Vergebung von Sünden und die damit verbundene Befreiung von Strafen schlicht gegen Zahlung einer Geldsumme an die Kirche. Für Luther war dies eine theologische Ungeheuerlichkeit: Vergebung gegen Geld – es war eine Beleidigung Gottes.

Die Ablasspraxis hatte sich im Laufe des Mittelalters entwickelt. Ursprünglich sollte der Gläubige für seine Sünden bestimmte von der Kirche vorgeschriebene Bußakte durchführen. Die Vergebung erfolgte sofort, doch die Bußakte waren notwendig, denn mit ihnen zeigte der Sünder seine Reue. Derjenige, der für seine Sünden in seinem irdischen Leben nicht hinreichend gebüßt hatte, musste dies anschließend im »Fegefeuer« – einer Art Zwischenzustand zwischen Hölle und Himmel – nachholen. Im Laufe der Zeit ging es bei den Ablässen immer mehr darum, eben dieses Fegefeuer zu vermeiden, für sich selbst oder für bereits Verstorbene.

Die Ablässe boten hier geradezu die Patentlösung an. Der Christ musste eine bußfertige Haltung einnehmen und durch Übungen wie Gebete oder Pilgerfahrten Wiedergutmachung leisten. Er konnte aber auch einfach der Kirche eine größere Geldsumme zukommen lassen. Welche Variante man auch wählte, anschließend war – so die Lehre der Kirche – alles gut, und die arme Seele brauchte nicht ins Fegefeuer.

Nach dieser Lehre hatte der Papst die göttliche Vollmacht zur Erteilung von Ablässen, »weil er über den unerschöpflichen Schatz der Kirche verfügt, der in den überschüssigen Verdiensten Christi und der Heiligen besteht«[13]. Für die Begüterten konnte die Sache einfacher nicht sein; sie konnten sich buchstäblich aus dem Fegefeuer freikaufen. Und besaß man selbst nicht das nötige Geld, hatte es vielleicht ein Verwandter. Reichte es nicht dazu, das Fegefeuer ganz zu vermeiden, konnte man wenigstens den Aufenthalt dort verkürzen.

Es war so vieles verkehrt an der Ablasslehre, dass Luther kaum wusste, wo er anfangen sollte. Zum Ersten bevorzugte diese Lehre die Reichen. Dazu kam der wachsende Missbrauch beim Verkauf der Ablässe. Priester wurden von der Kirche angehalten, regelmäßig über die Notwendigkeit des Ablasses zu predigen. Die Erlöse flossen zu einem Großteil in den Neubau des Petersdoms. Die Korruption wuchs.

Und so begann Luther, in Predigten und Vorlesungen gegen die Ablasspraxis Stellung zu beziehen. Er forderte die Bischöfe auf, dem Unwesen ein Ende zu setzen. Am 31. Oktober 1517 (dem später sogenannten Reformationstag) schrieb Luther einen Brief an Albrecht, den Erzbischof von Mainz und Magdeburg. Nachdem er in der zeittypisch devoten Briefanrede seine »Niedrigkeit und Unansehnlichkeit«[14] betont hatte, unterstellte er listig, dass der Erzbischof vielleicht gar nicht wisse, dass die Ablässe in seinem Namen feilgeboten wurden, und beklagte »das überaus falsche Verständnis [...] welches das Volk daraus erlangt«[15].

Deswegen könne er, Luther, nicht mehr schweigen. Er verweist auf Stellen im Neuen Testament über das Wesen der Erlösung, die ihm recht geben, darunter Petrus' Worte, selbst der Gerechte werde nur mit knapper Not errettet (1. Petrus 4,18), und fährt fort:

> Wie machen sie [die Ablassprediger] denn durch jene falschen Fabeln und Verheißungen vom Ablass das Volk sicher und ohne Furcht, da doch der Ablass den Seelen nicht zur Seligkeit und Heiligkeit verhilft, sondern nur die äußerliche Strafe wegnimmt […]?[16]

Luther weiter:

> So sind auch die Werke der Frömmigkeit und Nächstenliebe unendlich viel besser als der Ablass. Und doch werden diese weder mit großer Pracht noch mit so großem Eifer gepredigt. […] Denn nirgendwo hat Christus befohlen, den Ablass zu predigen. Aber das Evangelium zu predigen hat er nachdrücklich befohlen.[17]

Luther fordert den Erzbischof in aller Form auf, sich der Sache anzunehmen »und die Ablassinstruktion ganz aufzuheben […]«[18].

Doch er ist noch nicht fertig. Am Ende seines Briefes verweist er den Erzbischof auf seine, Luthers, »Disputationen«:

> Wenn es Ew. Hochwürden gefällt, können diese meine Disputationen angesehen werden, auf dass deutlich werde, eine wie zweifelhafte Sache die Lehre vom Ablass sei, die jene als absolut sicher verbreiten.[19]

Diese »Disputationen« waren nichts anderes als die berühmten 95 Thesen.

Gerne darf man versuchen, sich das Gesicht des Erzbischofs vorzustellen, als er diese Thesen las, die ein frühes Dokument von Luthers Streitbarkeit sind. Luthers erste Ablassthesen lauten:

> 1. Da unser Herr und Meister Jesus Christus sagt: »Tut Buße« usw. (Matthäus 4,17), wollte er, dass das ganze Leben der Gläubigen Buße sein sollte.
> 2. Dies Wort kann nicht von der sakramentalen Buße verstanden werden, d.h. nicht von der Beichte und der Genugtuung, die durch das priesterliche Amt vollzogen wird.[20]

Im Folgenden wird Luther immer deutlicher und unverblümter:

> 24. Folglich wird der größte Teil des Volkes betrogen, wenn man ihm schlankweg mit hohen Worten verspricht, es sei die Strafe los.
> 27. Man predigt Menschenlehre, wenn man sagt: sobald das Geld im Kasten klingt, entflieht die Seele (dem Fegefeuer).[21]

Der letzte Satz ist ein indirekter Verweis auf den notorischen Ablassverkäufer und Inquisitor Johann Tetzel. Luther stellt dessen Werbeslogan clever auf den Kopf, indem er fortfährt:

> 36. Jeder Christ, der wahrhaft Reue empfindet, hat einen Anspruch auf vollkommenen Erlass von Strafe und Schuld, auch ohne Ablassbrief.[22]

Was soll man die Gläubigen anstelle des Ablasses lehren?

> 45. [...] Wer einen Bedürftigen sieht und ihm nicht hilft, und statt dessen sein Geld für Ablass gibt, der hat sich nicht des Papstes Ablass, sondern Gottes Zorn erworben.[23]

Im Weiteren richtet Luther einige unangenehme Fragen an den Papst:

> 82. [...] Warum räumt der Papst nicht das Fegefeuer aus, um der heiligen Liebe und um der Not der armen Seelen willen, [...] wenn

> er gleichzeitig ungezählte Seelen dem elenden Geld zuliebe, um eine Kirche zu bauen, [...] erlöst?
> 86. [...] Der Papst ist heute vermögender als der reichste Krassus [Krösus]; warum baut er da nicht wenigstens diese eine Peterskirche lieber mit seinem eigenen Geld als mit dem seiner armen Gläubigen?[24]

Doch es reichte Luther nicht, dass lediglich der Erzbischof seine Thesen las. Der provokante Professor machte klar, dass er nicht weniger wollte als eine öffentliche Debatte in Wittenberg. Damit war die Lunte an ein Pulverfass gelegt.

Ob Luther schließlich an diesem Tag seine 95 Thesen an die Tür der Schlosskirche zu Wittenberg nagelte, ist heute umstritten.* Doch wäre dies nicht so ungewöhnlich gewesen, wie es uns Heutigen vielleicht erscheint. Die Folgen waren natürlich noch nie dagewesen, doch dass jemand seine theologischen Gedanken so veröffentlichte wie an einem Schwarzen Brett, war etwas durchaus Normales, das vor Luther schon viele gemacht hatten – um eine öffentliche Debatte anzustoßen. Doch Luthers Thesen stießen aus verschiedenen Gründen nicht nur eine Debatte an, sondern lösten ein Erdbeben aus.

Luther schlug seine Thesen also an die Tür der Wittenberger Schlosskirche, wie jeder normale Professor, der mit einer Schrift eine Debatte anstoßen wollte. Mit der Veröffentlichung seiner Thesen legte Luther einen Termin für eine Disputation fest. Doch als der Tag kam, erschien niemand. Es ging

* Es bestehen Zweifel an dem Bericht, Luther habe am 31. Oktober 1517 seine 95 Thesen an die Tür der Wittenberger Schlosskirche genagelt. Nachweisbar ist jedoch, dass er die Thesen an diesem Tag als Brief verschickte – an Erzbischof Albrecht von Brandenburg und an den Wittenberger Bischof Hieronymus Schultz; vgl. B. Lohse, *Martin Luther*, S. 60; V. Leppin, *Martin Luther*, S. 117.

auch keine Antwort vom Erzbischof ein, der die Thesen allerdings auf ketzerische Äußerungen prüfen ließ, bevor er sie nach Rom weiterschickte. Und dort? Der Papst ignorierte Luthers Brandbrief. Es gab keine offizielle Antwort. Privat soll er gesagt haben: »Luther ist ein trunkener Deutscher. Wenn er wieder nüchtern ist, wird er anders denken.«[25]

Umso mehr erzürnten die 95 Thesen Johann Tetzel, den Dominikaner und berühmten Ablassverkäufer. Tetzel »stachelte die Dominikaner dazu an, diesem lästigen Kerl durch Disputationen und durch Verpetzen nach Rom auf den Leib zu rücken«[26]. Außerdem schrieb er rasch hundertsechs eigene Thesen, in denen er die Ablasspraxis verteidigte und Luther als gefährlichen Fanatiker darstellte.

Die Drucker ließen sich nicht zweimal bitten, als es um die Veröffentlichung von Luthers Schriften ging; wie ein Lauffeuer verbreiteten sie sich durch ganz Europa. Die Folgen waren dramatisch. Luthers Worte ließen zahllose Gläubige das kirchliche Bußsystem in Zweifel ziehen. Ganz zu schweigen von der Kritik an den Unsummen an Geld, die nach Rom für Prachtbauten flossen, die die meisten Christen nie sehen oder nutzen würden.

Luther selbst, ermutigt durch die lebhafte Debatte, die er angestoßen hatte, ließ auch die letzten Bedenken fallen und nahm weitere kirchliche Lehren ins Visier. In seinem Eifer für Wahrheit und Gerechtigkeit verschonte er nichts und niemand. Er wagte es gar, das Primat der römischen Kirche infrage zu stellen, und wollte wissen, aufgrund welchen Rechts sie sich als einzige Autorität verstand.

Es dauerte nicht lange, und die Schriften des streitbaren Mönches erzürnten nicht nur die Kirchenführung in Rom, sondern auch weltliche Fürsten in Deutschland. Luthers Freund Staupitz, der spürte, was für ein Zündstoff in Luthers Äußerungen lag, beschloss, ihn ins ferne Heidelberg zu schicken, um dort vor den Leitern des Augustinerordens seine Thesen zu verteidigen.

Staupitz sollte Luther in den kommenden Jahren noch oft behilflich sein. Seine guten Beziehungen zum sächsischen Kurfürsten, Friedrich dem

Weisen, erwiesen sich als bedeutsam, als Luther seine gefährliche Kritik am Papst und anderen Kirchenoberen fortsetzte. Mittlerweile gab es erste Todesdrohungen gegen ihn. Staupitz fürchtete um das Leben seines Freundes und erwirkte beim Kurfürsten einen Schutzbrief für dessen Reise. So traf er sicher in Heidelberg ein, wo seine Thesen ihm noch mehr Anhänger bescherten, die später selbst Reformatoren wurden.

Es dauerte nicht lange, bis Papst Leo X. begriff, dass er es nicht mit einem betrunkenen deutschen Mönch zu tun hatte, sondern mit einem brandgefährlichen Aufrührer. Und er wies den päpstlichen Hoftheologen, den Dominikaner Silvester Prieras, an, eine Erwiderung gegen Luthers Thesen zu verfassen. Prieras nahm kein Blatt vor den Mund und bezeichnete Luther als Ketzer. Luther wurde nach Rom beordert, um zu den schweren Vorwürfen gegen ihn Stellung zu nehmen.

Kurfürst Friedrich der Weise und sein Luther zugeneigter Sekretär Georg Spalatin begriffen den Ernst der Situation. Ein Prozess in Rom könnte Luther den Tod bringen. Sie richteten es so ein, dass Luther sich an einem Ort verantworten musste, der sehr viel sicherer für ihn wäre: auf dem Reichstag in Augsburg. Noch vor dieser historischen Konfrontation entband Staupitz Luther von seinem Gehorsamsgelübde gegenüber dem Augustinerorden; damit konnte Luther frei reisen und sich offen gegen die Autorität der Bischöfe äußern, was einem Mönch, der unter dem Gehorsamsgelübde stand, nicht möglich gewesen wäre.

Kurz nach Luthers Ankunft in Augsburg erhielt er Besuch: Urban von Serralonga machte ihm in seinem Quartier die Aufwartung. Luther brauche nur zu »widerrufen, dann sei alles in Ordnung«[27]. Doch Luther gehörte nicht zu den Leuten, denen ihr Leben wichtiger als die Wahrheit ist, und lehnte ohne Umschweife ab.

Doch Urban gab nicht auf und kam wieder – mehrmals. Schließlich meinte er, Luther täte gut daran, seinen klugen Rat anzunehmen, wenn er am Leben bleiben wolle. Friedrich der Weise würde ihn nicht beschützen und wo wolle er dann bleiben? Worauf Luther ungerührt erwiderte: »Unter dem Himmel.«[28]

Nachdem ihm endlich freies Geleit zugesichert worden war, begab sich Luther am 12. Oktober 1518 zu seinem Verhör vor dem päpstlichen Legaten Cajetan. Dieser gab sich »sehr mild, ja beinahe ehrerbietig«[29]. Und doch, so wird Luther nach der Verhandlung an seinen Mitstreiter Andreas Karlstadt schreiben, »wollt er nichts anderes von mir hören denn dies Wort: Ich widersprech, ich widerrufe und bekenne, dass ich geirret hab«. Aber, fügte er lakonisch hinzu: »Welches ich nicht habe wollen tun.«[30]

Doch Luther zeigte seine Bereitschaft, seine Thesen zurückzunehmen, sollte ihm sein Irrtum bewiesen werden. Das war das Stichwort für den päpstlichen Gesandten. Er legte los und im Zentrum seines Angriffs standen Luthers 95 Thesen, vor allem seine 58. Hier habe Luther doch geleugnet, dass die Verdienste Christi zu jenem Schatz gehören, aus welchem der Papst den Gläubigen Ablässe gewähren könne. Als Beleg zog Cajetan eine alte päpstliche Urkunde von 1343 heran. Doch Luther hatte seine Hausaufgaben gemacht und parierte: Er habe nicht nur die Bulle von Papst Clemens VI. gelesen, sondern auch diejenige von Papst Sixtus IV. Doch diese hätten

> bei ihm nicht genügend Autorität, sowohl aus vielen anderen als auch besonders aus diesem Grund, dass sie die Heilige Schrift missbrauchen und die Worte […] frech in einen fremden Sinn verdrehten […].[31]

Doch auch an zwei weiteren Verhandlungstagen erzielte Cajetan, der mal polternd, mal aalglatt auf Luther einredete, nicht die erhoffte Wirkung, wie Luther im Brief an Karlstadt festhält:

> wiewohl der Kardinal mich auch stetigs seinen lieben Sohn nennet. […] Das weiß ich, dass ich der allerangenehmst und liebst wäre, wenn ich dies einig Wort spräche: ›revoco‹, das ist: »Ich widerrufe.«[32]

Doch hier blieb Luther eisern.

Im Streitgespräch hatte sich der springende Punkt gezeigt: Wo offenbarte sich Gottes Autorität? Allein in der Heiligen Schrift, wie Luther mit seiner berühmten Formulierung *sola scriptura* behaupten sollte? Oder aber auch in der Kirche, die ja immerhin irgendwann beschlossen hatte, welche Bücher in den alt- und neutestamentlichen Kanon aufgenommen wurden? Hatte Gott der Kirche nicht diese Vollmacht gegeben? Hatte er nicht auf dem Konzil von Nicäa durch seinen Heiligen Geist zu den Führern dieser Kirche gesprochen?[33] Und wenn der Papst das Oberhaupt der Kirche war, besaß er dadurch nicht eine Autorität, die höher war als diejenige der Bibel? An dieser unerbittlichen Frage zerbrach die abendländische Kirche.

Nachdem er weitere Maßnahmen für den Fall angedroht hatte, dass Luther nicht widerriefe, stellte Cajetan ihm schließlich freies Geleit nach Rom in Aussicht, wenn er bereit war, seinen Fall dort verhandeln zu lassen. Luther war nicht auf den Kopf gefallen und wusste, dass dieses »freie Geleit« ihn sehr wahrscheinlich direkt in eines der Verliese des Vatikans brächte. Er lehnte dankend ab.

Cajetan hatte den Befehl, »den Hund«[34], zu verhaften, falls dieser nicht widerriefe, doch er war nicht schnell genug. Luther merkte, wie sich die Schlinge um seinen Hals zuzog, und verließ Augsburg im Schutz der Dunkelheit. Kurfürst Friedrich versicherte Luther nach einiger Bedenkzeit, er werde ihn nicht an Rom ausliefern, da er nicht der Irrlehre überführt worden sei.[35]

Luthers nächste Begegnung mit Rom ging auf eine Initiative Herzog Georgs von Sachsen zurück, der 1519 in Leipzig (einer Stadt, die er für Luther feindlich hielt) eine erneute Disputation organisierte. Hier sollte Johannes Eck, ein versierter Redner mit Zugang zu den Korridoren der Macht, gegen Luthers Verbündeten antreten: Andreas Bodenstein, genannt Karlstadt. Auch Luther selbst wollte zu Wort kommen.

Während der Vorbereitung auf die »Leipziger Disputation«, als die sie in die Kirchengeschichte eingehen sollte, machten Luther und seine Freunde weiter Druck, mit noch kühneren Behauptungen über den Papst. Ganz im Widerspruch zur offiziellen kirchlichen Lehre sagten sie, der Heilige Vater regiere allein aufgrund der Autorität von Menschen und nicht aufgrund der Autorität Gottes. Mehr noch: Der Papst sei fehlbar, und die kirchlichen Konzilien widersprächen oft einander, ja seien zuweilen grob im Irrtum.[36]

Luther wusste, dass er mit solchen Äußerungen erneut seinen Kopf riskierte. Seine geradezu aufwieglerischen Worte, denen mehr und mehr Menschen zustimmten, drohten nicht nur die kirchliche, sondern auch die weltliche Obrigkeit zu destabilisieren. Der Topf, den er da geöffnet hatte, konnte leicht überkochen, mit Folgen, die er nicht gewollt hatte, aber nicht mehr würde kontrollieren können.

Die Disputation im Schloss Pleißenburg kann man sich vielleicht ähnlich vorstellen wie ein heutiges Fernsehduell der Spitzenkandidaten in einem Wahlkampf. Mit lauter, deutlicher Stimme zitierte Eck Matthäus 16,18, um seine Behauptung zu belegen, dass die Päpste das Exklusivrecht zur Auslegung der Bibel hätten: »Du bist Petrus, auf diesen Felsen will ich meine Gemeinde bauen, und die Pforten der Hölle sollen sie nicht überwältigen.«

Luther konterte mit 1. Korinther 15,25: »Denn er muss herrschen, bis Gott ihm ›alle Feinde unter seine Füße legt‹ (Psalm 110,1).« Nicht »ein Mensch, sondern Christus selbst« ist das Haupt der Kirche. Dann führte er die Bibel und die Kirchenväter ins Feld, um zu zeigen, dass sich Matthäus 16,18 nicht auf den Papst beziehen könne.[37] Die lebhafte Debatte endete damit, dass Vertreter beider Seiten den Sieg beanspruchten.

Doch Eck war mit Luther noch nicht fertig. Nach Rom zurückgekehrt, setzte er alle Hebel in Bewegung, um die Kirche zu einem aggressiven Vorgehen gegen diesen Wahnwitzigen zu bewegen, der es gewagt hatte, den Papst als Antichristen zu bezeichnen. Am 15. Juni 1520 ging der Papst aufs Ganze mit seiner Bulle *Exsurge Domine,* in der er Luther die Exkommunikation androhte, sofern er nicht innerhalb von sechzig Tagen einundvierzig Sätze in seinen diversen Schriften (einschließlich der 95 Thesen) widerrief.

Nach der genannten Frist zeigte Luther öffentlich, was er von dieser Drohung hielt. Auf Wittenbergs stinkendem Schindanger, wo man die Tiere häutete, verbrannte er die päpstliche Bulle vor einer begeisterten Menge. Und da das Feuer schon brannte, warf er mehrere Bücher des kanonischen

Rechts gleich mit in die Flammen: »Weil Du die Wahrheit Gottes getilgt hast, so tilge Dich heute der Herr in diesem Feuer!«[38] Die anwesenden Studenten machten begeistert mit und warfen Schriften, die ihren Lieblingsprofessor angriffen, hinterher.

Nach dieser Aktion begab sich Luther zurück nach Hause und verfasste eine Stellungnahme zur Verbrennung. Schon zuvor hatte er in drei programmatischen Hauptschriften die Grundlagen zur Reform der Kirche auf dem Grund des Evangeliums dargestellt und so seine Gegner noch mehr gegen sich aufgebracht: *An den christlichen Adel deutscher Nation, Von der babylonischen Gefangenschaft der Kirche* und *Von der Freiheit eines Christenmenschen*. Darin entwickelte Luther auch die revolutionäre Idee der »Priesterschaft aller Gläubigen«: Alle getauften Christen sind gleich würdig, vor Gott zu stehen, anderen zu vergeben und für andere zu beten; es bedarf dazu keines Priesters, der als Mittler zwischen den Gläubigen und Gott fungiert.

Dies scheint dem bisher eher zurückhaltenden Papst Leo X. den Rest gegeben zu haben. Am 3. Januar 1521 exkommunizierte er Luther.[39] Es muss ihm eine Genugtuung gewesen sein, diesen lästigen Deutschen endlich aus der Kirche hinauszuwerfen, diesen »wilden Eber«, der in den »Weinberg« des Herrn eingebrochen war.[40]

Mit der Exkommunikation durch die Kirche war die Reichsacht durch den damaligen Kaiser des Heiligen Römischen Reiches deutscher Nation, Karl V., verbunden, was Luthers Situation prekärer machte denn je. Er musste jetzt mit einem förmlichen Gerichtsprozess und der Hinrichtung rechnen. Der Text der Bulle nahm Luther auch den letzten Zweifel daran, dass der Papst der Antichrist sei, wie er ihn schon in seiner scharfen Erwiderung auf die Bannandrohungsbulle bezeichnet hatte

Wieder nahm Friedrich der Weise Luther in Schutz, doch der päpstliche Nuntius Hieronymus Aleander bestand darauf, dass die weltliche Obrigkeit sich aus den Angelegenheiten der Kirche herauszuhalten habe. Die Kirche hatte Luther der Ketzerei für schuldig befunden und ihn verurteilt; die einzige angemessene Reaktion des Staates sei, Luther zu ächten und auszuliefern.

Luther appellierte an Kaiser Karl V. Manche sagen, er habe den Brief zerrissen und sei auf den Fetzen herumgetrampelt. Doch nach reiflicherem Überlegen fragte er sich, wie die Deutschen wohl reagieren würden, wenn sie hörten, Luther war verurteilt worden, ohne zuvor angehört zu werden. Viele von ihnen standen auf seiner Seite. Und so beschloss der gewiefte Politiker die Lage zu peilen, und lud Luther zum Reichstag nach Worms ein, »um über die Lehren und Bücher, die eine Zeit lang von Dir ausgegangen sind, Erklärungen von Dir zu bekommen«[41]. Er sicherte ihm freies Geleit zu.

Luthers Freunde, die – freies Geleit hin, freies Geleit her – um sein Leben fürchteten, beschworen ihn, zu bleiben, wo er war. Doch Luther ging nach Worms. Was nicht heißt, er hätte keine Angst gehabt. Die Geschichtsschreiber überliefern, dass er in einem zweirädrigen Wagen nach Worms fuhr. Als er in Weimar befragt wurde, ob er die Reise fortsetzen wolle, bejahte er dies – »wenn auch zitternd«[42]. Immer wieder munterten ihn begeisterte Anhänger auf. In Worms wurde Luther von einer großen Menge Sympathisanten empfangen, die ihn zu seinem Nachtquartier begleitete.

Der Reichstag trat am 21. April 1521 in der Kaiserlichen und bischöflichen Pfalz zusammen. Der Papst hatte seine Vertreter in Worms angewiesen, den »wilden Eber« in die Defensive zu drängen und unter keinen Umständen zuzulassen, dass er die Gelegenheit zu einer Disputation nutze. Keine Tricks und Hintertüren für den raffinierten Mönch! Luther sollte widerrufen – oder eben nicht.

»Um Schlag 6 [Uhr] auf den Abend« wird Luther »in den Reichstag vor alle Fürsten gefordert«, wie er später berichten wird.[43]

Wir wissen nicht genau, wie der große Saal im bischöflichen Hof aussah, doch der exzellente Luther-Film von 2003 gibt uns eine gute Vorstellung mit den streng dreinblickenden Kardinälen in ihren roten Roben und Hüten und mit ihren reich verzierten goldenen Kreuzen, den reich bemalten und vergoldeten Wänden und Decken, dem prächtigen Kandelaber, der sein Licht über die dramatische Szene ergießt, den schwarz-golden gekleideten kaiserlichen Wachen, den prächtigen Gewändern des Kaisers selbst, der, Ringe an den Fingern, auf einem vergoldeten Thron sitzt, und den aufmerksamen Zuschauern (Freunden wie Feinden) auf der Empore. Und dort in der Mitte Luther selbst, in einem schlichten schwarzen Gewand, und vor ihm ein Tisch mit seinen vielen Büchern und Pamphleten, als ob auch diese vor Gericht stünden.

Dr. Johann Eck (nicht zu verwechseln mit dem Eck der Leipziger Disputation) kam als Vertreter des Erzbischofs von Trier und Orator des Kaisers sogleich zur Sache und fragte Luther, ob dies seine Schriften seien, was dieser bejahte. Darauf stellte Eck die Mutter aller Fragen, die der Anlass für diese ganze Versammlung war. Und sein Ton zeigte, dass er keine klugen Schwafeleien hören wollte, sondern ein klares Ja oder Nein: »Willst du sie alle verteidigen oder bist du bereit, etwas davon zu verwerfen?«[44]

Luther überlegte laut: »Dies berührt Gott und sein Wort. Dies geht der Seelen Seligkeit an. [...] Zu wenig oder zu viel zu sagen wäre gefährlich. Ich bitte Euch, gebt mir Zeit, es zu bedenken.«[45] Es war eine unerwartete Antwort. Und eine kluge. Es musste wohl sein; ein verärgerter Eck erklärte Luther, er bekomme exakt 24 Stunden Bedenkzeit, und die illustre Versammlung löste sich für den Tag auf.

Am folgenden Tag trat sie erneut zusammen. Wieder fragte Eck Luther, ob er bereit sei, alle seine Schriften zu verteidigen, oder einige zu verwerfen. Diesmal war Luther vorbereitet. Er begann: »Allerdurchlauchtigster Kaiser, erlauchteste Fürsten, gnädigste Herren ...«[46] Sein konziliante und demütiger Ton muss seine Widersacher nicht weniger gefuchst haben als alles, was danach kam. Er beteuerte, mit seinen Schriften einzig die Ehre Gottes und Unterweisung der Gläubigen gesucht zu haben.

Dann bat er seine Zuhörer, zur Kenntnis zu nehmen, dass seine Schriften »nicht alle gleicher Art« seien.

> Einige handeln von Glaube und Leben so schlicht und evangelisch, dass selbst meine Feinde sie als würdig betrachten müssen, von Christen gelesen zu werden. [...] Würde ich sie widerrufen, so wäre ich der einzige Mensch auf Erden, die von Freund und Feind bekannte Wahrheit zu verdammen [...][47]

Eine zweite Kategorie seiner Schriften

> geht an gegen die Verwüstung der christlichen Welt durch das üble Leben und Lehren der Papisten. Wer kann das leugnen, wenn die allgemeinen Klagen bezeugen, dass durch die Gesetze der Päpste die Gewissen der Menschen gemartert werden? […] Würde ich hier widerrufen, wo würde ich Tür und Tor auftun zu weiterer Tyrannei und Gottlosigkeit […][48]

Doch Luther war noch nicht fertig. »Eine dritte Art«, fuhr er fort, »enthält Angriffe gegen Privatpersonen« – und zwar solche Personen, die die Tyrannei Roms verteidigt hatten und gegen die von Luther gelehrte Frömmigkeit vorgegangen waren. Und er stellte klar: »[…] ich kann auch diese Bücher nicht widerrufen, ohne Tyrannei und Gottlosigkeit zu stärken.«[49]

Luther schloss: »Wenn mir mein Irrtum gezeigt wird, will ich der Erste sein, meine Bücher ins Feuer zu werfen.« Wenn ihm sein Irrtum gezeigt würde, d. h., wenn man ihm nachweisen könne, dass er die Bibel falsch verstanden habe; an diese Bedingung knüpfte er alles andere.[50]

Es war, gelinde gesagt, nicht die Antwort, die Dr. Johann Eck haben wollte. Doch er war nicht darauf erpicht, sich auf irgendwelche Diskussionen einzulassen, und so gab er Luther bekannt, er habe die einfache Frage nicht beantwortet, die er ihm gestellt habe. Er erwarte eine klare Antwort auf die Frage, ob Luther bereit sei, seine Äußerungen zu widerrufen. Entweder Ja oder Nein, und er müsse sich, bitte sehr, jetzt entscheiden. Luthers Antwort, die er aus dem Stehgreif gab, ohne schriftliche Aufzeichnungen in der Hand, ist wie folgt überliefert:

> Weil denn Ew. Majestät und Ihr Herrschaften eine einfache Antwort begehrt, so will ich eine geben ohne Hörner und Zähne. Wenn ich nicht durch Schriftzeugnisse oder helle Gründe werde überwunden werden (denn ich glaube weder dem Papst noch den Konzilien allein, da feststeht, dass sie öfter geirrt und sich selbst widersprochen

haben), so bin ich überwunden durch die von mir angeführten Schriftzeugnisse, und mein Gewissen ist gebunden in Gottes Wort. Widerrufen kann und will ich nichts, weil wider das Gewissen zu handeln nicht sicher und nicht lauter ist.

Und er schloss mit seinen wohl berühmtesten Worten: Hier stehe ich. »Ich kann nicht anders. Gott helfe mir. Amen.«*

Nach diesen Worten brach Chaos in der Halle aus. Der Kaiser sah, dass es sinnlos war, weiter zu verhandeln, und die Versammlung löste sich auf. Luther kehrte in sein Gasthausquartier zurück, trank vielleicht ein Bier. Später traf sich eine Abordnung der Kurfürsten zu einem privaten Gespräch mit Luther, in welchem sie einen Kompromiss suchte. Die Männer sagten, Luther habe ja in einigen Punkten recht, baten ihn aber, andere zurückzuziehen. Doch Luther blieb eisern. Er konnte schließlich als (noch) freier Mann die Heimreise antreten; unterwegs erfuhr er die gleichen Solidaritätsbezeugungen wie auf dem Hinweg. Wo er auch anhielt, versammelten sich begeisterte Menschenmengen, um die Predigten dieses gefeierten mönchischen Rebellen anzuhören.

Luther war eine Woche unterwegs und fuhr gerade durch einen tiefen Wald, als plötzlich mit Armbrüsten bewaffnete Reiter erschienen, den Wagen stoppten, dem verdutzten Luther die Augen verbanden, ihn auf ein Pferd setzten und mitnahmen. Es war eine filmreife Entführung – eingefädelt von Friedrich dem Weisen, der es vorzog, Luther selbst »kidnappen« zu lassen, bevor andere, Luther weniger gewogene Personen auf diese Idee kamen.

Die »Entführer« brachten Luther auf die Wartburg, wo sie ihn als Ritter ausstaffierten, sodass selbst die anderen Burgbewohner nicht merkten, wer

---

* WA 7; 838,2-9. Die berühmten Worte »Hier stehe ich« finden sich nicht in der Reichtagsakte und wurden erst später hinzugefügt; siehe auch M. Brecht, *Martin Luther.* Bd. 1, S. 438 f.

er wirklich war, sondern ihn als »Junker Jörg« kennenlernten. Das Manöver Friedrichs des Weisen war tatsächlich ein weiser Schritt, den er in Auftrag gegeben hatte, aber über dessen Details er aus Sicherheitsgründen nicht näher informiert werden wollte. Denn am 25. Mai 1521 kam im Namen Karls V. das berühmte Wormser Edikt heraus, in dem jedermann angewiesen wurde, Luther in keiner Weise zu unterstützen, sondern ihn vielmehr der Obrigkeit auszuliefern, damit er seiner Strafe als Ketzer zugeführt werden könne; wer half, Luther festzunehmen, dem winkte eine Belohnung.[51]

Nur einige wenige Eingeweihte wussten, wo Luther sich aufhielt. Monatelang hörte man nichts von ihm, und viele seiner Anhänger dachten, er sei tot. Luther aber, der äußerst lebendig war, nutzte die unerwartete Klausur fern vom Lärm der Öffentlichkeit zur schriftstellerischen Arbeit, ja zu einer Großtat: Dort auf der Wartburg übersetzte er das ganze Neue Testament ins Deutsche, und zwar in das Deutsch der ganz normalen Leute. Wie einer seiner Biografen es ausdrückt:

> Das Übersetzen, Schreiben und Reden in der Muttersprache war einer der radikalsten und revolutionärsten Schritte, die [Luther] machte. Die volkstümliche, grobe, ja groteske Ausdrucksweise […], die so typisch für seine Schriften ist, scheint bei ihm Teil einer Strategie gewesen zu sein, die einfachen Menschen zu erreichen und ihnen eine Stimme zu geben.[52]

Aber auf der Wartburg übersetzte Luther nicht nur das Neue Testament und genoss ein einigermaßen sorgenfreies Leben, immer öfter hatte er mit diversen Krankheiten zu kämpfen, darunter Depression, Verstopfung und Hämorrhoiden. Sie sollten ihn für den Rest seines Lebens plagen.

Während Luther scheinbar verschwunden war, ging die Revolution, die er losgetreten hatte, weiter. In Wittenberg führte Luthers Kollege Andreas Bodenstein von Karlstadt studentische Demonstranten an, die Steine durch Kirchenfenster warfen, Heiligenstatuen und Orgeln zerstörten und die Stadt allgemein unsicher machten – und all dies im Namen ihres Helden Martin

Luther. Sie wollten die kirchlichen Praktiken, die Luther anprangerte, mit Stumpf und Stiel ausrotten. Als Luther von den Vorfällen hörte, war er aufgebracht. Diese Leute, so fand er, gingen zu weit; mit ihrem Fanatismus setzten sie alles bisher Erreichte aufs Spiel.

Knapp ein Jahr nach Beginn seines Exils auf der Wartburg lud der Stadtrat von Wittenberg Luther ein, zurückzukehren. Luther nahm dieses Angebot an; sein Ziel war es, den Reformationsprozess in geordnetere Bahnen zu lenken.

Wieder zurück in der vertrauten Welt der Universität, wo er das Gewand des »Junkers Jörg« ablegen konnte, begann Luther eine Reihe von Vorlesungen über christliche Grundwerte. Er veröffentlichte auch seine Invocavitpredigten – »Acht Sermone gepredigt zu Wittenberg in der Fastenzeit« (9. bis 16. März 1522) –, in denen es darum geht, wie Luthers Anhänger am besten die Kirche reformieren sollten. Luther wies sie ohne Umschweife auf ihr falsches Verhalten hin, denn mit Unruhen und Vandalismus könne man Gott nicht dienen.

> Darum lasst uns das mit Furcht und Demut behandeln […] Denn wir streiten nicht wider Papst oder Bischof usw., sondern wider den Teufel. Lasst Ihr Euch dünken, er schläft?[53]

Er fährt fort:

> Deshalb haben alle die geirret, die dazu geholfen und eingewilligt haben, die Messe abzutun. Nicht, weil es nicht gut gewesen wäre, sondern weil es nicht ordentlich getan (worden) ist. Du sagst: Es ist recht nach der Schrift. Ich bekenne es auch, aber wo bleibt die Ordnung? Denn es ist voreilig geschehen ohne alle Ordnung unter Ärgernis des Nächsten.[54]

Luther musste jetzt auch die Autorität in der Kirche neu definieren, nachdem er die Autorität des Papstes und anderer Kirchenoberen verworfen hatte. Was blieb, so schrieb er, war die Heilige Schrift selbst – das einzige vollmächtige Wort Gottes. Für Luther war die Bibel die einzige Quelle der Gotteserkenntnis und Glaubenslehre. Die lateinische Formel, die er hier benutzte, *sola scriptura*, ist zum Inbegriff dieser theologischen Position geworden.

Im Oktober 1524 tauschte Luther in einer hochsymbolischen Geste seine Mönchskutte gegen normale Kleidung ein – eine öffentliche Untermauerung seiner Weigerung, Unterschiede zu machen zwischen Geistlichen und »einfachen« Gläubigen. Wie er schon zuvor gesagt hatte: Alle getauften Christen gehörten zur »Priesterschaft der Gläubigen«.

Wie zu Beginn dieses Kapitels bereits erwähnt, war Luther ein Mann mit großen Tugenden, aber auch großen Schwächen. Die meisten seiner Biografen verorten seinen vielleicht größten Fehler (und er machte viele) in seiner Einstellung zum Bauernkrieg.

Luther forderte seine Zeitgenossen dazu auf, der Obrigkeit zu gehorchen, wobei er sich auf das 13. Kapitel des Römerbriefs berief, nach dem sie von Gott eingesetzt war. Doch gleichzeitig sammelten sich in den deutschsprachigen Gebieten Europas »antiobrigkeitliche Kräfte, die ebenso furchtlos wie ungehorsam waren«[55]. Die Menschen begehrten auf gegen die ungerechte Last der Steuern und kirchlichen Abgaben. In einer Zeit, in der die Macht der Kirche abnahm, rissen weltliche Herrscher kirchliche Ländereien und Güter an sich, doch viele von ihnen dachten nicht daran, auch den Bauern, die seit Jahrhunderten diese Ländereien bestellten und ihren Lebensunterhalt aus ihnen bezogen, ihren Anteil zuzugestehen.

Man hätte erwarten sollen, dass Luther auf der Seite der Bauern stand. Hatte er doch den kirchlichen Oberen die Stirn geboten und jedem, der es hören wollte, stolz erklärt, dass seine eigenen Vorfahren Bauern gewesen waren. Er geißelte auch die Ungerechtigkeit der Machthaber gegenüber den Bauern, aber war eisern in seiner Ablehnung der allenthalben ausbrechenden Bauernaufstände. Er befürchtete, dass das Chaos, zu dem diese Aufstände führen würden, noch schlimmer wäre als das jetzige Elend der Bauern; es würde womöglich nicht nur die irdische Obrigkeit bedrohen, sondern letztlich auch die Sache des Evangeliums.

In einem Pamphlet mit dem typisch unverblümten Titel *Wider die räuberischen und mörderischen Rotten der Bauern* von 1525 hält Luther den Aufständischen vor, Klöster und Burgen zu plündern und ihre Feinde umzubringen. Indem sie »solche schreckliche, greuliche Sünde mit dem Evangelium bemänteln, [...] werden sie die allergrößten Gotteslästerer und Schänder seines heiligen Namens«[56]. Luther rief die Obrigkeit dazu auf, die Bauern wie tollwütige Hunde zu bekämpfen. Es waren Worte, die er bald bereuen würde. Er war hell entsetzt, als er hörte, dass über 300 000 Bauern massakriert worden waren. In einer Kehrtwende polterte er jetzt gegen die Gnadenlosigkeit der Herrschenden. Aber es war zu spät. Luthers Reputation war befleckt und würde nie wieder vollständig reingewaschen werden.

Im Juni 1525 – er war jetzt 42 Jahre alt – ging Luther zum Sturmangriff auf das katholische Zölibat über, und zwar auf eine Art und Weise, die weitaus wirksamer war als hundert Flugschriften: Er heiratete eine entflohene Nonne namens Katharina von Bora. Sie gehörte zu einem Dutzend Nonnen, denen Luther zur Flucht aus dem Kloster Nimbschen bei Grimma verholfen hatte. Nach der Lektüre seiner Werke hatten die Nonnen beschlossen, das Kloster zu verlassen – eigentlich ein Ding der Unmöglichkeit. Doch der clevere Luther heckte einen Plan aus. Ein Freund, Martin Kopp, belieferte das Kloster regelmäßig mit Fisch. Luther beauftragte ihn, die Nonnen in leeren Heringsfässern aus dem Kloster zu schmuggeln.

Unter Luthers Einfluss hatten Scharen von Mönchen und Nonnen angefangen, ihre Klöster zu verlassen – die meisten auf weniger anrüchigem Wege. Seit 1521 kam es auch vor, dass Priester heirateten. Doch dass der berühmte Luther sich eine Frau nahm, war das Ereignis des Jahres.

Das Pflichtzölibat für Priester gab es erst seit 1123, und nur in der römisch-katholischen Kirche. (Die orthodoxen Kirchen hatten ihn nie eingeführt, außer für Priester, die gleichzeitig ein Mönchsgelübde ablegten.) Der

Vatikan hatte das Zölibat aus drei Gründen installiert: Erstens war die damalige Kirchenführung sehr sexualitätsfeindlich eingestellt, zweitens glaubte sie, dass ein unverheirateter Priester Gott besser dienen könne, und drittens wollte sie verhindern, dass wohlhabende Priester ihr Vermögen ihren Kindern vererbten anstatt der Kirche. Zur Zeit Luthers war die kirchliche Zölibatslehre so fest zementiert, »dass ihre Hinterfragung und ein Eintreten für die Priesterehe fast einem Anschlag auf die gesellschaftlichen Fundamente von Kirche und Obrigkeit gleichkam«[57].

Doch Luther gab der Ausübung der Sexualität innerhalb der Ehe einen hohen Stellenwert und befürwortete die Verheiratung von Geistlichen – Letzteres vor allem angesichts der Tatsache, dass die Alternative für manche Geistlichen darin bestand, Prostituierte aufzusuchen oder sich Mätressen (»Pfarrmägde«) zu halten.

Die Ehe der Luthers scheint glücklich gewesen zu sein. »Käthe«, wie ihr Mann sie nannte, schenkte ihm sechs Kinder; dazu adoptierten sie vier Waisen. »Da ist vieles, an das man sich im ersten Ehejahr gewöhnen muss«, schrieb Luther einem Freund. »Im Bette, wenn einer erwacht, sieht er ein Paar Zöpfe neben sich liegen, die er vordem nicht sah.«[58] In seinem Testament vollzog er den nächsten Traditionsbruch, als er sein Vermögen Katharina hinterließ und nicht direkt den Kindern. Er wollte nicht, dass Katharina von den Kindern abhängig wäre, »sondern die Kinder sollen ihr in die Hände sehen, sie in Ehren halten und unterworfen sein wie Gott geboten hat«[59].

Luthers Denken über Reformen in der Kirche ging weiter, und er schrieb unablässig. Er entwickelte eine neue Definition von »Berufung«. Für ihn konnte das Leben in einer Familie, das Sorgen für die Kinder, das Bestellen des Ackers oder das Windelwaschen genauso »Beruf aus Berufung« sein wie ein Leben im Kloster.

Luther gab auch der Musik einen neuen Platz in der Kirche. An die Stelle der Gesänge von Mönchen und Nonnen setzte er den von Instrumenten begleiteten Gemeindegesang und schrieb zahlreiche neue Kirchenlieder.

Sang die Gemeinde nicht kräftig genug, wurde Luther ungeduldig und rügte sie.

Er war auch ein Befürworter der Schulbildung für alle Kinder; er meinte, Eltern solle man verpflichten, ihre Kinder zur Schule zu schicken; dort würden auch die Kinder, deren Eltern sie nicht religiös erzogen, von Gott und seinem Geschenk der Erlösung hören. Zur religiösen Unterweisung der Kinder schrieb er den Kleinen Katechismus, für Lehrer und Pastoren den Großen Katechismus.

Es gibt viel Bewundernswertes an Luther – vor allem seinen Mut gegenüber einer übermächtigen kirchlichen Hierarchie und seine Bereitschaft, für die Wahrheit einzustehen, ganz gleich, welchen Preis er dafür bezahlte. Doch neben der hellen Seite gibt es bei diesem großen Mann auch viele Schatten, die wir nicht verschweigen dürfen.

Wie kann man diese Widersprüchlichkeit erklären? Sicherlich führten seine ungeheure Willenskraft und Leidenschaft, mit der er an alles im Leben heranging, auch dazu, dass er Dinge dachte oder sagte, die besser ungedacht beziehungsweise ungesagt geblieben wären – vor allem in seinen späteren Lebensjahren, als es mit seiner Gesundheit bergab ging. Aus heutiger Warte erscheinen die Aussagen – zumindest des älteren Luthers – befremdend, die er zu Juden, Muslimen und Wiedertäufern (die die sogenannte »Glaubenstaufe« lehrten und die Säuglingstaufe verwarfen) machte. Ein Biograf kommentiert:

> Bei reizbaren Persönlichkeiten können Enttäuschungen, Frustration und ein Gefühl der Machtlosigkeit zu Wut führen, und Luther hat in seinen späteren Lebensjahren viel solcher Wut Luft gemacht. Diese Wut wurde nie deutlicher als in seinen späten Angriffen auf drei Feinde jenseits des protestantischen Lagers: den Papst als den Antichristen, die muslimische bzw. türkische Bedrohung und die Juden (und dort besonders die Rabbiner).[60]

Gegen Ende seines Lebens war Luther zunehmend davon überzeugt, dass das Weltende und die Wiederkunft Christi bevorstanden; diese Gewissheit verschärfte seine Ungeduld und seine Einstellung zu so ziemlich allem und jedem. So stieß es ihm 1545, ein Jahr vor seinem Tod, übel auf, dass der Papst die kaiserlichen Initiativen im Keim zu ersticken suchte, ein Konzil einzuberufen. Luthers Irritation machte sich Luft in seiner Kampfschrift *Wider das Papsttum zu Rom, vom Teufel gestiftet,* in welcher er den Papst als Antichristen bezeichnete. Und als ob diese Worte noch nicht reichten, ließ er die Schrift von seinem Freund Lucas Cranach mit wüsten Karikaturen bebildern.

Auch die Eroberungszüge der Türken machten Luther Sorgen. War das Ende der Welt gekommen? Zeigten die vorrückenden muslimischen Armeen nicht, dass der Tag des Gerichts nahe war? Luther würdigte zwar den oft vorbildlichen Lebenswandel der Türken,[61] doch angesichts seiner apokalyptischen Deutung der Situation kam er gar nicht erst auf den Gedanken einer Missionierung der Muslime, um sie für den christlichen Glauben zu gewinnen, sondern hielt sie für den »letzten und ärgsten Zorn des Teufels wider Christus«[62]. Den Kaiser forderte Luther auf, das Abendland vor dem osmanischen Heer zu verteidigen, das 1529 schließlich vor den Toren Wiens stand.

Noch problematischer war Luthers Einstellung gegenüber den Juden. Dies war nicht immer so gewesen. 1523 hatte er eine Schrift mit dem Titel verfasst *Dass Jesus Christus ein geborener Jude sei,* die »von den Zeitgenossen als geradezu revolutionär empfunden wurde«[63] und Juden als »Blutsverwandte [...] unseres Herrn«[64] bezeichnete. Bei anderen Gelegenheiten lud Luther die Juden ein, zum christlichen Glauben überzutreten. 1536 wies dann Kurfürst Johann Friedrich von Sachsen die Juden aus Sachsen aus. Juden, die Luthers frühere Schriften gelesen hatten, glaubten nichts anderes, als dass er ihnen beistehen würde. Doch weit gefehlt.

Stattdessen veröffentlichte Luther 1543 ein zweites, berüchtigt gewordenes Buch über die Juden – *Von den Juden und ihren Lügen* –, in welchem er Gerüchte und Verleumdungen wiederholte, die seit vielen Jahrhunderten über die Juden im Umlauf waren: Sie würden Ritualmorde an christlichen Kindern begehen, Brunnen vergiften und das Abendmahl verhöhnen; Letzteres hatte er selbst 1523 als üble Nachrede erkannt und verurteilt. Doch nun beschreibt Luther die Juden als »grobe Narren«, »Diebe und Räuber«, ein »faul, müßig Volk […] unnütz, böse, schädlich«, ja »rechte Teufel«.[65] Man solle sie kurzerhand aus dem Land werfen.[66] Am meisten verärgerte es Luther, dass die jüdischen Rabbinen das Alte Testament nicht so sahen wie er selbst, nämlich als das Buch, das auf Jesus Christus hinweist; damit begingen sie in seinen Augen die allerschlimmste Gotteslästerung.

Luther setzte seine Angriffe auf die Juden fort. Von der baldigen Wiederkunft Christi überzeugt, auf die es sich vorzubereiten galt, rief er die Obrigkeit auf, Synagogen und Wohnhäuser der Juden anzuzünden und alle Juden des Landes zu verweisen (freilich außer, sie bekehrten sich), um Sachsen »rein« zu halten. Hier schrieb derselbe Luther, der fast sein ganzes Leben lang von Rom Religionsfreiheit gefordert hatte.

Wie konnte es dazu kommen? Luther-Biograf Martin Marty schreibt, dass Luther »seiner Sache so gewiss geworden war, dass er in genau jene […] intellektuelle und moralische Selbstsicherheit verfiel, vor der er immer so gewarnt hatte. Sie wurde ihm zum Freibrief, andere zu bedrohen. Der Apostel der Freiheit eines Christenmenschen war hier selbst nicht frei von seinen eigenen theologischen Voreingenommenheiten.« Luthers Einstellung gegenüber den Juden und anderen, mit denen er nicht einer Meinung war, »zeigte, dass er den eigenen inneren Schweinehund nicht besiegt hatte«.[67]

Als Lichtblick zeigte sich Ende der 1520er-Jahre, dass sich der Großteil Norddeutschlands dem lutherischen Bekenntnis angeschlossen hatte. Unter anderem deswegen sah der Vatikan ein, dass es nicht klug war, von der weltlichen Obrigkeit die Durchsetzung des Wormser Edikts einzufordern. Die Reformation begann in große Teile Europas vorzudringen und erfasste sogar jene neuen Länder jenseits des Atlantiks, die man »Amerika« nannte. Einen besonderen Triumph erlebte Luther im August 1526, als der erste Reichstag zu Speyer das Wormser Edikt relativierte, indem er seinen Geltungsbereich auf die katholischen Gebiete beschränkte, während das lutherische Bekenntnis in den Gegenden der evangelischen Fürsten geduldet wurde.

Am 18. Februar 1546 starb Luther 62-jährig in Eisleben, dem Ort seiner Geburt. Er wurde unter der Kanzel der Schlosskirche zu Wittenberg beigesetzt, wo seine sterblichen Überreste bis heute – an der Seite seines Freundes Philipp Melanchthon – ruhen.

Was für eine Bilanz können wir heute, fast fünfhundert Jahre nach Luthers Thesenanschlag, über sein Leben, seinen Einfluss und sein Werk ziehen? Es ist keine Übertreibung: Das Leben dieses feurigen deutschen Mönches leistete Geburtshilfe – nicht nur für den Protestantismus, sondern auch für die Moderne.

Der Blogger Travis McSherley fragte sich einmal, was Luther wohl zu seinem mutigen Einsatz motivierte. Seine Antwort:

> Er erkannte, dass das Christentum mehr ist als ein Glaubensbekenntnis. Es ist eine Beschreibung der tiefsten Wirklichkeit, die in Jesus Christus wurzelt. Die Bibel ist die Offenbarung Gottes; sie gibt uns eine Wahrheit, die absolut und allgemein gültig ist. Es war dieser Glaube, der Luther die Kraft gab, gegen die Machtstrukturen seiner Zeit aufzustehen.[68]

Was Luther für die Christenheit bewirkte, zog (gute wie schlechte) Folgen nach sich, wie sie weitreichender kaum sein konnten. Er wirkte weit über die Kirchen hinaus. Er stieß Reformen in allen Bereichen des Abendlandes an: in Politik, Recht, Bildung und Erziehung, Kunst und Wissenschaft. Mit McSherleys Worten: Er »legte das Fundament für die Prinzipien, die schließlich zur westlichen Demokratie führen würden […]«[69]. Stimmt genau.

Luther ist ein Beispiel für echten Mut – die Art Mut, die bereit ist, lieber zu sterben als das, was ihr heilig ist, zu opfern. Alle Männer in diesem Buch waren bereit, etwas aufzugeben – Macht, Ruhm, Freiheit, die liebe Ruhe oder das gute Recht, es den anderen heimzuzahlen. Luther war buchstäblich bereit, sein Leben zu opfern. Er ist ein Beispiel dafür, was ein Mensch erreichen kann, dem Gott Weisheit und Führungsqualitäten geschenkt hat und der treu Gottes Führung gehorcht.

Heute gibt es in der Welt circa 75 Millionen Lutheraner und sie sind nur ein Teil der etwa 400 Millionen Protestanten, die ihre geistliche Herkunft zum Teil ebenfalls auf Luther zurückführen können. Luthers Auseinandersetzung mit der Ablasspraxis führte letztlich in eine »umfassende Reformation der Theologie, der Frömmigkeit, der Kirche samt ihrer Organisation und Praxis, ja selbst der weltlichen Ordnungen«[70].

2017 werden Protestanten in aller Welt der Reformation gedenken, die Luther im Jahre 1517 anstieß. Und nicht nur Protestanten, sondern auch Katholiken. Der *National Catholic Reporter*, eine US-amerikanische Zeitung, bemerkte zwar, dass manche Katholiken sagen, bei einem Schisma gebe es nichts zu feiern.

Doch 2013 gaben der Vatikan und der Lutherische Weltbund gemeinsam eine neunzig Seiten lange deutsche Erklärung heraus: *Vom Konflikt zur Gemeinschaft*. Dort schreiben die Autoren, es sei an der Zeit, damit aufzuhören, jahrhundertealte Konflikte wieder aus der Versenkung hervorzuholen; man solle lieber über 50 Jahre des offiziellen ökumenischen Dialogs nachdenken, in dessen Verlauf die Gemeinschaft zwischen Katholiken und Protestanten immer größer geworden ist:

> Wenn im Jahr 2017 evangelische Christen den Jahrestag des Reformationsbeginns feiern werden, feiern sie damit nicht die Spaltung der Kirche des Westens. Kein theologisch Verantwortlicher kann die Trennung der Christen feiern.[71]

Die Erklärung fordert auch dazu auf, beim gemeinsamen Rückblick »das Evangelium von Jesus Christus in den Mittelpunkt zu stellen. Das Evangelium soll gefeiert und an die Menschen unserer Zeit weitergegeben werden [...]. Das ist der Grund für unsere Freude im gemeinsamen Glauben.«[72] Bei allem Feiern sollten die evangelischen und katholischen Christen aber auch Buße tun über dem Leiden, »das durch die Spaltung der Kirche verursacht wurde« und »selbstkritisch auf sich« schauen, »nicht nur im Blick auf die Geschichte, sondern auch angesichts der heutigen Realitäten.«[73]

Die Geschichte Martin Luthers begeistert und stimmt gleichzeitig nachdenklich. Sie erinnert uns daran, dass auch der Beste und Mutigste, der für die Wahrheit in die Bresche tritt und so der Welt viel Gutes bringt, immer noch ein Sünder ist, der in Gedanken und Taten schuldig werden kann. Eigentlich sollte dies jeder, der seine Bibel kennt, wissen. Doch der Anschauungsunterricht, den uns dieser Gigant der Kirchengeschichte bietet, gibt dieser Wahrheit gleichsam Fleisch und Blut.

2. KAPITEL

WILLIAM WILBERFORCE

1759–1833

William Wilberforce lebte etwa zu Lebzeiten George Washingtons (1732–1799). Während Washington sein ganzes Leben in Amerika verbrachte, verbrachte Wilberforce seines in England. Beide werden voneinander gewusst haben, und beide waren zu ihren Lebzeiten hochberühmt. Man könnte behaupten, Wilberforce sei sogar der Berühmtere gewesen. Nachdem es ihm gelungen war, die Sklaverei abzuschaffen und »den Gefangenen die Freiheit« zu bringen[74], beschrieb ein italienischer Staatsmann ihn als »den Washington der Menschlichkeit«[75].

Noch vor 150 Jahren wurde Wilberforce von Männern wie Abraham Lincoln und Frederick Douglass ehrfürchtig als der große Pionier und Vater der Anti-Sklaverei-Bewegung bezeichnet. Doch im Laufe des letzten Jahrhunderts rückte sein Name in den Hintergrund. Dies hat sich erst in den letzten Jahren wieder geändert, vor allem durch den Film *Amazing Grace* von 2007, der wie kaum etwas anderes Wilberforce' Geschichte zu neuer Bekanntheit verholfen hat.

Viele, die diesen Film sahen oder auch meine Wilberforce-Biografie lasen, deren englischer Titel ebenfalls *Amazing Grace** lautet, konnten schier nicht glauben, dass sie zuvor noch nie von Wilberforce gehört hatten. Immer

* Deutsche Ausgabe: Eric Metaxas, *Wilberforce. Der Mann, der die Sklaverei abschaffte* (Holzgerlingen: SCM Hänssler, 2. Auflage 2013).

wieder habe ich Sätze gehört wie: »Nachdem ich Ihr Buch über diesen tollen Mann gelesen hatte, habe ich mich richtig geschämt, dass ich ihn noch nicht gekannt hatte!«

Wie habe *ich* Wilberforce kennengelernt?

Wie so viele andere in Amerika, hörte ich das erste Mal über meinen Freund Os Guinness von ihm. Wer Wilberforce nicht über den Film kennengelernt hat, begegnete ihm wahrscheinlich durch Os, der in den Jahren vor dem Film sich wie kein anderer dafür einsetzte, die Erinnerung an Wilberforce lebendig zu erhalten. Hätte Os Guinness Wilberforce' Geschichte nicht so viele Jahre lang unter die Leute gebracht, hätte es den Film vielleicht nie gegeben. Aber eine große Geschichte ist eine große Geschichte, und wenn es dazu noch eine wahre Geschichte ist, kann man sie nicht für sich behalten. Ich bin sehr dankbar, dass auch Os das nicht tat!

Ein anderer, der mir von Wilberforce erzählte, war mein Held Charles Colson, der Gründer von *Prison Fellowship* (s. S. 223) und der siebte Mann in diesem Buch. Als ich in den späten Neunzigerjahren für Charles arbeitete, erfuhr ich, dass Prison Fellowship jedes Jahr eine Auszeichnung – den *Wilberforce Award* – an eine Person verlieh, die

> durch persönlichen Einsatz, Können und Einfluss aktuelle soziale Missstände nachhaltig angeht, die im Kampf für Gerechtigkeit beharrlich und selbstlos ist. ja bereit, die persönliche Bequemlichkeit, Karriere und Ruf zu opfern, die durch persönliches Zeugnis, Beispiel und Schulung […] die Werte und das Wesen der Gesellschaft positiv verändert und die ein vorbildliches Zeugnis für Christus ist.[76]

Allein das Lesen dieser Definition lässt einen unwillkürlich fragen, wer Wilberforce war. Aber bis ich mein Buch über ihn schrieb, wusste ich sehr wenig über ihn. Ich wusste, dass er der britische Parlamentsabgeordnete war, der an der Spitze des Kampfes zur Abschaffung des Sklavenhandels stand. Ich wusste auch, dass es sein christlicher Glaube war, der ihn diesen Kampf führen ließ, und dass er 1807, nach fast zwei aufreibenden Jahrzehnten, endlich Erfolg hatte und das wohlverdiente Lob der westlichen Welt erntete. Aber das war es auch schon. Dass ich eines Tages ein Buch über ihn schrieb und ihn dadurch viel besser kennenlernte, ist eine originelle Geschichte.

Es begann im Jahr 2005, als ich ein apologetisches christliches Buch mit dem Titel *Everything You Always Wanted to Know about God (but Were Afraid to Ask)* schrieb.* Zu Beginn eines der Kapitel, in welchem es um die Bibel ging, erwähnte ich Wilberforce als jemand, der die Bibel ernst nahm, und dass er deswegen die Welt veränderte. Buchstäblich.

Irgendwann im Dezember 2005 machte ich in einem Interview im amerikanischen Sender CNN Werbung für mein Buch. Ich hatte die typischen heftigen Fragen erwartet, zum Beispiel: »Wie kann ein allmächtiger, guter Gott so viel furchtbar Böses und so schreckliche Leiden in der Welt zulassen?« oder: »Wie kann ein denkender Mensch an die Naturwissenschaft glauben und gleichzeitig an all den mittelalterlichen Nonsens in der Bibel?« Doch es kamen keine heftigen Fragen. Stattdessen stellte man mir eine höfliche Frage über William Wilberforce. Ich wusste schon fast nicht mehr, dass ich ihn in dem Buch erwähnt hatte, aber ehe ich mich versah, sprach ich landesweit vor Zuschauern über ihn.

Nach dem Interview trat ein amerikanischer Verlag mit einer Frage an mich heran: Hätte ich Lust, eine ausführliche Biografie über Wilberforce zu schreiben? Es würde gerade ein Film über Wilberforce gedreht (der oben erwähnte Film *Amazing Grace*), und es wäre schön, wenn jemand eine Biografie schreiben könnte, die etwa gleichzeitig mit der Premiere des Films im Februar 2007 erschiene, also in dem Jahr, in dem sich die Abschaffung des Sklavenhandels zum 200. Mal jährte. Ich hatte noch nie eine Biografie geschrieben und auch keine Ambitionen in der Richtung und erbat mir Bedenkzeit. Schließlich biss ich an, und das nächste Jahr verbrachte ich mit dem Schreiben des Buches.

---

* Wörtliche Übersetzung: »Was Sie schon immer über Gott wissen wollten, aber sich nicht zu fragen getraut hatten«; Colorado Springs, Colorado: Waterbrook Press, 2005.

Im Zuge meiner Recherchen für das Buch entdeckte ich, dass Wilberforce' Engagement gegen den Sklavenhandel nur einen Bruchteil eines schier unglaublichen, aber sehr realen Lebenswerkes darstellte. Ich erkannte: Es stimmte, was Os Guinness immer schon gesagt hatte. Wilberforce war der erfolgreichste Sozialreformer der Geschichte.

William Wilberforce' Leben ist so faszinierend und begeisternd, dass es mir wichtig war, eine Kurzfassung von ihm in dieses Buch aufzunehmen. Sein Leben ist ein leuchtendes Beispiel dafür, was ein Mensch, der sich von Gott gebrauchen lässt und sich Gottes Plänen für sein Leben öffnet, erreichen kann.

William Wilberforce wurde 1759 als einziger Sohn einer wohlhabenden Kaufmannsfamilie in Hull, einer großen Hafenstadt in Nordostengland, geboren. Billy, wie er als Junge genannt wurde, war ganze neun Jahre alt, als sein Vater starb. Da auch seine Mutter schwer erkrankte und die meisten mit ihrem baldigen Tod rechneten, beschlossen sie und sein Großvater, ihn in die Obhut eines sehr reichen Onkels und seiner Frau zu geben, die in Wimbledon bei London wohnten: er sollte in den besten Kreisen aufwachsen.

Das kulturelle Klima im damaligen England war alles andere als christlich, außer im oberflächlichsten Sinne des Wortes. Der allgemeine Abfall von einem lebendigen christlichen Glauben im England des 18. Jahrhunderts war zum Teil eine Folge der Religionskriege des 17. Jahrhunderts mit all ihrem Elend und Blutvergießen. In der feinen Gesellschaft hatte man sich größtenteils dem zugewandt, was man heute als Aufklärung oder Deismus bezeichnet. Der »Gott«, der auf den englischen Kanzeln gepredigt wurde, hatte oft kaum noch etwas mit dem persönlichen Gott des Alten und Neuen Testaments zu tun, sondern stand eher für eine unpersönliche, abstrakte höhere Kraft.

Dieser Art Religiosität folgten auch Wilberforce' Mutter und sein Großvater; Christsein hieß für sie, regelmäßig zur Kirche zu gehen und auf alle herabzusehen, die es anders hielten. In die Evangelisationen und Erweckungsversammlungen von John und Charles Wesley* und George Whitefield** gingen in erster Linie die einfachen Leute. Ein »hingegebener Christ« zu werden, war etwas für Tagelöhner und Milchmädchen; für die Wilberforces und die meisten anderen aus den höheren Etagen der Gesellschaft war jeder, der Gott zu ernst nahm, einer von diesen komischen »Methodisten« oder »Enthusiasten«, so wie heute manche auf die »Fundamentalisten«, »Biblizisten« oder »Evangelikale« herabsehen.

Was der kleine William bei seinem reichen Onkel und der Tante erlebte, war daher etwas, das seine Mutter und seinen Großvater, hätten sie es gewusst, mit der größten Missbilligung erfüllt hätte, denn diese schwerreichen Verwandten, in deren Obhut sie Billy gegeben hatten, waren – entschiedene Methodisten. Sie nahmen ihren christlichen Glauben als Evangelikale, wie man die Mitglieder dieser Bewegung schließlich nannte, so ernst, dass sie mit ihrem Geld zahlreiche Projekte der Methodisten unterstützten. Kein Geringerer als George Whitefield war ein häufiger Gast in ihrem prächtigen Haus; wochenlang weilte er dort, um im Salon vor ihren reichen Freunden und Nachbarn zu predigen. William selbst hat Whitefield, der 1770 verstarb, nie erlebt, dafür aber viele andere bekannte methodistische Prediger, in deren Gesellschaft er sich wohlgefühlt zu haben scheint.

Einer der berühmtesten und häufigsten Predigergäste war John Newton, der frühere Kapitän und Sklavenhändler, der (etliche Zeit) nach seiner Bekehrung zum Christentum dem Sklavenhandel abgeschworen hatte. Er wurde ein bekannter Evangelist, der zusammen mit seinem Freund, dem englischen Dichter William Cowper, zahlreiche Lieder verfasste, darunter das

---

* John (1703–1791) und Charles Wesley (1707–1788) erlebten 1738 eine Bekehrung zum evangelikalen Glauben. John übernahm die Führung bei der Bildung einer Bewegung innerhalb der anglikanischen Kirche, die unter der Bezeichnung Methodismus bekannt wurde. Nach dem Tod der Geschwister entwickelte sich daraus allmählich eine eigene Glaubensgemeinschaft.

** George Whitefield (1714–1770) war ein anglikanischer Geistlicher und der vielleicht größte evangelikale Prediger des achtzehnten Jahrhunderts.

weltbekannte *Amazing Grace*. Newton wurde dem jungen Wilberforce ein guter Freund und fast so etwas wie ein Vater.

Doch diese glücklichen Zeiten sollten nicht von Dauer sein. Als Wilberforce fast zwölf war, kamen sein entsetzter Großvater und seine konsternierte Mutter dem Methodismus seines Onkels und seiner Tante auf die Schliche. Ein Albtraum, so empfanden sie. Ein Methodist zu werden, war in ihren Kreisen schier noch schlimmer, als unter die Kannibalen zu gehen. »Wenn Billy Methodist wird«, drohte der Großvater, »bekommt er keinen einzigen Groschen von mir!«[77] Es ging um Sein oder Nichtsein, und Wilberforce' Mutter eilte die vielen Meilen von Hull nach London, um ihr Kind aus den Fängen dieser frommen Fanatiker zu retten.

In den zweieinhalb Jahren, die er bei ihnen verbracht hatte, waren Wilberforce' Onkel und Tante dem Jungen ans Herz gewachsen, und er ihnen. Ihr Glaube war auch sein Glaube geworden. Seine plötzliche Abreise muss für alle drei schmerzlich gewesen sein. Als Tante Hannah ihre Angst äußerte, dass William, wenn er ihnen genommen würde, seinen Glauben verlieren könnte, entgegnete seine Mutter: »Du weißt, dass es nicht scheitern kann, wenn es ein Werk der Gnade [d. h. von Gott] ist.«[78] Ihre oberflächliche Religiosität macht diesen Satz – wenn auch zynisch gemeint – mindestens interessant, wenn nicht sogar prophetisch.

Und so kehrte der junge Wilberforce gegen seinen Willen und den seiner unglücklichen Tante und Onkel nach Hull zurück, wo seine Mutter und sein Großvater alle Hebel in Bewegung setzten, um das methodistische Feuer in ihm auszulöschen. Sie ließen ihn noch nicht einmal ihre eigenen Gottesdienste in der anglikanischen Kirche besuchen, damit nicht womöglich die zur Liturgie gehörenden Schriftlesungen unerwünschte Wirkungen auf die Seele des Jungen ausübten.

Der Glaube des Zwölfjährigen war echt, und er hielt tapfer an ihm fest; er schickte sogar über einen der Diener heimliche Briefe an seine Tante und seinen Onkel. Doch nach etlichen Jahren in der neuen, definitiv nicht frommen Umgebung begann sein methodistischer Eifer abzukühlen. Das Karussell der Einladungen und die schmeichlerische Aufmerksamkeit, die man dem künftigen schwerreichen Erben seines Großvaters entgegenbrachte, verfehlten ihren Zweck zum Schluss doch nicht. Als William mit 16 Jahren als Student nach Cambridge ging, war er die elegante Weltlichkeit in Person geworden, der unbekümmerte gut betuchte Jüngling und Mann von Welt, von dem seine Mutter und Großvater immer geträumt hatten.

In Cambridge setzte Wilberforce den Lebensstil der Partys und Unterhaltungen, den er in Hull gepflegt hatte, ungebrochen fort. Auch wenn er nie ein so unverfrorener Sünder war wie manche seiner Mitstudenten, hatte er ganz zweifellos dem Glauben seiner späten Kindheitsjahre den Rücken gekehrt und sich die kulturell korrekte Gesinnung der Arroganz und des Skeptizismus gegenüber jedem, der den christlichen Glauben ernst nahm, zu eigen gemacht.

Dort in Cambridge lernte Wilberforce William Pitt den Jüngeren kennen, der eine wichtige Rolle in seinem Leben spielen sollte. Pitts Vater, William Pitt der Ältere, war einer der berühmtesten Politiker und Staatsmänner seiner Zeit und dabei, seinen brillanten Sohn als seinen Nachfolger aufzubauen. Immer wieder fuhr dieser nach London, um in der Galerie des *House of Lords* den Parlamentsdebatten zu lauschen – oft begleitet von seinem neuen Freund William Wilberforce.

Williams Mutter und Großvater erwarteten von ihm, das Familienunternehmen zu übernehmen, doch sein kreatives, hyperaktives Gehirn und geselliges Temperament passten schlecht zu einem Kaufmann. Als er dort mit Pitt im House of Lords saß und den rhetorischen Duellen lauschte, fragte er sich, ob er sich nicht vielleicht selbst in der Politik versuchen sollte. Schließlich war er für seinen Esprit bekannt und für seine Redegabe; in Auseinandersetzungen hatte er stets schlagkräftige Antworten parat – eine perfekte Grundlage für jemanden, der in die Politik und ins Parlament gehen wollte.

In den Parlamentsdebatten, denen Wilberforce und Pitt in ihren Studentenjahren lauschten, ging es immer wieder um die nordamerikanischen Kolonien. Man befand sich am Ende der 1770er-Jahre, und die amerikanische Revolution war in vollem Gang. Die Regierung von König George III. hätte die Rebellion, die militärisch von einem gewissen General Washington angeführt wurde, am liebsten niedergeschlagen, doch es gab im Parlament nicht wenige Gegenstimmen, darunter William Pitt der Ältere. Diese historischen Redeschlachten werden den jungen Wilberforce fasziniert haben, und es überrascht nicht, dass er nach seinem Abschluss in Cambridge entschlossen war, sich um einen Sitz im Parlament zu bewerben.

Gesagt, getan. Wer damals ins englische Parlament wollte, musste mindestens 20 Jahre alt sein; Wilberforce wurde zwei Wochen nach seinem 20. Geburtstag gewählt. Nur wenige Monate später folgte William Pitt seinem Freund und wurde ebenfalls Abgeordneter. Der Aufstieg der beiden jungen Cambridge-Absolventen war steil; schon bald gehörten sie zu den einflussreichsten Parlamentariern ihrer Zeit.

Mit seiner einnehmenden Art und wohlklingenden Singstimme wurde Wilberforce in kurzer Zeit eine äußerst beliebte und bekannte Figur in der Londoner Gesellschaft. Er wurde Mitglied in den exklusiven Herrenklubs, wo er und seine Freunde mit den großen Namen seiner Zeit verkehrten und bis in die frühen Morgenstunden aßen und tranken, sangen und dem Glücksspiel frönten.

Wilberforce' Freundschaft mit Pitt ging weiter, und in dem Jahr, als sie beide 24 wurden, unternahmen sie zusammen mit einem dritten Freund eine lange Reise nach Frankreich. Da Wilberforce und Pitt bereits über England hinaus berühmt waren, standen ihnen alle Türen offen. Auf ihrer Reise besuchten sie unter anderem den glücklosen König Louis XVI. und dessen Gemahlin, die junge Marie Antoinette, die von Wilberforce besonders eingenommen war. Wilberforce traf sich auch mit dem Marquis de Lafayette, der Washington und den amerikanischen Freiheitskampf so tatkräftig unterstützt hatte.

Bei Lafayette lernte Wilberforce auch Benjamin Franklin kennen, damals Gesandter der frisch gegründeten USA in Frankreich. Im Rückblick steht eine denkwürdige Szene vor Augen, als der 77-jährige Franklin, die Stimme eines Predigers in der Wüste gegen die Sklaverei, die Hand des 24-jährigen Wilberforce ergriff, der den Kampf gegen die Sklaverei noch gar nicht aufgenommen hatte. Aber Wilberforce' Leben glich einem Kaleidoskop von Begegnungen mit den Reichen und Prominenten. Viele Jahre später – 1820 –, im Alter von 61, hatte er die Ehre, der künftigen englischen Königin Victoria zu begegnen, damals ein Kleinkind von 18 Monaten. Wilberforce scheint zu seinen Lebzeiten so ziemlich alle und jeden von Rang und Namen kennengelernt zu haben.

Mit gerade einmal 24 Jahren errang Wilberforce fast wie durch ein Wunder den extrem wichtigen Sitz im englischen Parlament für Yorkshire, der seine Bekanntheit und politische Macht schlagartig vergrößerte. Etwa zur gleichen Zeit und ebenfalls im zarten Alter von 24 Jahren wurde sein Freund Pitt zum englischen Premierminister gewählt. Ein derart junger Premierminister war auch damals alles andere als normal. Eine Zeitung veröffentlichte den folgenden Spottvers:

> A sight to make surrounding nations stare,
> A Kingdom trusted to a school boy's care.
>
> Da wird in allen Ländern groß geschaut,
> ein Königreich wird einem Jungen anvertraut.[79]

Doch Pitt und Wilberforce erwiesen sich ihren neuen Aufgaben als gewachsen. Pitt wusste: Ohne seinen Freund und Verbündeten Wilberforce wäre er niemals so schnell so weit nach oben gekommen. Unversehens fanden sich die beiden Freunde auf dem Gipfel der Macht und des Prestiges wieder. Doch was Wilberforce im Reigen der großen Männer dieses Buches auszeichnen würde, lag noch in der Zukunft.

1784 beschloss Wilberforce, einen langen Winterurlaub an der französischen und italienischen Riviera zu verbringen. Seiner Schwester Sally ging es gesundheitlich nicht gut, und man glaubte, das wärmere Klima würde ihr guttun. Die Fahrt war in zwei Kutschen geplant: Wilberforce' Mutter, Sally und seine Cousine Bessie Smith, begleitet von einer Bediensteten, in einer Kutsche; und Wilberforce mit einem noch zu wählenden Begleiter in einer kleineren, vorausfahrenden Chaise, wie man diese Art von Postkutschen nannte.

Die Entfernung betrug in der Luftlinie mehr als 1 800 Kilometer, und die gesamte Reise, die unter anderem über die Alpen führte, würde mehrere Wochen dauern. Das einzige verfügbare Transportmittel waren von Pferden gezogene Kutschen. Wilberforce musste sich seinen Reisegefährten sorgfältig aussuchen. Zuerst lud er einen Dr. Burgh ein – einen irischen Arzt, den er aus York kannte. Wilberforce hatte einerseits keine Lust, die vielen Stunden in der Kutsche allein zu verbringen ohne die Unterhaltung, die ein Mitreisender ermöglichte. Wenn er andererseits die ganze Zeit mit dem Falschen in der Kutsche zusammengepfercht war, konnte der Schuss nach hinten losgehen. Doch Burgh konnte die Einladung nicht annehmen.

Etwa um dieselbe Zeit besuchte Wilberforce das Seebad Scarborough im heutigen Nord-Yorkshire, wo ihm ein alter Freund aus seiner Kindheit über den Weg lief, der zehn Jahre ältere Isaac Milner. Milner war der Bruder des Rektors an Wilberforce' *Grammar School* und zu Wilberforce' Zeiten dort Hilfslehrer gewesen. Inzwischen war er eine der faszinierendsten Persönlichkeiten jener Zeit, ja wohl aller Zeiten geworden. Seinen Lehrstuhl in Cambridge hatte vor ihm Isaac Newton inne und Jahrhunderte später Stephen Hawking. Ohne Übertreibung war der Inhaber dieses Lehrstuhls einer der intelligentesten Menschen auf dem Planeten. Aber Milner war weit mehr als ein Intellektueller; er war ein berühmter Spaßvogel und bekannt für die komischen Geschichten, die er oft in dem breiten Yorkshire-Akzent seiner Jugend vortrug. Einige hielten ihn mit seinem Konversationstalent sogar für einen würdigen Nachfolger des legendären Dr. Johnson. Und auch körperlich war er ein Riese. Wir wissen nicht genau, wie groß er war, aber Wilberforce' Freundin Marianne Thornton sagte über ihn: »[…] der gewaltigste Mann, den ich je in einem Salon zu sehen bekam.«[80]

Milner nahm Wilberforce' Einladung zu einem kostenlosen Urlaub in Südfrankreich an, und die beiden zogen los. Sie müssen ein ungleiches Paar gewesen sein. Wilberforce war nur wenig über 1,60 Meter groß, und sein Brustumfang betrug knabenhafte 84 Zentimeter. Als Erwachsener magerte er während einer seiner Krankheiten auf 35 Kilogramm ab. Seine grüne Samtweste, die heute im Wilberforce-Museum in Hull im Haus seiner Kindheit ausgestellt ist, illustriert, wie klein dieser große Mann äußerlich war. Doch geistig hatten er und Milner die gleiche Schuhgröße, und ihre Gespräche auf der langen Reise durch Europa müssen vor intellektueller Brillanz gesprüht haben.

Auf dieser langen Kutschfahrt durch den Kontinent geschah etwas, das Wilberforce' Leben für immer verändern sollte. Irgendwann kam das Gespräch auf religiöse Themen. Schon in Scarborough hatte Wilberforce einen Pfarrer erwähnt, der ein »guter Mann« sei, »aber einer, der die Dinge etwas zu weit trieb«. »Kein bisschen zu weit«, hatte Milner erwidert, was Wilberforce sehr überrascht hatte.[81] Wie alle anderen in seinen Kreisen fand Wilberforce, dass jemand, der Gott sehr ernst nahm, zu weit ging. War Milner vielleicht ein engagierterer Christ, als Wilberforce es bisher angenommen hatte? Offenbar ja. Sie führten das Gespräch über Glaubensthemen weiter.

Als sie Meile um Meile hinter sich ließen, wurde Wilberforce immer klarer, dass dieses akademische Genie neben ihm so etwas wie ein heimlicher Methodist war. Es war eine peinliche Entdeckung für Wilberforce. Milner hing seinen Glauben nicht an die große Glocke, aber er stellte ihn auch nicht unter den Scheffel. Jahre später gab Wilberforce zu: Hätte er früher eindeutig von Milners Frömmigkeit gewusst, gegen die man in seinen Kreisen so allergisch war, hätte er sich einen anderen Reisegefährten ausgesucht. Doch jetzt war es zu spät, und er musste wohl oder übel ernsthafte theologische Diskussionen mit dieser Koryphäe der Gelehrsamkeit führen.

Wir müssen es Wilberforce lassen, dass er intellektuell redlich war und eine engagierte Diskussion nicht scheute. Die beiden führten ihre Wortgefechte fort, während sie die Alpen überquerten. Milners Verstand und sein breites Wissen konnten die meisten der Einwände zerstreuen, die Wilberforce gegen den christlichen Glauben hatte. Als ihre Fahrt zu Ende war, sah Wilberforce sich zu der Einsicht gezwungen, dass er mit seiner bisherigen Einstellung völlig falsch gelegen und dass Milner recht hatte.

Was Wilberforce die ganzen Jahre als lächerlich und falsch abgestempelt hatte, war also wahr: Der Gott der Bibel existierte, Jesus war eine geschichtliche Gestalt, ja der im Alten Testament verheißene Messias; und die Bibel war nicht eine Sammlung alter Mythen und Märchen, sondern die Wahrheit. Für jemanden von Wilberforce' gesellschaftlicher Position und seinem Prestige war dies eine ungewöhnliche, ja unangenehme Situation. Was jetzt?

Als er wieder in London war, sah er sich in der Zwickmühle. Zurückkehren in das alte Leben und sich dort als Christ outen, war unmöglich, er würde zum Gespött der Leute werden. Seine Freunde fragten sich schon, warum er nicht mehr auf ihre Partys und in die nicht weniger als fünf Klubs kam, in denen sich die *High Society* traf und er einst nicht schnell genug hatte Mitglied werden können. Wochenlang igelte er sich in seinem prächtigen Herrenhaus, *Lauriston House*, ein. Was er dort machte, wussten seine Freunde nicht, aber schon bald hieß es, Mr Wilberforce leide an der »Melancholie«[82] – heute würde man sagen, er hatte Depressionen.

Was nicht ganz so falsch war. Wilberforce hatte keine Ahnung, wie er das, was er jetzt über Gott glaubte, mit seinem bisherigen Leben vereinen konnte. Sein neuer und zusehends wachsender Glaube war ihm so wichtig geworden, dass er sich ernsthaft fragte, ob er nicht womöglich sein bisheriges Leben aufgeben und entweder Mönch oder Pastor werden sollte. Ja, was sollte er nur machen?

Jahre später hat Wilberforce diesen Abschnitt seines Lebens als »die große Wandlung« bezeichnet und seine Bekehrung als allmählichen Prozess beschrieben, der ein bis zwei Jahre umfasste. Er machte dabei viele kleine Einzelschritte. Ein äußerlich sichtbarer Schritt war sein Entschluss (den er binnen eines einzigen Tages ausführte), aus all den exklusiven Klubs, in denen er Mitglied war, auszutreten.

In diesen Klubs frönte man dem Alkohol, dem Glücksspiel und anderen Dingen, die definitiv nicht zu einem hingegebenen Christen passten, was Wilberforce den Austritt aus ihnen relativ leicht machte. Doch die Klubs waren ja nur eines von vielen Problemen, und die große und schier unlösbare Frage lautete: Genau wo verlief für einen Christen die Grenze? Was ging noch und was ging nicht mehr? Mit Gott ganz Ernst machen und »die Welt verlassen« hieß also: Schluss mit diesen Klubs. Aber hieß es womöglich auch: Schluss mit der schmutzigen Welt der Politik? Hier war Wilberforce unschlüssig, und wochen- und monatelang trieb in diese Frage um.

In dieser Krise traf Wilberforce eine Entscheidung, die sein Leben erneut verändern sollte: Er beschloss, seinen alten Freund John Newton aufzusuchen. Newton war inzwischen sechzig Jahre alt und der berühmte Pastor an der Londoner Kirche *St. Mary Woolnoth* im Londoner Zentrum. Es ist unwahrscheinlich, dass er und Wilberforce in Kontakt getreten waren, seit dieser mit zwölf Jahren seinen Onkel und seine Tante hatte verlassen müssen. Ohne Zweifel wird Newton die spektakuläre Karriere seines brillanten jungen Freundes verfolgt und für ihn gebetet haben. Aber Wilberforce, der seinen Kinderglauben abgelegt und eine eher säkulare Einstellung übernommen hatte, dürfte den unverblümten Evangelikalismus seines alten Freundes lange Jahre als peinlich empfunden haben. Bis jetzt, wo er zum Glauben zurückgefunden hatte; jetzt konnte er sich keinen besseren Ratgeber vorstellen als Newton.

Aber da Wilberforce inzwischen so prominent war, hatte er Angst davor, gesehen zu werden, wenn er Newtons Pfarrhaus betrat; sicher würden sich die Leute gleich ihren Reim darauf machen. Und so machte er seinen Besuch in aller Heimlichkeit, wie damals der Schriftgelehrte Nikodemus, als er Jesus aufsuchte. Eines Tages Anfang Dezember 1785 war es so weit.

Newton wird voller Freude gewesen sein, seinen alten Freund vor sich zu sehen, ja zu hören, dass er zurück zum Glauben gefunden hatte. Wilberforce war es weniger fröhlich zumute. Die Frage, was er aus seinem Leben machen sollte, lastete schwer auf seinen Schultern, und am allermeisten drückte ihn die Frage, ob er der Politik den Rücken kehren sollte. »Politik ist ein schmutziges Geschäft«, hört man heute oft. Damals war es noch weitaus schmutziger.

Doch Newton machte – vielleicht war es ein prophetischer Augenblick – Wilberforce Mut, in der Politik zu bleiben. Wer wusste, vielleicht hatte Gott ihn, wie einst die jüdische Königin Ester, »für eine Situation wie diese« (Ester 4,14) vorbereitet? Vielleicht würde er Gottes mächtiges Werkzeug in der

Welt der Politik werden, die ihn mehr brauchte denn je? Es ist schwer zu sagen, was erstaunlicher war: dass Newton diese Argumente vorbrachte oder dass Wilberforce auf sie hörte. Als brennender Christ in der Eiseskälte der politischen Bühne zu bleiben, brauchte eine gehörige Portion Mut. Doch Wilberforce hörte auf Newton.

Und so gelobte er, seinen Glauben in die Welt der Politik zu tragen und dort Gott mit seinen Gaben zu dienen.

Doch wie sollte er das anfangen? Wie sollte es funktionieren? Auf was für politische Ziele sollte Wilberforce sich konzentrieren? All das war noch offen. Aber Wilberforce betete um Weisheit und wusste: Gott würde ihn führen.

Keine zwei Jahre nach dieser historischen Weichenstellung schrieb Wilberforce zwanzig Worte in sein Tagebuch, die den Rest seines Lebens bestimmen sollten. Diese Worte, die er in den folgenden Jahren und Jahrzehnten auslebte, sollten Konsequenzen haben, die buchstäblich den Gang der abendländischen Kultur veränderten. »Der allmächtige Gott hat mir zwei große Ziele vor Augen gestellt«, schrieb er am 28. Oktober 1787 in sein Tagebuch, »die Bekämpfung des Sklavenhandels und die Reformation der Sitten.«[83]

Was genau meinte er mit diesem Satz? Das erste »große Ziel«, dem Wilberforce sich hinfort hingeben würde, erklärt sich im Wesentlichen selbst; es machte ihn vor allem anderen berühmt. Seit vielen Jahren schon wusste Wilberforce um das unsägliche Übel des Sklavenhandels. Aber er überschlug immer die Kosten, bevor er sich (und dann auch noch in der Öffentlichkeit) für eine Sache einsetzte. Er nahm seinen guten Ruf als Politiker nicht auf die leichte Schulter und wollte ganz sichergehen, dass er wusste, auf was er sich einließ. Er schaute sich eine ganze Reihe von Themen an, die für ihn infrage kamen; auf welche würde Gott seinen Finger legen?

Damals erkannten mehrere Abolitionisten (Gegner des Sklavenhandels) – darunter der berühmte Thomas Clarkson und Hannah More –, dass sie jemanden brauchten, der im Parlament für ihre Sache kämpfte. Es müsste ein Parlamentarier sein, der gerade so entschieden war wie sie. Sie einigten sich schließlich auf Wilberforce und traten behutsam an ihn heran. Wilberforce wollte sich zuerst nicht festlegen, doch dann kam er zu der Auffassung, dass Gott selbst ihn zu dieser Aufgabe berufen hatte. Es war eine Gewissheit, die er in dem vor ihm liegenden schonungslosen Kampf um die Abschaffung des Sklavenhandels benötigen würde.

Doch was war mit dem zweiten »große[n] Ziel« gemeint, der »Reformation der Sitten«? Wilberforce dachte dabei nicht an die Besserung der Tischsitten oder Manieren, sondern an nichts weniger als die Reformation der herrschenden Ethik und Kultur. Er sah, wie kaputt die damalige Gesellschaft war und wie dringend sie Erneuerung brauchte. Die britische Kultur hatte keine biblische Weltsicht und betrachtete die Menschen nicht als Wesen, die nach Gottes Ebenbild erschaffen waren und entsprechende Würde besaßen. Dies führte in der Praxis zu allen möglichen Missständen und Übeln, von denen der Sklavenhandel nur eines, wenn auch das Schlimmste war.

War also Wilberforce' erstes großes Ziel die Abschaffung des Sklavenhandels, so bestand das zweite darin, alle anderen Formen von Missbrauch und Ausbeutung von Menschen in der Gesellschaft anzugehen. In Großbritannien begegnete man Elend und Dekadenz, wohin man auch blickte, und die »Reformation der Sitten« war Wilberforce' Versuch, diesen ganzen Wust sozialer Probleme anzugehen.

Es lohnt sich, die Hauptmissstände aufzulisten, auch wenn man nicht recht weiß, wo man anfangen soll. Ein besonders gravierendes Beispiel war die Kinderarbeit. Schon Fünf- oder Sechsjährige wurden in Zehn- bis Zwölfstundentagen zu oft gefährlichen Arbeiten herangezogen. Dann der Alkoholismus, der die meisten anderen Probleme noch verstärkte und Ausmaße annahm, die wir uns heute kaum vorstellen können. Mehr oder weniger die ganze Nation trank, und Hilfe war nicht in Sicht. In den oberen Etagen der Gesellschaft lebte man im Rotwein-Dauerrausch (viele Abgeordnete erschienen betrunken zu den Sitzungen des Parlaments), und die unteren Schichten besoffen sich mit Gin. Das nächste Problem war der grassierende sexuelle Handel mit Frauen, wieder in einem Ausmaß, das wir uns heute kaum ausmalen können. Nach einer Quelle waren 25 Prozent aller alleinstehenden Frauen in London Prostituierte – Durchschnittsalter: 16.[84]

Zur Unterhaltung der ständig betrunkenen Massen waren grausame Tierkämpfe, bei denen Kampfhunde auf Stiere oder Bären gehetzt wurden, sehr beliebt. Gab es gerade keine solchen Spektakel, tat es auch eine öffentliche Hinrichtung, nach der die Leichname manchmal öffentlich seziert wurden. Erwähnt werden sollte auch, dass öffentliche Hinrichtungen keineswegs seltene Ereignisse waren. Auf die kleinsten Vergehen konnte die Todesstrafe stehen, und die Zustände in den Gefängnissen spotteten jeder Beschreibung. Wohin Wilberforce auch blickte, sah er eine von der frohen Botschaft von Jesus Christus unerreichte Welt, in der die Menschen einander ohne Ende quälten und ausbeuteten.

Aber Wilberforce wusste, dass Gott ihn – ja, ihn – dazu berufen hatte, diese Zustände zu ändern. Und da Gott ihn berufen hatte, wusste er, dass er dies nicht aus eigener Kraft tun konnte. Er würde Gottes Hilfe brauchen und die anderer Menschen.

Wilberforce' Bekehrung zeigte sich vielleicht am deutlichsten darin, dass er einen ganz neuen Blick bekam. Plötzlich sah er das, wofür er bisher blind gewesen war: dass Gott ein Gott der Gerechtigkeit war, der uns einmal dafür zur Rechenschaft ziehen würde, wie wir mit unseren Mitmenschen umgegangen waren; dass jeder Mensch zu Gottes Bild erschaffen war und daher zutiefst Achtung und Liebe verdiente; und dass es bei Gott kein Ansehen der Person und keinen Unterschied zwischen Reich und Arm gab.

Die Erkenntnis, dass Gott Wirklichkeit war und seine Liebe allen Menschen galt, änderte alles für Wilberforce. Plötzlich erschien ihm der Sklavenhandel, ja das ganze Phänomen der Sklaverei nicht mehr als wirtschaftlich notwendiges Übel, sondern schlichtweg als böse. Plötzlich war es verwerflich, dass Kinder den ganzen Tag unter den schlimmsten Bedingungen arbeiten mussten. Plötzlich war die Praxis, Menschen für die läppischsten Vergehen in verdreckte Gefängnisse zu stecken, wo sie ohne medizinische Hilfe an hundert Krankheiten sterben konnten, ein Übel, das abgestellt gehörte.

Und es war nicht mehr hinnehmbar, dass Frauen ihren Körper verkaufen mussten, um ihr Brot oder ihren Gin (oder den ihrer Zuhälter) zu finanzieren.

Zum ersten Mal in seinem Leben sah Wilberforce die Welt durch Gottes Brille. Aber er lebte in einer Kultur, in der fast niemand diese Sicht teilte. Die Aufgabe, die da vor ihm lag, schien unmöglich.

Wie sollte er sie bewältigen?

Die Antwort auf diese Frage beginnt damit, dass er es niemals aus eigener Kraft schaffen konnte. Entweder Gott würde es bewirken oder niemand. Wilberforce wusste: Gott konnte ihn als sein Werkzeug gebrauchen, doch ohne Gott konnte er sehr wenig ausrichten. Wie hatte er noch in seinem Tagebuch geschrieben? »Der allmächtige Gott« hatte ihm die »zwei große[n] Ziele« gegeben. Gott, und nicht er selbst.

Und so krempelte er nicht einfach die Ärmel hoch und stürzte sich in den Kampf. Erst brauchte er die tiefe innere Gewissheit, dass Gott ihn berufen hatte. Ohne diese Gewissheit hätten die schiere Größe der Aufgabe und die vielen Rückschläge ihn überwältigt. Aber weil er wusste, dass Gott ihm diese Aufträge gegeben hatte, wusste er, dass dies Gottes Kampf war, und nicht sein eigener. Er brauchte lediglich Gott zu gehorchen, in dem Wissen, dass Gott selbst den Sieg erringen würde.

In diese Richtung ging auch ein Brief, den Wilberforce 1791 von dem großen Erweckungsprediger John Wesley erhielt, der damals 87 Jahre alt war und buchstäblich auf dem Sterbebett lag. Der Brief datierte drei Tage vor Wesleys Tod und dürfte der letzte gewesen sein, den er je schrieb. Wesley wusste von Wilberforce' Kampf gegen den Sklavenhandel und schrieb ihm zu diesem Thema:

Verehrter Sir,

hätte die göttliche Macht Sie nicht aufgerichtet als einen Athanasius contra mundum*, so wüsste ich nicht, wie Sie Ihr herrliches Unterfangen, gegen jene abscheuliche Schurkerei vorzugehen, die der Skandal der Religion, Englands und der menschlichen Natur ist, überstehen könnten. Wenn Gott Sie nicht genau dazu berufen hat, wird der Widerstand von Menschen und Teufeln Sie zermürben. Aber ist Gott für Sie, wer kann wider Sie sein?[85] Sind denn sie alle zusammen stärker als Gott? Oh, werden Sie nicht müde, Gutes zu tun! Gehen Sie im Namen Gottes und in der Stärke seiner Macht weiter voran, bis selbst die amerikanische Sklaverei (die übelste, welche die Sonne je sah) davor verschwinden wird.

Als ich heute Morgen ein von einem armen Afrikaner geschriebenes Traktat las, gab mir besonders der Umstand zu denken, dass ein Mann, der eine schwarze Haut hat und von einem weißen Mann ein Unrecht oder eine Beleidigung erfährt, keine Wiedergutmachung bekommen kann; denn es ist »Gesetz« in unseren Kolonien, dass der Eid eines Schwarzen gegen den eines Weißen überhaupt nichts gilt. Was ist das für eine Schurkerei?

Dass der, der Sie von Jugend an geleitet hat, Sie weiterhin in diesem und in allen Dingen stärken möge, das, verehrter Sir, ist das Gebet

Ihres ergebenen Dieners,
John Wesley

Die damals so weit verbreitete rassistische Einstellung wurde von Wesley und Wilberforce, ja von den meisten Methodisten nicht geteilt. Sie folgten hier der Perspektive Gottes, was sie in Gegensatz zu der Sichtweise jener

---

* Lateinisch für »Athanasius gegen die Welt«; Anspielung auf Athanasius (ca. 296–373), der in der Mitte des vierten Jahrhunderts gegen die Führung der zeitgenössischen Kirche Stellung bezog, als er unbeirrt an der vollen Göttlichkeit Jesu Christi festhielt.

Zeitgenossen brachte, die entweder gar keine Christen waren oder lediglich »Kulturchristen«, die als gute Bürger vielleicht zur Kirche gingen, aber Menschen wie Wilberforce oder Wesley für überspannt hielten.

Ich habe Wesleys Brief vor allem deswegen zitiert, um zu zeigen, dass dieser Mann, der jahrzehntelang gegen so viele gesellschaftliche Missstände angekämpft hatte, besser als jeder andere wusste, dass ohne Gott als festes Fundament dieser Kampf letztlich aussichtslos war. Er fühlte sich gedrängt, den jungen Wilberforce zu warnen, dass es Wahnsinn war, in seiner eigenen Kraft zu kämpfen – auch dann, ja vor allem dann, wenn man für das Gute und die Sache Gottes kämpfte. Aber wer sich ganz auf Gott verließ, dem war der Sieg gewiss, auch wenn er ihn vielleicht nicht mehr selbst erleben würde.

In seinem Kampf gegen den Sklavenhandel sollte Wilberforce eine ganze Reihe schwerer Niederlagen erleben – Niederlagen, die ihn zu Boden werfen würden, falls er nicht die felsenfeste Gewissheit hatte, dass Gott selbst ihn in diesen Kampf gerufen hatte.

Doch Wesley wies in seinem Brief noch auf etwas anderes hin: Der Kampf, vor dem Wilberforce stand, war nicht nur ein politischer oder kultureller Kampf, es war ein geistlicher Kampf. Wenn er von den »Teufeln« schrieb, mit denen Wilberforce es würde zu tun bekommen, war dies kein bloßes sprachliches Bild; Wesley meinte dies ganz wörtlich.

Wer gegen etwas so Böses wie den Sklavenhandel anging, legte sich mit einem unsichtbaren dämonischen Heer an. Gott ist stärker als diese Dämonen – wir nicht. Diese geistliche Wirklichkeit lag hinter der politischen, und Wesley wollte sichergehen, dass Wilberforce dies begriff. Große Männer wie Wilberforce und Wesley hatten die Demut und die Weisheit zwar, um ihre Stärken zu wissen (und sie hatten viele); aber auch darum, dass sie nicht gewinnen konnten, wenn sie sich nicht ganz auf Gott verließen. Im Tiefsten ist eigentlich jeder Kampf, den es sich zu kämpfen lohnt, ein geistlicher Kampf. Jenen Männern war nur deshalb großer Erfolg beschert, weil sie demütig waren und den Kampf in Gottes Hände legten.

Aber wie macht man das – den Kampf in Gottes Hände zu legen?

Dies bringt uns zu der zweiten Antwort auf die Frage, wie Wilberforce

»es schaffte«, und diese Antwort lautet: *durch Beten*. Jeden Tag betete Wilberforce und las in der Bibel. Er betete auch mit anderen Christen über die Dinge, die ihn bewegten, und lernte zahlreiche Bibelstellen auswendig. In meinem Buch *Wilberforce* habe ich erwähnt, dass er unter anderem den ganzen 119. Psalm auswendig lernte. Den ganzen Psalm? Jawohl. Manchmal, wenn Wilberforce die zweieinhalb Meilen (vier Kilometer) vom Parlament zu seinem Haus, in dem er seit 1808 wohnte, zu Fuß zurückging, wobei er einen Teil des Hydeparks durchqueren musste, richtete er es so ein, dass er sich den Psalm aufzusagen begann, wenn er den Park betrat, und fertig war, wenn er zu Hause ankam – insgesamt waren das etwa 20 Minuten.

Das dritte Geheimnis von Wilberforce' Erfolg war, dass er Halt in einer Gemeinschaft treuer Mitchristen fand. Wilberforce war kein religiöser Einzelkämpfer, der seinen Glauben und seine Gebete für sich behielt. Ganz im Gegenteil: Er genoss die Gemeinschaft mit Brüdern und Schwestern im Glauben und suchte ihre Hilfe und ihren Rat. Die christliche Gruppe, in der man Wilberforce am häufigsten antraf, war der berühmte *Clapham-Kreis* – so genannt, weil die meisten seiner Mitglieder im Londoner Vorort Clapham wohnten. Heute ist das etwa vier Meilen (sechseinhalb Kilometer) von Westminster Abbey entfernte Clapham längst von der Großstadt aufgesogen worden; damals, vor über 200 Jahren, war es ein idyllisches Dorf, weit weg von der Welt des Parlaments.

Zeitgenossen, die die Frömmigkeit des Clapham-Kreises nicht teilten oder sich gar von ihr bedroht fühlten, sprachen gerne wegwerfend von den »Clapham-Heiligen« oder der »Clapham-Sekte«. Selbst als Wilberforce bereits ein berühmter Mann war, fanden die meisten in der besseren Gesellschaft das, was er und seine Mitstreiter da über die Armen und die Sklaverei dachten, peinlich. Die Geschichte würde sie Lügen strafen, doch damals repräsentierten sie die herrschende Meinung.

Der Clapham-Kreis war kein Zufall. Er wurde von Wilberforce' liebem Freund und Verwandten John Thornton ins Leben gerufen, der sehr reich und eine Zeit lang Direktor der *Bank of England* war. In Clapham kaufte er eine Zwölf-Zimmer-Villa; ihr einziger Zweck: seine Freunde zu animieren, dort zu wohnen und sich der Gemeinschaft anzuschließen. Nach und nach ließ Thornton das Haus erweitern und kaufte weitere Häuser in der Nachbarschaft dazu. Sein Traum war, dass seine Brüder und Schwestern in Christus einander auch örtlich nahe waren, um besser in der Lage zu sein, einander bei ihren verschiedenen Projekten zu helfen.

Freunde, die nicht selbst in Clapham wohnten, waren dort jederzeit als Gäste willkommen, die wochen-, ja monatelang blieben. Morgens traf man sich zum Frühstück und einer Andacht, und wenn die nächste wichtige Gesetzesvorlage oder das nächste große Problem auf die Tagesordnung kam, beteten die Clapham-Christen gemeinsam um Kraft und Weisheit. Wilberforce wäre der Letzte gewesen, der behauptet hätte, dass er das, was er schaffte, alleine meisterte. Er wusste genau, dass hinter jedem Kampf und jedem Sieg erstens Gott stand und zweitens die lebendige christliche Gemeinschaft in Clapham.

Vielleicht stimmen wir der genannten Ansicht zu, Wilberforce' Kämpfe seien im Kern geistliche Kämpfe gewesen, was ebenso für jeden lohnenswerten Kampf gälte. Doch selbst dann sind wir manchmal versucht, den Hauptkampf in dieser Welt für einen politischen zu halten. Wenn wir nur diesen Menschen oder jene Partei ans Ruder lassen oder dieses Gesetz durchboxen oder jenes aufheben können, würde alles gut. Aber Wilberforce konnte gerade deswegen in seinem Leben so viel bewirken, weil er, obwohl er ein äußerst erfolgreicher Politiker war, auch darum wusste, dass es Kämpfe gibt, die nicht nur auf der politischen, sondern auch auf der Ebene der Menschen und ihrer Kultur ausgefochten werden müssen.

Der endgültige Sieg im Kampf gegen den Sklavenhandel wurde 1807 errungen, als das Ober- sowie das Unterhaus des britischen Parlaments für das Gesetz zur Abschaffung des Sklavenhandels stimmten. Doch Wilberforce wusste: Um die nötigen Stimmen zu gewinnen, die er für den Sieg in diesem politischen Kampf benötigte, musste er zuerst die Herzen und das Denken der Menschen verändern – und dies war kein politischer, sondern ein kultureller Kampf. Es war diese Erkenntnis, die Wilberforce zu der Aussage führte, seine Strategie im Kampf gegen viele der sozialen Missstände bestehe darin, »das Gute in Mode zu bringen«[86].

Wilberforce war Parlamentarier und Politiker, aber er war auch eine wichtige gesellschaftliche Figur mit vielen einflussreichen Freunden. Er besaß große Überzeugungskraft, die ihm weitreichenden Einfluss auf das Denken der Menschen eröffnete. Damals war das Gute überhaupt nicht in Mode. Um hier wirklich Veränderungen zu bewirken, musste Wilberforce die Kultur und das Denken der Leute verändern, angefangen bei den gesellschaftlichen Eliten.

Um zu sehen, wie weit verbreitet und »in Mode« ein moralisch schlechtes Verhalten im damaligen England war, brauchen wir uns nur den damaligen *Prince of Wales* anzuschauen, einen notorischen Lebemann, der später König George IV. werden sollte. Sein Vater, George III., mag in seiner Einschätzung des Problems der amerikanischen Kolonien noch so falsch gelegen haben – im Kern war er ein hochanständiger Mann, der seine Frau und zahlreichen Kinder liebte und abends seinen Töchtern oft aus der Bibel vorlas. Doch sein Ältester war das genaue Gegenteil. Man sagte dem *Prince of Wales* nicht weniger als 7000 sexuelle Eroberungen nach. Dies und seine zahllosen anderen Eskapaden waren allgemein bekannt. Wenn eine führende Person in einem Land ein derart schlechtes Beispiel abgibt, entsteht eine Atmosphäre, die für die Gesundheit einer Kultur definitiv schädlich ist.

Wilberforce gebrauchte seinen Einfluss und seine gesellschaftliche Stellung für eine ganz andere Art von Vorbild. So hatten er und seine Frau sechs Kinder, und jeden Sonntag verbrachte er zu Hause in Clapham bei seiner Familie und spielte mit seinen Sprösslingen. Uns Heutigen mag dies nicht weiter bemerkenswert erscheinen, doch damals war es nicht üblich, dass Väter ihren Kindern so viel Zeit widmeten oder so die Sonntagsruhe einhielten wie Wilberforce. Mit seinem Verhalten richtete er eine lautstarke kulturelle Botschaft an die Gesellschaft: Die Familie hatte einen hohen Stellenwert, und er machte Ernst damit, sich Zeit für seine Lieben zu nehmen.

»Das Gute in Mode zu bringen«, hieß nicht nur, den Menschen vorzuleben, wie man das Böse mied. Wilberforce wollte – und weitgehend gelang es ihm auch – Engagement für seine Mitmenschen populär machen. Ob wir es glauben oder nicht: Vor Wilberforce war die bloße Vorstellung, dass man Menschen, denen es nicht so gut geht, helfen sollte, praktisch nicht vorhanden. Der Leidende – so hieß es allgemein – hatte seine Probleme selbst verschuldet und sollte zusehen, wie er mit den Folgen zurechtkam.

Wilberforce wagte es, den Traum zu träumen. Was, wenn reiche und einflussreiche Menschen bereit wurden, ihren Besitz zum Wohl ihrer Mitmenschen einzusetzen? Was, wenn es ihm gelang, ein biblisches Weltbild in seine Umgebung zu tragen?

Die biblische Grundvorstellung – sie wird erstmals in 1. Mose 12 erwähnt –, dass Gott uns segnet, damit wir selbst ein Segen werden, kam im damaligen Denken nicht vor, geschweige denn in der damaligen Lebenspraxis. Dass heute in den meisten westlichen Ländern die Einstellung vorherrscht, dass die Menschen, denen es gut geht, eine gewisse Verantwortung tragen, den Benachteiligten zu helfen, geht zu einem Gutteil auf Wilberforce zurück. Seinen Zeitgenossen war dieses Denken fremd. Waren die Armen vielleicht nicht sogar selbst schuld an ihrem Elend? Und war der eigene Reichtum nicht eine Folge des göttlichen Segens? Der Missstand der Sklaverei gehöre nun einmal zur akzeptierten Gesellschaftsordnung, war gängige Meinung. Diese Sichtweise ist natürlich das krasse Gegenteil zu Gottes Perspektive, aber damals war sie ungeheuer verbreitet. Sie zeigt übrigens große Parallelen mit der Idee des »Karma« in der östlichen Spiritualität. In Indien etwa käme ein rechtgläubiger Brahmane nicht auf die Idee, einem »Unberührbaren« zu helfen, da dessen Los ja eine Folge seines negativen Karmas ist und er sein Elend selbst verschuldet hat; Reichtum dagegen gilt als Folge eines guten Karmas; man hat ihn sich verdient.

Ohne Übertreibung lässt sich sagen, dass Wilberforce' unverdrossener, jahrzehntelanger Kampf gegen dieses Denken eine der größten Leistungen in der Geschichte der Menschheit darstellt. Er führte ein radikal neues Denken aus den biblischen Evangelien in den Mainstream der britischen Kultur ein. Dass er dies zu einer Zeit tat, wo das britische Weltreich dabei war, den

Höhepunkt seiner Ausdehnung und seines Einflusses zu erreichen, bedeutete, dass dieses biblische Denken sich über die ganze Welt verbreitete, vor allem jedoch in West- und Mitteleuropa und in den jüngst gegründeten USA.

Dieses Denken ist uns im Westen so in Fleisch und Blut übergegangen, dass wir uns eine Welt, in der man anders denkt, schier nicht vorstellen können. Naiv gehen wir davon aus, Mitmenschlichkeit und soziale Verantwortung seien zu allen Zeiten hochgehalten worden. Das genaue Gegenteil ist der Fall. Bevor es Wilberforce und seinen Freunden gelang, das Denken der Oberschicht in London und England zu verändern, war die Vorstellung, dass man den Armen und Unterprivilegierten helfen sollte, so gut wie unbekannt.

Wenn ich meine Vorträge über Wilberforce halte, werde ich anschließend oft gefragt, »wie Wilberforce das nur geschafft hat«. Einen Teil der Antwort habe ich oben bereits gegeben. Hier muss ich noch hinzufügen, dass Wilberforce nicht nur »fromm« oder »religiös« war, sondern eine persönliche Beziehung zu Gott hatte. Sein Hauptmotiv scheint nicht einfach ein Gespür für Recht und Unrecht oder Gut und Böse gewesen zu sein, sondern Liebe – Liebe zu Gott und Liebe zu seinen Mitmenschen. Diese Liebe dürfte seine Hauptantriebsfeder gewesen sein.

Wilberforce kannte den Gott des Universums als einen liebenden Vater, der in sein Leben getreten war und ihm die Augen geöffnet hatte, und er war voller Dankbarkeit dafür. Er wusste: Gott allein hatte ihm die Augen geöffnet, und so hütete er sich, andere Menschen mit anderen Ansichten vorschnell zu verurteilen – unter anderem mit dem Ergebnis, dass die meisten seine Demut als echt empfanden.

Auch Wilberforce war sich bewusst, dass sein Erfolg nicht allein sein Verdienst war. Ihm stand vor Augen, dass er nur einer von vielen war, die auf Reformen hinarbeiteten. Er hatte viele Freunde und Mitstreiter, die theologisch und politisch genauso dachten wie er; die meisten gehörten zum Clapham-Kreis.

Doch noch entscheidender war Wilberforce' Fähigkeit, auch mit solchen Menschen zusammenzuarbeiten, mit denen er nicht in allen Dingen einer Meinung war. So arbeitete er im Kampf gegen den Sklavenhandel mit Charles James Fox zusammen, obwohl Fox in vielen politischen Scharmützeln sein Gegner war und dazu ein notorischer Lebemann und guter Freund des Prince of Wales. Wilberforce wusste, dass er selbst ja auch nur durch Gottes Gnade erlöst war, und setzte sich nicht aufs moralische hohe Ross. So wie Gott ihm gnädig gewesen war, war er anderen gnädig. Wo immer möglich, arbeitete er mit ihnen zusammen, wenn es um solch hohen Ziele wie die Abschaffung des Sklavenhandels ging. Wilberforce wusste, woran er glaubte, aber er machte diesen Glauben nie zur Bedingung für eine Zusammenarbeit an der guten Sache. Dafür waren ihm die Sklaven und die Armen zu wichtig.

Wir müssen hier noch einen Schritt weitergehen und sagen: Wilberforce liebte seine Feinde. Er wetterte nicht von oben herab gegen die, die falsch lagen, sogar dann nicht, wenn es um das furchtbare Übel des Sklavenhandels ging. In seiner Einstandsrede vor dem Parlament zur Abschaffung des Sklavenhandels sagte er: »Wir sind alle schuldig [...].«[87] Was natürlich stimmte. Wilberforce wusste um die grundlegende Wahrheit, dass wir alle Sünder sind und die Herrlichkeit Gottes verfehlen. Er hasste die Sünde, aber liebte den Sünder, und vermied es, seine Gegner zu dämonisieren. Er war ein Kämpfer, doch ein fairer Kämpfer, der stets darum wusste, dass einst auch er selbst sich schuldig gemacht hatte – und immer noch schuldig wäre, wenn Gottes Gnade ihn nicht angerührt hätte.

Wilberforce' gütige Art inmitten des Kampfes gegen den Sklavenhandel trug viel dazu bei, die Zauderer und »Neutralen« zu überzeugen und nicht abzuschrecken. Er wusste, dass Gott ihm geboten hatte, seine Feinde zu lieben, und so kämpfte er voller Leidenschaft und suchte den Sieg – aber auf Gottes Art, als jemand, der mitten im heftigsten Getümmel die Liebe und Gnade nicht vergaß.

Seine zutiefst christliche Haltung hat England noch mehr gebracht als das Ende der Sklaverei. England stand damals an der Schwelle zu einer Revolution nach französischem Vorbild. Wilberforce' staatsmännische Art und

Liebenswürdigkeit schufen eine Atmosphäre der Mäßigung und Zivilisiertheit, die dazu beigetragen haben mag, das Blutbad und Elend zu vermeiden, das sich jenseits des Kanals in Frankreich ereignete.

Im Jahre 1807, nach 18 mühsamen Jahren des Kampfes und vielen Rückschlägen, wurde Wilberforce' Traum endlich Wirklichkeit. Nach all den Mühen und Gebeten wurde die Abschaffung des Sklavenhandels Realität. Wilberforce war nun 48 Jahre alt und hatte lebensbedrohliche gesundheitliche Krisen überstanden und weitere vor sich, ganz zu schweigen von den zahlreichen Morddrohungen, die er von Gegnern der Abschaffung des Sklavenhandels erhielt. Aber es war geschafft: Der Sklavenhandel im Britischen Weltreich war per Gesetz verboten.

Doch der Kampf ging weiter. Den Rest seines Lebens kämpfte Wilberforce darum, dass die Abschaffung des Sklavenhandels auch praktisch umgesetzt wurde. Was illegal war, war ja für den, der bereit war, die Gesetze zu brechen, weiterhin möglich (und hochprofitabel). Noch jahrzehntelang patrouillierten die Schiffe der königlich-englischen Marine die Ozeane auf der Suche nach illegalen Sklaventransporten.

Wilberforce ging auch daran, die übrigen Großmächte in der Welt (vor allem Frankreich, Spanien und Portugal) zur Abschaffung des Sklavenhandels zu bewegen. Er wusste: Wenn nicht auch diese Länder (wie auch die USA) entschlossen waren, dieses Übel auszurotten, wäre sein Kampf weitgehend umsonst gewesen. Auch nach 1807 ging der Kampf an vielen Fronten weiter.

Erst nach dem offiziellen Ende des Sklavenhandels erkannte Wilberforce, dass die Abschaffung des Sklaven*handels* noch nicht reichte. Er und andere hatten die vielleicht naive Hoffnung gehabt, dass mit dem Handel auch die Sklaverei an und für sich aussterben würde. Nur zu schnell mussten sie ihren Irrtum erkennen und schrieben sich das nächste Ziel auf die Fahnen: Abschaffung der Sklaverei – der nächste jahrzehntelange Kampf. Am 26. Juli 1833, drei Tage vor seinem Tod, empfing Wilberforce einen Besucher, der ihm Erstaunliches berichtete. Ein junger Parlamentsabgeordneter teilte ihm mit, dass an eben diesem Tag das britische Parlament das Verbot der Sklaverei beschlossen hatte.[88] Es war der letzte Tag, den Wilberforce bewusst erlebte, und die wunderbare Nachricht war die Krönung eines Lebens im Gehorsam gegen seinen Schöpfer.

Die Welt, die Wilberforce hinterließ, unterschied sich radikal von der Welt, die er 73 Jahre zuvor betreten hatte. Nicht allein der Sklavenhandel und die Sklaverei waren abgeschafft worden. Vielmehr hatte auch die früher so exotische Vorstellung Wurzeln geschlagen, man stehe in der Verantwortung, denen zu helfen, denen es schlechter ging. Daraus folgten viele weitere Veränderungen, die heute zu unserem Leben selbstverständlich dazugehören.

Es ist beinahe unglaublich, wie Gott William Wilberforce gebrauchte, um die Welt zu verändern. Was hat dieser eine Mann, der seine Fähigkeiten, Zeit und Kräfte in Gottes Dienst stellte, nicht alles bewirkt! Wenn wir ihn bewundern, sollten wir uns nicht direkt mit ihm vergleichen, sondern uns fragen: Setze ich die Gaben, die Gott mir gegeben hat, für seine Ziele ein? Weiß ich, dass er mich in meinem Leben führt? Gehorche ich ihm in allen Bereichen meines Lebens (oder versuche ich dies zumindest) als Zeichen meiner lebendigen Beziehung zu ihm?

William Wilberforce stellte sich ehrlich diesen Fragen. Das macht seine Größe aus.

3. KAPITEL

ERIC LIDDELL

1902 – 1945

Als ich in den 1980er-Jahren an der Yale University studierte, ging ich zusammen mit einigen Freunden in den Film *Chariots of Fire* (deutscher Titel: *Die Stunde des Siegers*). Der Film war ein großer Hit und in aller Munde. Er erhielt später den Oscar für den besten Film, und wo man auch hinkam, hörte man die Filmmusik von Vangelis. Er war einer jener kulturellen Meilensteine, die eine Zeit lang elektrisieren und auch unweigerlich parodistische Nachahmungen und Verspottungen nach sich ziehen. Doch dieser Film war den ganzen Rummel wert; er ist ohne Zweifel einer der begeisterndsten und bestgemachten Filme aller Zeiten.

Für uns, die wir in diesem Kino in New Haven (Connecticut) saßen, waren die Geschichte und ihr Held etwas gänzlich Neues. Wir hatten noch nie von Eric Liddell gehört, dem schottischen Sprinter, der 1924 bei den Olympischen Spielen in Paris die Welt mit seinem Sieg über 400 Meter begeisterte, und wir hatten noch nie einen Film über jemanden gesehen, dessen Glaube im Zentrum seines Lebens stand. Aber was Liddells Geschichte so faszinierend machte, war nicht einfach, dass er olympisches Gold gewann. Faszinierend war vor allem, dass er es gewann, nachdem er sich geweigert hatte, in seiner eigentlichen Disziplin anzutreten, dem 100-Meter-Lauf. Er hatte sich geweigert, weil dieser Lauf an einem Sonntag stattfand, am »Tag des Herrn«.

Ich war noch kein besonders gläubiger Christ, als ich den Film sah, aber er packte mich zutiefst. Und als ich einige Jahre nach meinem Examen in Yale Ernst mit Gott machte und zum Glauben kam, erinnerte ich mich an die

Geschichte von Eric Liddell und kam zu dem Schluss, dass ich mehr über diesen Mann und über diesen Film erfahren musste.

Ich fand heraus, dass die Filmemacher sich zwar ein paar Freiheiten bei den Fakten erlaubt hatten (und welcher Filmemacher tut das nicht?), aber dass die Geschichte im Wesentlichen stimmte. Wahrscheinlich würde sich heute außer vielleicht in Schottland kaum jemand mehr an Liddell erinnern, wenn er damals die 100 Meter gelaufen wäre, wie allgemein gewünscht. Sie glauben das nicht? Welche anderen Goldmedaillengewinner der Olympiade von 1924 sind Ihnen denn bekannt? Oder von 1928? Sehen Sie, was ich meine?

Die Welt erinnert sich aus einem einzigen Grund an Eric Liddell. Er war bereit, ein fast unmögliches Opfer zu bringen und auf eine der größten Sporttrophäen und auf die Chance, seinem geliebten Heimatland Ehre zu bringen, zu verzichten, ganz zu schweigen von seinem persönlichen Ruhm.

Was selbst Eric Liddell nach dem 100-Meter-Lauf (den Harold Abrahams gewann) nicht wusste, war: Gott, der ihm seine überragenden sportlichen Fähigkeiten gegeben hatte, wollte sich gerade dadurch verherrlichen, dass Liddell sich weigerte, diese Fähigkeiten in dem Augenblick, in dem die Augen der Welt auf ihm ruhten, einzusetzen.

Und das ist längst noch nicht alles, was es über Eric Liddell zu erzählen gibt. Falls Sie bisher nur das über Liddell gewusst haben, was in *Die Stunde des Siegers* berichtet wird – dass er eine olympische Goldmedaille gewann und als Missionar in China starb –, werden Sie den Rest seiner erstaunlichen Geschichte zu schätzen wissen.

Eric Henry Liddell wurde am 16. Januar 1902 in Tientsin (China) geboren, wo seine Eltern – James und Mary Liddell – Missionare waren. Der blonde Junge mit den blauen Augen war rund zwei Jahre jünger als sein Bruder Robert, der im August 1900 in Shanghai zur Welt kam. 1903 gesellte sich eine Schwester, Janet (Jenny), zur Familie.

Der Übergang vom 19. zum 20. Jahrhundert war eine gefährliche Zeit für China-Missionare. Während des großen Boxer-Aufstands von 1899–1901 versuchten militante chinesische Nationalisten, das Land von allem »Ausländischen« zu »reinigen«. Tausende chinesische Christen und Hunderte Europäer und Amerikaner (darunter viele Missionare und ihre Familien) wurden ermordet. Chinesische Warlords wetteiferten um die Kontrolle über Städte und Dörfer, Banditen überfielen die Reichen, um sie als Geiseln zu nehmen. Doch die Liddells wussten, dass Gott sie nach China gerufen hatte: Sie waren entschlossen, trotz aller Risiken dort zu bleiben und ihr Schicksal in Gottes Hände zu legen.

Noch vor Erics erstem Geburtstag zogen seine Eltern von Tientsin nach Siaochang, wo sie in einem Neubau auf dem Gelände der *London Missionary Society* wohnten. Um die drei Kinder kümmerte sich eine chinesische *Amah* (Kindermädchen). Der kleine Eric war oft krank, aber wenn er gesund war, genoss er zusammen mit seinen Geschwistern das Leben auf der Missionsstation. Die Liddells nahmen ihren Glauben sehr ernst, aber sie verstanden es auch, Spaß zu haben. Einmal erlaubten sie es ihren Kindern sogar, eine Ziegenfamilie zu adoptieren.

Als Eric fünf war, fuhren seine Eltern mit der ganzen Familie auf einen Heimaturlaub nach Croftamie in Schottland. Jetzt sahen die Liddell-Kinder zum ersten Mal das Geburtsland ihrer Eltern, das mit seinen grünen Bergen und glitzernden Seen so ganz anders war als ihre trockene, staubige chinesische Heimat. Eric und sein Bruder Robert erkundeten das Dorf, pflückten Brombeeren und ließen sich willig von den vielen Verwandten verwöhnen, die hier wohnten.

Als der Sommer 1907 zu Ende ging, kurz vor der Rückreise nach China, brachte James Liddell seine beiden Söhne in ein Missionsinternat, die *School for the Sons of Missionaries* (»Schule für Missionarssöhne«, das spätere *Eltham College*) vor den Toren Londons. Es war damals in Großbritannien üblich, dass Missionare ihre Kinder sieben Jahre lang auf eine Schule in der Heimat schickten, damit sie eine normale Schulbildung bekamen. Die Mutter, Mary, wollte eigentlich mit ihrem Mann und der kleinen Jenny nach China zurückkehren. Doch kurz vor der Abreise konnte sie den Gedanken, ihre beiden

Jungen so lange allein zu lassen, nicht mehr ertragen: Sie beschloss, noch ein weiteres Jahr in Großbritannien zu bleiben, bis die Jungen sich in dem Internat eingelebt hatten. Zusammen mit Jenny zog sie in ein Haus in der Nähe des Internats.

Im *Eltham College* erhielten Robert und Eric Unterricht in Mathematik, Englisch, modernen Fremdsprachen, Naturwissenschaften, Latein, Altphilologie, Geografie und Religion. Wenn der Unterricht vorbei war, spielten sie *Touch Rugby* und pflegten ihre Haustiere – Vögel und Eidechsen. Im Gespräch mit anderen Jungen war Eric meist still; er dachte lieber über das Gehörte nach, als selbst an den Diskussionen teilzunehmen.

In den ersten Wochen des Jahres 1913 bekamen die Jungen einen Brief von ihrer Mutter, der von der Geburt eines weiteren Bruders, Ernest, im Dezember 1912 berichtete. Als Mary Liddells Gesundheitsprobleme, die eine Operation notwendig machten, die Familie ein Jahr früher als geplant aus China zurückbrachten, waren Robert und Eric überglücklich, ihre Lieben wiederzusehen.

Während Europa auf den Ersten Weltkrieg zutaumelte, begannen Robert und Eric, jetzt vierzehn bzw. zwölf Jahre alt, sich im Schulsport hervorzutun. Sie spielten Kricket und Rugby, und an einem Schulsporttag wurde Eric in der Kategorie der »unter 13 Jahre« Erster beim Hochsprung, Weitsprung und 100-Yard-Lauf.*

Robert war ein kontaktfreudiger Junge, der dem Debattierklub des Internats beitrat und gerne kleine Ämter übernahm. Eric dagegen wurde ein schüchterner, stiller Teenager, der Mathematik und die naturwissenschaftlichen Fächer (vor allem Chemie) liebte. Und den Sport.

Doch seine Schüchternheit hielt ihn nicht davon ab, auf dem Sportplatz ein richtiger Kämpfer zu sein. Seine sportliche Begabung war außerordentlich. 1918 gelang dem 16-Jährigen Erstaunliches: Er errang bei den Schulmeisterschaften gleich in drei Disziplinen den ersten Platz – im Weitsprung,

---

* In Großbritannien war es zu Liddells Zeit üblich, Strecken bei Leichtathletik-Wettkämpfen in Yards zu messen, wobei 100 Yards 91,44 Metern entsprechen.

im Viertelmeilen- und im 100-Yard-Lauf (wo er den Schulrekord von 10,8 Sekunden einstellte). Dazu kamen zweite Plätze im Hürdenlauf, Querfeldeinlauf und Hochsprung. Es war eine phänomenale Leistung.

In seinem Internats-Abschlussjahr wurde Eric der begehrte *Blackheath*-Pokal für den besten Allround-Sportler verliehen; außerdem ernannte man ihn zum Kapitän der Rugby-Schulmannschaft. Beide Auszeichnungen zeigten, dass Eric nicht nur sportliche Talente hatte – der stille junge Mann war bei seinen Mitschülern auch sehr beliebt.

Nach dem Schulabschluss 1920 feierten er und Robert ein Wiedersehen mit ihrer Mutter, der Schwester und dem jüngeren Bruder Ernest, die zu einem weiteren Heimaturlaub nach Schottland zurückgekehrt waren. Im Februar 1921 schrieb Eric sich an der Universität Edinburgh ein, wo er Physik und Chemie studierte. Sein übervoller Stundenplan erlaubte keinen Gedanken daran, weiterhin Sport zu treiben. Doch nach ein paar Wochen überredete ein Mitstudent ihn dazu, an dem Leichtathletiktag der Universität Ende Mai teilzunehmen.

Mit 10,4 Sekunden (nicht seine persönliche Bestzeit) wurde Eric prompt Sieger im 100-Yard-Lauf. Die Leistung brachte ihm einen Platz in der Leichtathletikmannschaft der Universität ein, die gegen andere schottische Teams antrat.

Wenn Sie den Film *Die Stunde des Siegers* gesehen haben, erinnern Sie sich wahrscheinlich an die Kontroverse um die Entscheidung des Cambridge-Sprinters Harold Abrahams, sich einen professionellen Trainer zu nehmen. Doch auch Eric Liddell hatte einen persönlichen Trainer, allerdings einen auf ehrenamtlicher Basis, um auszuschließen, dass Liddells Amateurstatus (und damit seine Möglichkeit, an Olympischen Spielen teilzunehmen) in Gefahr geriet. Unter den kundigen Fittichen von Tommy McKerchar gewann Eric einen Lauf nach dem anderen, sowohl über 100 als auch über 220 Yards. Schon bald orakelte die Presse, dass hier womöglich ein neuer Olympionike heranwuchs, und dem Publikum fiel die außerordentliche Fairness und Liebenswürdigkeit des jungen Schotten auf, der vor jedem Sprint den anderen Läufern die Hand schüttelte und ihnen alles Gute wünschte. Oft lieh er ihnen sogar seinen Spaten aus; damals musste man sich als Sprinter seinen Startblock selbst graben.

Der Film gibt Liddells eigenartigen Laufstil korrekt wieder: mit den Arme rudernd wie Windmühlenflügel, die Knie hochreißend. Kurz vor der Ziellinie warf Eric seinen Kopf in den Nacken, sein Mund öffnete sich weit. Es war eine denkbar unorthodoxe Art zu laufen, doch McKerchar scheint nicht versucht zu haben, Eric einen »effektiveren« Stil beizubringen. Es war fast so, als ob Liddell sich mit dem Zurückwerfen des Kopfes ganz in Gottes Hand gab, wenn er die Ziellinie erreichte, die er dann ja selbst nicht mehr sehen konnte.

1921 gesellte Eric sich zu seinem Bruder Robert in Edinburghs Rugby-Mannschaft, wo er den gleichen entschlossenen Siegeswillen zeigte wie als Sprinter. Zwei Jahre hintereinander hatte er die Ehre, für die schottische Nationalmannschaft ausgewählt zu werden. Doch beim Rugby war das Verletzungsrisiko enorm, und nach zwei Jahren machte Eric Schluss mit diesem Sport und beschloss, sich ganz auf das Laufen zu konzentrieren. Sein ungeheures Tempo brachte ihm schließlich den Spitznamen »Der fliegende Schotte« ein, nach dem gleichnamigen Schnellzug (*The Flying Scotsman*), der die über 600 Kilometer von Edinburgh nach London in nicht mehr als gut acht Stunden bewältigte.

Eric wurde immer bekannter. Im April 1923 wurde er zum ersten Mal gebeten, in der Öffentlichkeit über seinen christlichen Glauben zu sprechen. Die Einladung kam von der *Glasgow Students' Evangelistic Union* (»Evangelistische Studentenunion Glasgow«), die gerade eine beinharte Bergarbeiterstadt bei Edinburgh zu evangelisieren versuchte. Der Erfolg war mehr als mäßig – aber was, wenn Schottlands schnellster Sprinter auf das Podium trat? Vielleicht würden die Männer dann kommen und zuhören. Und so erklärte sich einer der Gründer der Gruppe, der Theologiestudent David Patrick Thomson, bereit, Liddell zu fragen. Er fuhr nach Edinburgh und klopfte an die Tür des Hauses, das Eric sich mit seinem älteren Bruder teilte. Eric selbst öffnete, und Thomson sagte seinen Spruch auf. Eric dachte kurz nach, dann sagte er zu.

Doch Eric hasste es, in der Öffentlichkeit zu reden, und kaum hatte er zugesagt, bereute er es schon wieder. Am folgenden Morgen bekam er einen Brief von seiner Schwester Jenny. An dessen Ende zitierte sie den Propheten Jesaja 41,10:

> Fürchte dich nicht, denn ich bin bei dir. Sieh dich nicht ängstlich nach Hilfe um, denn ich bin dein Gott: Meine Entscheidung für dich steht fest, ich helfe dir. Ich unterstütze dich, indem ich mit meiner siegreichen Hand Gerechtigkeit übe.

Eric war es, als ob Gott selbst diese Worte zu ihm sprach. Später sagte er: »Diese Worte halfen mir bei meiner Entscheidung, und seit jenem Tag war es mein Ziel, zu tun, was Jesus mir aufträgt.«[89]

Als Eric auf das Podium trat, sah er sich etwa achtzig Bergarbeitern gegenüber. Er sprach mit ruhigen Worten über seinen Glauben an Jesus Christus, darüber, was Gott ihm bedeutete, und über die Kraft, die ihm das feste Wissen um Gottes Liebe und Fürsorge gab. Er betonte, dass er das, was ihm oder anderen widerfuhr, niemals infrage stellte. Er brauchte keine Erklärungen von Gott. Er glaubte einfach an ihn und nahm alles an, was er ihm schickte.[90]

Jahrzehnte später erzählte Erics Tochter Patricia: »Er dachte: ›Werden da überhaupt Leute kommen?‹ Aber wenn er der Redner war, strömten die Leute nur so herbei.«[91] Eric »zog Menschen an, die sich vielleicht nicht so sehr für Religion interessierten, aber dafür für den Sport: ›Schauen wir mal, was dieses Sportgenie zu sagen hat.‹«[92].

Wohl kaum einer, der ihn hörte, hätte ihn zu einem großen Redner erklärt. Seine Schüchternheit verhinderte rhetorische Feuerwerke, aber seine Aufrichtigkeit und sein bescheidener Humor scheinen die Menschen überzeugt zu haben. So war es jedenfalls an jenem Tag; viele der Bergarbeiter, die gekommen waren, zeigten sich tief bewegt.

Die Nachricht, dass der Fliegende Schotte öffentlich über seinen Glauben gesprochen hatte, verbreitete sich in Windeseile. Bald schloss Eric sich der evangelistischen Studentengruppe an. In einer Stadt nach der anderen sprach er, unter anderem in den Semesterferien. Das Wissen, dass Gott seine sportliche Begabung auf diese Weise benutzen konnte, erfüllte ihn mit großer Freude.

Jahre zuvor schon hatte er beschlossen, Gott zu dienen – aber was für Gaben hatte er denn, außer dass er wie der Wind laufen konnte? Sein großer Herzenswunsch war, Gott Ehre zu machen. Aber er konnte sich nicht vorstellen, dass die Fähigkeit, schnell zu laufen – und er lief wirklich *sehr* schnell –, einen Sinn für die Ewigkeit haben konnte. Warum hatte Gott ihm das Zeug zu einem Weltklasse-Sprinter gegeben? Was brachte das? Nun, jetzt sah er es, und plötzlich war er unerhört dankbar für diese seltene Gabe. Später sagte er einmal:

> Mein ganzes Leben lang hatte ich die Öffentlichkeit gemieden, aber jetzt schien Christus mich in die umgekehrte Richtung zu ziehen, und ich schreckte vor diesem Schritt zurück. Damals beschloss ich endlich, alles Jesus hinzulegen und ihn machen zu lassen. Wenn er mich auf diesen Weg rief, würde er mir eben die nötige Kraft geben müssen. Und ich machte meine Schritte, und Gott gab mir die Kraft.[93]

Zu dieser Zeit begann Eric, sich für die Oxford-Gruppe zu interessieren, wie sie später genannt werden sollte – Männer aus der Universität Oxford, die die Christen dazu aufriefen, sich jeden Tag ganz Gott hinzugeben und nach den vier Prinzipien der absoluten Ehrlichkeit, absoluten Reinheit, absoluten Selbstlosigkeit und absoluten Liebe zu leben. Ferner hatte man jeden Tag eine »Stille Zeit« zu halten, in der man einen Bibelabschnitt las, betete und auf Gottes Führung lauschte. Eric sollte dies für den Rest seines Lebens tun, auch in den Tagen, in denen er in einem Internierungslager im japanisch besetzten Teil Chinas lebte.

Wenn Sie den Film gesehen haben, werden Sie sich wahrscheinlich erinnern, dass eine der unvergesslichsten und dramatischsten Szenen ein Viertelmeilen-Lauf ist, bei dem Eric von einem der anderen Läufer aus Versehen zu Boden gestoßen wird – und dann doch noch gewinnt. Das ist tatsächlich so passiert, beim sogenannten *Triangular Contest*, einem Leichtathletikwettkampf zwischen Schottland, England und Irland, im Juli 1923 in Stoke-on-Trent. Gleich zu Anfang des Rennens ging Eric zu Boden, und in einem Viertelmeilen-Lauf dieses Niveaus entscheiden Sekundenbruchteile darüber, wer gewinnt. Wer stürzt, ist schlicht aus dem Rennen, aber solche Stürze können in der Hektik vorkommen.

Eric rappelte sich hoch, obwohl er schon fast 20 Meter zurücklag, und nahm die Verfolgung des Feldes auf. Angesichts der relativ kurzen Laufstrecke war dies ein hoffnungsloses Unterfangen. Doch Liddell schlug ein solches Tempo an, dass die Zuschauer auf die Füße sprangen und staunend die Szene verfolgten. Von ganz hinten arbeitete Liddell sich unerbittlich nach vorne. Einen Konkurrenten nach dem anderen überholte er, bis er – es war kaum zu glauben – an der Spitze des Feldes vorbeizog und als Erster durchs Ziel ging, bevor er erschöpft auf die Aschenbahn sank. Es war eine Jahrhundertleistung, und niemand, der dabei war, würde sie je vergessen.

Im Jahre 2012 schrieb der Kolumnist David Brooks in der *New York Times*, dass die dem christlichen Glauben innewohnende Mitmenschlichkeit und der Killer-Instinkt, den man braucht, um im Sport zu gewinnen, sich nicht miteinander vereinbaren ließen. Deswegen sei ein ernsthafter Glaube Gift für das Siegen.[94]

Nun, Eric Liddell ist das klassische Beispiel für jemanden, dessen Glaube nicht nur nicht unvereinbar mit seinem Siegeswillen war, sondern diesen Siegeswillen sogar gewaltig beflügelte. Wenn einer entschlossen war, zu siegen, dann Liddell. Er wollte seine Gaben als Sportler zur Verherrlichung

Gottes einsetzen. Er wusste, dass seine Siege ihm Gelegenheit gaben, zu Menschen über Gott zu reden, die sich normalerweise nicht für ihn interessierten. Deswegen hatten das Laufen und das Siegen für ihn einen Sinn, der in die Ewigkeit hineinreichte. Weil er nicht nur für sich selbst lief, sondern für Gott, konnte Liddell Kräfte mobilisieren, die manchmal selbst für das Auge erklärter Skeptiker an das Wunderbare grenzten.

Als nach jenem fantastischen Rennen einer der erstaunten Zuschauer Liddell fragte, wie er diesen Sieg geschafft hatte, nutzte Liddell einmal mehr die Gelegenheit, um Gott öffentlich die Ehre zu geben. Er antwortete: »Die erste Hälfte bin ich so schnell gerannt, wie ich konnte, die zweite dann mit Gottes Hilfe noch schneller.«[95]

Der Film *Die Stunde des Siegers* zeigt diese dramatische Szene, nicht aber ihre Nachwirkungen: Eric hatte sich bei seiner Aufholjagd so überanstrengt, dass sein Muskelgewebe geschädigt war und er tagelang heftige Kopfschmerzen hatte. Jene Sekunden übermenschlicher Anstrengung auf der Aschenbahn hatten ihn so gefordert, dass er bei einem 100-Meter-Lauf einige Wochen später auf den hinteren Rängen landete – und die 100 Meter waren seine Spezialität, in der er erst vor Kurzem einen Rekord aufgestellt hatte. Den Rest dieses Sommers gewann er kein Rennen mehr, und die Olympiade in Paris war nur noch ein Jahr entfernt. Aber Liddell galt nach wie vor als olympischer Medaillenanwärter.

Der Film *Die Stunde des Siegers* will das Drama von Liddells Geschichte steigern – deswegen erhält er die schicksalhafte Nachricht erst, als er das Schiff besteigt, das das britische Team zu den Olympischen Spielen nach Frankreich bringt: Die Ausscheidungsläufe für die 100 Meter* – seine beste Disziplin – finden an einem Sonntag statt. In Wirklichkeit war Liddell bereits seit dem Herbst 1923 informiert, als er von der *British Olympic Association* das Programm der Olympischen Spiele erhielt.

Eric bedauerte es zutiefst, dass er nicht bei den 100 Metern dabei sein

* Im Gegensatz zu den nationalen britischen Wettkämpfen wurden die Strecken bei der Olympiade nicht in Yards, sondern in Metern gemessen.

würde, aber er traf seine Entscheidung, ohne zu zögern, und blieb ihr unverdrossen treu. Für ihn war der Sonntag der »Tag des Herrn« und mithin nicht ein Tag für Sport und Spiel, auch wenn es sich um die Olympischen Spiele handelte. Der Sonntag war dazu da, sich auszuruhen und sich Zeit für Gott zu nehmen. Eric nahm das biblische Gebot, den Sabbattag heilig zu halten, sehr ernst. *Heilig* bedeutet ja »für Gott reserviert«. Für Eric kam es einfach nicht infrage, am Tag des Herrn an der Olympiade teilzunehmen. Bei dem, was er als Gottes Gebot erkannt hatte, konnte es für ihn keine Kompromisse geben.

Im Film werden das Britische Olympische Komitee und der *Prince of Wales* persönlich bei Eric Liddell vorstellig, als sie von seiner Entscheidung hören. So war es in der Wirklichkeit nicht, aber die Szene gibt die allgemeine Reaktion des Britischen Olympischen Komitees auf Erics Entscheidung gut wieder: Die Komiteemitglieder waren hellauf entsetzt. Dass dieser junge Schnösel mit seinem frommen Fanatismus Schottlands Chancen auf olympischen Ruhm ruinierte – das durfte nicht wahr sein! Und sie beschlossen, alle Hebel in Bewegung zu setzen, um diesen Sturkopf dazu zu bringen, die 100 Meter doch zu laufen.

Als Erstes versuchten sie, Eric klarzumachen, dass die Ausscheidungsläufe am Sonntag doch eigentlich gar kein Problem waren. Sie fanden ja erst am Nachmittag statt, was ihm mehr als genug Zeit gab, morgens zur Kirche zu gehen. Doch damit kamen sie bei Eric nicht durch. Auch nicht mit dem Argument, dass er doch auch seinen Ausscheidungslauf als Gottesdienst sehen konnte; er lief doch zur Ehre Gottes, oder? Als schließlich eines der Komiteemitglieder frustriert darauf hinwies, dass der Sabbat auf dem »Kontinent« nur bis Mittag dauerte, erwiderte Eric unwirsch: »Bei mir dauert er den ganzen Tag.«[96]

Als das Britische Olympische Komitee merkte, dass Eric ein Felsblock war, der sich nicht bewegen ließ, versuchte es eine andere Strategie: Vielleicht konnte man das Internationale Olympische Komitee bewegen? Und man beantragte hochoffiziell die Verlegung der 100-Meter-Ausscheidungsläufe auf einen anderen Wochentag, um Rücksicht auf Teilnehmer zu nehmen, deren religiöse Überzeugungen ihnen die Teilnahme am Sonntag verboten. Man muss dem Britischen Olympischen Komitee diesen Versuch hoch anrechnen – aber der Antrag wurde abgelehnt.

Doch nicht nur das Britische Olympische Komitee war entsetzt über Liddells Weigerung, in seiner besten Distanz anzutreten, mit der er Schottland sehr wahrscheinlich Gold bringen würde. Als die Nachricht von seiner Entscheidung publik wurde, waren viele Schotten, die so sehr auf die erste schottische Goldmedaille in der olympischen Geschichte gehofft hatten, schockiert, ja fühlten sich von Liddell verraten. So kurz vor dem Ziel aus den 100 Metern auszusteigen, war total verrückt! Gut, da war noch der 400-Meter-Lauf – aber Liddell war zwar ein Weltklasse-Sprinter, jedoch kein Weltklasse-Viertelmeilenläufer. Alles hoffte, dass der fromme junge Mann doch noch zur Vernunft kommen würde.

Aber Erics Entschluss stand fest. Er war davon überzeugt, in dieser Sache Gottes Willen zu folgen, und das war für ihn das Wichtigste. Er würde Gott gehorchen, und wer dann diese Goldmedaille gewann, das würde Gott schon regeln. Eric wollte in seinem Leben vor allem anderen Gott verherrlichen und ihm gehorchen, auch wenn die Menschen ihm seine Entscheidung nicht vergeben würden. Wer bei der Olympiade siegen und wie seine persönliche Zukunft aussehen würde, lag allein in Gottes Hand.

Und so zog Eric sechs Monate vor der Olympiade die Konsequenzen aus seiner Entscheidung und fing an, nicht für den 100-Meter-Lauf zu trainieren, sondern für die 400 Meter. Der 400-Meter-Lauf ist bereits eine Mittelstreckendisziplin und erfordert mithin eine ganz andere Laufstrategie als der 100-Meter-Sprint. Am 20. Juni 1924 nahm Liddell in London an den britischen Leichtathletikmeisterschaften der Amateure teil. Jetzt würde es sich entscheiden, ob er in das britische Olympiateam aufgenommen wurde. Viele hatten ihre Zweifel, aber der leichtfüßige Schotte holte sich seinen Platz in dem Team, indem er Zweiter über die 220 und Erster über die 440 Yards wurde.

Etwa zwei Wochen später, am 5. Juli 1924, wurden in Paris die Olympischen Spiele feierlich eröffnet. Zweitausend Sportler aus vielen Ländern der Welt zogen in das Colombes-Stadion ein und sahen und hörten, wie die olympische Flagge gehisst wurde, Salutschüsse krachten und Tausende Tauben aufstiegen. Auch Eric Liddell war dabei, in der flotten Olympia-Uniform des britischen Teams – blauer Blazer, weiße Flanellhose und Strohhut.

Am nächsten Tag – Sonntag, den 6. Juli – fanden die Ausscheidungsläufe für den 100-Meter-Sprint statt. Wir wissen nicht, welche Gedanken Eric Liddell an diesem Tag durch den Kopf gingen, aber wir wissen, was er tat. Erst besuchte er einen Gottesdienst, und danach nahm er zusammen mit seinen Mannschaftskameraden und dem Prince of Wales an einer Gedenkzeremonie am Grab des Unbekannten Soldaten teil, zu Ehren der Gefallenen des Ersten Weltkrieges. (Deutschland, das in den Augen der Siegermächte die Alleinschuld an diesem Krieg trug, war von der Teilnahme an dieser Olympiade ausgeschlossen.)

Der Endlauf über die 100 Meter stand für den Montag, den 7. Juli, auf dem Programm. Eric saß oben auf der Tribüne, während unten sein Mannschaftskamerad Harold Abrahams im Startblock auf den Startschuss wartete. Als 10,6 Sekunden später Abrahams als Erster durchs Ziel ging, knapp vor dem Amerikaner Jackson Scholz, stimmte Liddell in das laute Jubelgeschrei der britischen Fans ein, die den ersten britischen Sieg in dieser Disziplin feierten.

Liddells Läufe, die 200 und die 400 Meter, waren in den nächsten vier Tagen an der Reihe. Am Mittwoch, dem 9. Juli, gingen Liddell, Abrahams und vier weitere Läufer (unter ihnen wieder Jackson Scholz) an die Startblöcke für das 200-Meter-Finale. Die britischen Zuschauer hofften, dass wieder Abrahams gewinnen würde, doch 21,6 Sekunden später war es Scholz, der als Erster das Ziel erreichte; sein Mannschaftskamerad Charles Paddock errang mit einer Zehntelsekunde mehr die Silbermedaille und Liddell, wieder eine Zehntelsekunde später, die Bronzemedaille. Es war die erste schottische Olympiamedaille überhaupt, aber in der allgemeinen Enttäuschung darüber, dass Abrahams nicht Erster geworden war, ging sie fast unter.

Gleich am nächsten Tag – Donnerstag, den 10. Juli – kam der Endlauf über 400 Meter. Die allgemeine und nur logische Erwartung, dass Eric Liddell hier keine große Chance hätte, war noch am Morgen des Tages bestätigt worden, als der Amerikaner Horatio Fitch im 400-Meter-Semifinale mit 47,8 Sekunden einen neuen Weltrekord aufgestellt hatte. Liddell war zwar in der zweiten Gruppe Erster geworden, aber mit 48,2 Sekunden vier Zehntelsekunden langsamer gewesen als Fitch.

Und es gab noch mehr schlechte Nachrichten für Liddell. Als die Bahnen für die sechs Teilnehmer am 400-Meter-Endlauf ausgelost wurden, bekam Eric die Außenbahn, die allgemein als die schlechteste galt, die man bekommen konnte. Die Außenbahn war die längste, was dadurch kompensiert wurde, dass der Startblock des Läufers vor denen aller anderen Läufer lag. Für den »Außenläufer« bedeutete dies, dass er zu Beginn des Rennens seine sämtlichen Mitbewerber nicht sehen und sein Tempo nicht mit dem ihren vergleichen konnte. Die 400 Meter waren nicht Liddells große Spezialität, Fitch hatte erst am Vormittag einen neuen 400-Meter-Weltrekord aufgestellt, Liddell war an diesem Tag bereits zwei Mal gelaufen und entsprechend müde, und jetzt auch noch die Außenbahn …

Doch Eric ließ sich nicht anfechten. Er hatte eine ganz andere Perspektive auf diese Situation. Sein großes Ziel war nicht, zu gewinnen, auch nicht, dabei gewesen zu sein, sondern er wollte vor allem Gott Ehre machen. Und da war noch etwas, was die anderen Läufer, die Zuschauer, die Trainer und die Fans, die zu Hause die Übertragung der Spiele im Radio verfolgten, nicht wussten: Noch an diesem Morgen wurde Eric eindringlich daran erinnert, allein Gottes Ehre im Blick zu behalten. Als er sein Hotel verließ, hatte ein britischer Masseur ihm einen gefalteten Zettel in die Hand gedrückt. Liddell hatte dem Mann gesagt: »Vielen Dank. Ich lese das nachher.«

Als er dann in der Stadion-Umkleidekabine war, faltete er den Zettel auseinander und las:

> In dem Alten Buch heißt es: »Ich werde nur ehren, die mich ehren.«
> Ich wünsche Ihnen alles Gute und stets viel Erfolg.[97]

Mit dem »Alten Buch« war natürlich die Bibel gemeint, und das Zitat stammte aus 1. Samuel 2,30. Diese Zeilen haben Eric tief bewegt. Wie er ein paar Tage danach, auf einem zu seinen Ehren gegebenen Dinner, sagte: »Das war vielleicht das Schönste, was mir in Paris passiert ist. Es war eine große Überraschung und Freude für mich, zu erfahren, dass es noch andere gab, die meine Ansichten über den Tag des Herrn teilten.«[98]

Ein anderer Mann, der Eric an diesem Tag besonders Mut machte, war sein schottischer Landsmann Philip Christison, der Befehlshaber des britischen Infanterieregiments *The Queen's Own Cameron Highlanders*. Kurz vor dem Startschuss spielte die Dudelsackkapelle des Regiments das patriotische Lied (oder mindestens Teile davon) *Scotland the Brave* (»Tapferes Schottland«). Es war eine Musik, die das Herz jedes echten Schotten höher schlagen ließ.

Als die Läufer in Startposition gingen, schüttelte Eric, wie immer Gentleman, den anderen die Hand und wünschte ihnen alles Gute. Dann kam der Startschuss, und es ging los. Auf der Tribüne saß unter anderem Harold Abrahams, der etwas vom Laufen verstand. Mit Entsetzen sah er, dass Liddell, der seine Mitläufer ja nicht sehen konnte, ein Wahnsinnstempo vorlegte, gerade so, als liefe er die 100 Meter und nicht die 400. Als 100-Meter-Sprinter lief man eben so schnell man konnte; über 400 Meter musste man sich die Kräfte einteilen. Abrahams sah, was Liddell nicht sehen konnte: dass er zu schnell begonnen hatte und nicht in der Lage sein würde, dieses Tempo beizubehalten.

Doch Liddell behielt es länger bei, als Abrahams gedacht hatte. Nach der Hälfte des Rennens lag er immer noch mit drei Metern in Führung. Es war unmöglich, so schnell weiterzulaufen – aber Eric machte weiter.

Über tausend Kilometer entfernt, zu Hause in Edinburgh, hörte Erics Zimmernachbar, George Graham-Cumming, die Übertragung des Laufs auf einem selbst gebastelten Radio. Er sprang auf und rief die Worte des Reportes, die aus seinem Kopfhörer kamen, laut, damit jeder sie hören konnte: »Jetzt sind sie durch die letzte Kurve, und Liddell führt weiter! Sein Vorsprung wächst, er wird immer größer! Mein Gott, was für ein Rennen!«[99]

Noch mehr Vorsprung? Wie war das möglich? Doch genau das geschah auf den letzten hundert Metern. Und dann, zum Schluss, fiel Eric in seinen bekannten unorthodoxen Kurz-vor-der-Ziellinie-Laufstil – Kopf zurückgeworfen, Mund weit offen, die Arme in die Luft dreschend. Dann schoss er durch die Ziellinie und hatte gewonnen. Nein, nicht knapp gewonnen, sondern – es war nicht zu glauben – mit vollen fünf Metern Vorsprung vor dem Zweiten.

Harold Abrahams und allen anderen, die sich mit 400-Meter-Läufen auskannten, fielen schier die Augen aus dem Kopf. Das Stadion explodierte, überall schwenkte man britische Flaggen. Eric Liddell hatte soeben olympisches Gold errungen, für das Vereinigte Königreich und für Schottland. Ein paar Augenblicke später kam aus den Lautsprechern seine Zeit: 47,6 Sekunden – neuer Weltrekord! Die Menge tobte erneut.

Sechzig Jahre danach, 1984, erinnerte sich Horatio Fitch: »Ich ahnte nicht, dass er siegen würde. Unser Trainer hatte mir gesagt, dass Liddell nicht gefährlich sei, weil er ein Sprinter war und 50 Yards vor dem Ziel umkippen würde.«[100] Und eigentlich hätte Fitchs Trainer recht behalten müssen, denn was er sagte, war nur logisch. Aber es kam anders. Wie Fitch in seinem Olympia-Tagebuch notierte: »Obwohl er eigentlich ein Sprinter war, lief Liddell die besten Viertelmeilenläufer der Welt in Grund und Boden.«[101]

Nur wenige wissen noch, dass der 100-Meter-Lauf nicht der einzige war, auf den Eric verzichtete, weil er sonst an einem Sonntag hätte laufen müssen. Er nahm auch nicht am 4-mal-100-Meter- und dem 4-mal-400-Meter-Staffellauf teil. Als diese Rennen am folgenden Sonntag, dem 13. Juli, stattfanden, war Liddell nicht im olympischen Stadion, sondern auf der Kanzel der *Scots Kirk* (Schottischen Kirche) in Paris, wo er vor einer großen Gemeinde predigte, die jedes seiner Worte aufsog.

Zwei Tage nach seiner Rückkehr von der Olympiade in Paris erhielt der 22-jährige Eric Liddell zusammen mit den anderen Studenten seines Jahrgangs an der Universität Edinburgh seinen Bachelor of Science. Jeder wusste, dass man einen Nationalhelden in der Mitte hatte, und seine Kommilitonen applaudierten lautstark, als Liddell nach vorne ging, um sein Diplom in Empfang zu nehmen.

Doch das war noch nicht alles. Als alle ihr Diplom bekommen hatten, trugen Erics Kameraden ihn auf ihren Schultern bis zur St.-Giles-Kathedrale, wo der Abschlussgottesdienst stattfand.

Dort, in dem großen Gotteshaus, demonstrierte Liddell einmal mehr die Bescheidenheit, Demut und Liebenswürdigkeit, für die er bekannt war. Er erinnerte sich an seinen Besuch in den Vereinigten Staaten, wo er vor einem Jahr zu einem Sportwettkampf gewesen war:

> Über dem Eingang zur *University of Pennsylvania* prangen die folgenden Worte: »Im Staub der Niederlage wie im Lorbeerkranz des Sieges liegt Ruhm für den, der sein Bestes gegeben hat.« Es sind heute viele hier, die ihr Bestes gegeben, aber keinen Siegeskranz bekommen haben. Ihnen gebührt die gleiche Ehre wie denen, die den Lorbeer erringen konnten.[102]

Nach seinem sensationellen Olympiasieg erstaunte Liddell die Welt ein zweites Mal, als er bekannt gab, dass er mit dem Laufen Schluss machen wollte, um Missionar in China zu werden. Es war eine herbe Enttäuschung für alle, die weitere sportliche Großtaten von ihm erwartet hatten. Eric selbst war voller Vorfreude. Er hatte vor, am *Anglo-Chinese College* in dem südöstlich von Peking gelegenen Tientsin Naturwissenschaften, Mathematik und Sport zu unterrichten. Das College hatte es sich zum Ziel gesetzt, das Evangelium zu den Söhnen reicher Familien zu bringen, um die künftigen Eliten Chinas christlich zu prägen.

Zur Vorbereitung schrieb Eric sich für das kommende Studienjahr als Theologiestudent am *Scottish Congregational College* in Edinburgh ein. Während dieses Jahres nutzte er jede freie Minute, um die zahlreichen Einladungen als Gastredner bei Evangelisationen in ganz Schottland wahrzunehmen. Er unterrichtete auch Sonntagsschulklassen und hielt oft Predigten in seiner Gemeinde, der *Morningside Congregational Church*. Wie schon früher (aber jetzt erst recht) brachte Erics Bereitschaft, im Rahmen von Evangelisationskampagnen an Sportwettkämpfen vor Ort teilzunehmen, viele Menschen in die Evangelisationen, die sonst nie gekommen wären.

Es brauchte die Olympischen Spiele, um Eric zu zeigen, dass Gott sein phänomenales Lauftalent benutzen wollte, um Menschen zum Glauben zu führen. Und es war Erics Verzicht auf eine fast sichere Goldmedaille, die der Welt zeigte, dass dieser mittlerweile weltberühmte Jünger Christi kein Heuchler, sondern glaubwürdig war. Eric demonstrierte mit seiner Entscheidung auch, dass für ihn der Gehorsam gegenüber Gott kostbarer war als alle Schätze dieser Welt.

Man muss hier unwillkürlich an jene Szene in den Evangelien denken, in der Jesus in der Wüste vom Teufel versucht wird:

> Als Nächstes nahm ihn der Teufel mit auf den Gipfel eines hohen Berges und zeigte ihm alle Länder der Welt mit ihren Reichtümern. »Das alles schenke ich dir«, sagte er, »wenn du vor mir niederkniest und mich anbetest.« »Scher dich fort von hier, Satan«, sagte Jesus zu ihm. »Denn die Schrift sagt: ›Du sollst den Herrn, deinen Gott, anbeten und nur ihm allein dienen.‹« (Matthäus 4,8-10)

Hätte Eric Liddell die 100 Meter bei der Olympiade gewonnen, wenn er gegen sein Gewissen gehandelt hätte? Jahrzehnte später hat seine Tochter Patricia es so ausgedrückt:

> »Die Goldmedaille [für die 400 Meter] war wunderbar, aber sie war nicht das Wichtigste. Ich glaube wirklich: Wäre er an dem Sonntag gelaufen und hätte seine Prinzipien verraten, er hätte nicht gewonnen. Er hätte nicht das Feuer gehabt. Er lief für Gott.«[103]

Ganz ähnlich wird es in dem Film *Die Stunde des Siegers* ausgedrückt, wo ein Mitglied des Olympischen Komitees einem anderen Mitglied erklärt:

»Der ›Junge‹, wie Sie ihn nennen, ist ein Mensch, der zu seinen Prinzipien steht, und ein echter Sportler. Seine Schnelligkeit ist nur ein äußerer Ausfluss seines Lebens, seines Wesens. Wir wollten sein Lauftalent von seinem Ich trennen.«

»Ja, für das Beste seines Landes.«

»Kein Bestes ist so etwas wert, schon gar nicht ein Nationalstolz mit schlechtem Gewissen.«[104]

Wer den Film *Die Stunde des Siegers* gesehen hat, mag denken, dass der Höhepunkt von Liddells Leben der Augenblick war, in dem er beim 400-Meter-Lauf während der Pariser Olympiade durchs Ziel lief. Das ist verständlich, denn dort endet der Film. Wir erfahren nur noch, dass Eric später China-Missionar wurde und dass nach seinem Tod im Jahr 1945 ganz Schottland trauerte.

Doch Tatsache ist, dass die zweite Hälfte von Erics Leben noch dramatischer verlief als die erste, obwohl sie nicht der typische Stoff für die großen Filmemacher ist. Schon in seinen Jahren in Schottland hatte Eric Tausenden von Menschen öffentlich von seiner Liebe zu Gott erzählt, aber in China wurde sie zur tätigen Nächstenliebe an allen, denen er begegnete.

1925, ein Jahr nach seinem olympischen Triumph, fuhr Eric mit der Transsibirischen Eisenbahn nach China, wo er von seinen Eltern, seiner Schwester Jenny und seinem Bruder Ernest mit offenen Armen empfangen wurde. Aber die politische Situation im Land war erneut angespannt. Wieder wurde Stimmung gegen »Ausländer« gemacht, was zum Teil an einem Zusammenstoß zwischen der Kolonialpolizei und chinesischen Demonstranten lag, bei dem es Tote gegeben hatte.

Die Liddells wohnten in einem großen Haus auf dem Gelände der *London Missionary Society* in der britischen Vertragsstadt Tientsin, und Eric begann, wie geplant am *Anglo-Chinese College* in Tientsin zu unterrichten. Dank seiner Bescheidenheit und fröhlichen Art war er bei seinen Schülern bald allseits beliebt. Er unterrichtete nicht nur naturwissenschaftliche Fächer, sondern gab auch Bibel- und Sonntagsschulstunden und war als Fußballtrainer und in der Theater-AG tätig. Und selbstverständlich verbrachte er viel Zeit damit, sein Chinesisch aufzupolieren.

Eric fand auch die Zeit für Kontakte zu anderen Missionarsfamilien, vor allem zu den Mackenzies. Hugh und Agnes Mackenzie hatten eine lebhafte rothaarige Tochter, die 15 Jahre alte Florence. In den folgenden Jahren fand Eric, der zehn Jahre älter war als Florence, immer wieder Gelegenheiten, in ihrer Nähe zu sein. Er sah sie bei Zusammenkünften der verschiedenen Missionarsfamilien, gab ihr Nachhilfeunterricht und kam regelmäßig auf einen Tee ins Haus ihrer Eltern.

Eines Novemberabends im Jahre 1929 – Florence war gerade 18 geworden – nahm Eric sie auf einen Spaziergang mit und machte ihr einen Heiratsantrag. Florence, die völlig überrascht war, dass Eric so ernste Absichten hatte, gab ihm aufgeregt ihr Jawort. Ihr Vater gab seinen Segen zu dieser Verbindung, jedoch unter der recht strengen Bedingung, dass Florence zuerst nach Kanada zurückkehren sollte, um ihre Krankenschwesterausbildung zu machen, was eine dreijährige Trennung für das junge Paar bedeutete. Es sollte die erste von vielen langen Trennungen sein.

1931, als die ersten vier Jahre, zu denen Eric sich in China verpflichtet hatte, vorbei waren, fuhr er nach Kanada zu einem vierwöchigen Besuch bei Florence in Toronto. Danach reiste er über den Atlantik nach Schottland, wo er für den Rest seines Heimaturlaubs sein Studium am *Scottish Congregational College* fortsetzen wollte, um rechtzeitig vor seiner Rückkehr auf das Missionsfeld seine Ordination zum Pastor zu bekommen.

Doch dort in Schottland hatten auch andere ihre Pläne für ihn. Die *London Missionary Society*, die die Weltwirtschaftskrise tief in die roten Zahlen gedrückt hatte, hoffte, Erics ungeheure Beliebtheit nutzen zu können, um zu Spenden und neuen Mitarbeitern zu kommen. Hunderte von Gemeinden und Sportvereinen konnten es ebenfalls nicht erwarten, zu einem Abend mit Liddell einzuladen. Eric, dem das Neinsagen schwerfiel, tingelte bis zur Erschöpfung von einem Termin zum nächsten.

Doch allem Terminstress zum Trotz wurde Eric am 22. Juni 1932 zum Pastor ordiniert. Er verabschiedete sich von seinen Lieben, die wieder auf Heimaturlaub in Schottland waren, und fuhr mit dem Schiff nach Kanada, um noch einmal Florence zu besuchen. Nach ein paar schönen gemeinsamen Wochen verließ er seine Verlobte und kehrte nach China zurück, wo er sich erneut in die Arbeit am College und in seiner Gemeinde stürzte.

Es sollte zwei weitere Jahre dauern, bevor auch Florence und ihre Verwandten nach China kamen. Am 5. März 1934 trafen sie ein, und drei Wochen später waren Eric und Florence endlich Mann und Frau. Sie bezogen eine Wohnung in Tientsin, und Florence half Eric bei seiner Arbeit. Sie hatte eine besondere Gabe dafür, die Studenten des College und die Kinder der Missionarsfamilien in ihrem Heim willkommen zu heißen, und viele der Studenten übergaben ihr Leben Jesus Christus. Zwei Jahre nach ihrer Trauung bekamen Eric und Florence ihr erstes Kind, Patricia Margaret. Im folgenden Jahr wurde eine zweite Tochter geboren, Heather Jean.

In diesen Jahren zogen immer dunklere Wolken am politischen Himmel auf. Japans Verhältnis zu China wurde zusehends aggressiver. Zur Vorbereitung auf einen möglichen Krieg verfügte die chinesische Regierung, dass die älteren College-Studenten eine militärische Ausbildung zu durchlaufen hatten, was Eric und seine Kollegen zu Änderungen im College-Alltag zwang. Im Sommer 1937 kam dann der Krieg nach China, ähnlich wie er ein paar Jahre später nach Pearl Harbour kommen würde: Ohne jede Vorwarnung kamen japanische Bomber und regneten Feuer, Tod und Zerstörung auf Tientsin; drei Tage später war die Stadt an die Japaner gefallen.

Chinesische Flüchtlinge (viele von ihnen verletzt) strömten in die ausländischen »Vertragsstädte« bzw. »Konzessionen« – Territorien, die nach den Opiumkriegen unter die Verwaltung Großbritanniens oder anderer ausländischer Mächte gekommen waren. Dazu gehörte auch Tientsin. In anderen chinesischen Städten kam es zu Gewalttaten der japanischen Armee gegen Zivilisten; vor allem Nanking erreichte hier traurige Berühmtheit. Inmitten dieses Chaos begann das College in Tientsin im September 1937 sein Studienjahr mit 575 Studenten.

Eric setzte in dieser Zeit mehrfach sein Leben aufs Spiel. Einmal, als Kohle sehr knapp war, bestellte er 60 Tonnen Anthrazitkohle, die er unbedingt persönlich (per Frachtkahn) in Siacchang abliefern wollte. Zwei Mal wurde er auf dieser Reise von Banditen überfallen und ausgeraubt. Er wurde auch anderthalb Tage von den Japanern festgehalten und darauf von bewaffneten Haufen gezwungen, »Steuern« in astronomischer Höhe zu zahlen. Als er kein Geld mehr hatte, verließ er den Kahn und reiste zurück nach Tientsin, um mehr Geld zu holen. Nach einer Meuterei der Kahnbesatzung und einem halbtägigen Verhör durch Kämpfer der kommunistischen Armee erreichte er mit seiner Kohlefracht endlich Siaochang.[105]

Einmal nahm Eric an einem Taufgottesdienst teil, als plötzlich rund herum japanische Artilleriegranaten einschlugen und Soldaten in das Gebäude stürmten, die auf der Suche nach Banditen waren. Ein anderes Mal rettete er einen Mann, der angeschossen worden war, und einen anderen, den die Japaner bei einem Hinrichtungsversuch fast geköpft hatten. Mindestens ein Mal wurde er unterwegs selbst beschossen.

Im August 1939 konnten Eric, seine Frau und seine beiden Töchter eine Auszeit von dem Chaos in China nehmen und zu einem Heimaturlaub nach Toronto fahren. Danach wollten sie weiter nach Großbritannien, doch Hitlers Überfall auf Polen, der zur Kriegserklärung Englands und Frankreichs an Deutschland führte, änderte alles. Jetzt musste man bei einer Atlantiküberquerung mit den deutschen U-Booten rechnen. Was tun?

Eric und Florence beschlossen schließlich, dass Florence mit den Mädchen in Kanada bleiben sollte, während Eric alleine nach England und Schottland fuhr. Doch seine Frau und Kinder vermissten ihn so sehr, dass sie im März 1940 ein Schiff bestiegen, das sie ebenfalls nach Schottland brachte, wo die wiedervereinigte Familie dem Krieg zum Trotz fünf glückliche Monate verbrachte.

Die Rückreise nach Kanada erwies sich als noch gefährlicher als die Hinfahrt nach Großbritannien. Das Schiff, auf dem die Liddells waren, gehörte zu einem 50 Schiffe großen Geleitzug, zu dem auch Handelsschiffe und Schiffe der englischen Royal Navy gehörten. Hitlers U-Boote spürten den

Konvoi auf, und das Schiff der Liddells wurde von einem Torpedo getroffen. Zum Glück war es ein Blindgänger, und den Liddells passierte nichts. Andere Schiffe des Konvois hatten weniger Glück; bevor die Überfahrt zu Ende ging, waren fünf von ihnen gesunken.

Die Liddells blieben mehrere Wochen in Kanada. Der Drang, in diesem Land, in das der Krieg nicht reichte, zu bleiben, muss übermächtig gewesen sein, doch der Wunsch, Gottes missionarischer Berufung treu zu bleiben, war noch stärker. Und so traten Florence und Eric, wohl wissend um das Risiko und die Strapazen, die Rückreise nach China an. Dort angekommen, konnten sie nicht zusammenbleiben. Florence und die Kinder blieben in Tientsin, während Eric nach Siaochang ging, einem ländlichen Vorposten der *London Missionary Society*, wo man ihn als Dorfpastor brauchte. Eric bedauerte es, dass er in Tientsin nicht mehr unterrichten konnte. Die prekäre Sicherheitslage in Siaochang wiederum machte es unmöglich, dass seine Familie ihn begleitete.

In einem Brief aus Siaochang schrieb er an Florence:

> »Wenn ich draußen bin, heißt es die ganze Zeit, für die Menschen da zu sein und versuchen, sie kennenzulernen und ihnen ein Stückchen Mut und Frieden zu schenken in einer Zeit, wo äußerlich so überhaupt kein Friede ist.«[106]

Eines Tages, als Liddell in einem Dorf in der Nähe von Siaochang ein Paar traute, konnte man während des folgenden Hochzeitsempfangs den Donner schwerer Artillerie hören.

Auf seinen Touren mit dem Fahrrad kam Eric oft durch Dörfer, die von den Japanern heimgesucht worden waren. Die Männer waren getötet worden, die Frauen vergewaltigt, zahlreiche Häuser niedergebrannt. Viele Menschen standen unter Schock. Inmitten dieses Elends arbeitete Eric unverdrossen weiter, und viele Menschen kamen zum Glauben an Jesus.

So oft es ging, besuchte er seine Familie in Tientsin, aber als die Lage sich verschlechterte, standen die Liddells vor einer schweren Entscheidung:

Sollten Florence und die Kinder in China bleiben oder nicht lieber zurück nach Kanada reisen, wo sie in Sicherheit wären?

Nach monatelangem Überlegen und Beten beschlossen die Liddells schließlich, die beiden Mädchen zusammen mit Florence (die jetzt mit ihrem dritten Kind schwanger war) nach Kanada zu schicken, wo sie bei den Verwandten von Florence wohnen würden. Eric wollte nach etwa einem Jahr nachkommen. Sie fuhren also nach Japan, wo sie das Schiff bestiegen, das Florence und die Kinder nach Kanada bringen sollte. Dort umarmte Eric seine beiden Mädchen noch einmal und bat die sechsjährige Patricia, ihrer Mutter zu helfen, wenn das neue Baby kam. Dann gab er seiner Frau einen Abschiedskuss und verließ das Schiff, und Florence und die Kinder stiegen auf das Oberdeck, damit sie Eric beim Ablegen noch einmal sehen konnten.

Unten auf dem Pier drehte Eric sich um, sah seine Lieben oben an der Reling und winkte ihnen nochmals ein »Auf Wiedersehen!« zu, bevor das Schiff davonfuhr. Es war das letzte Mal, dass er seine Familie sah.

Nach Tientsin zurückgekehrt, wohin die Mission ihn versetzt hatte, nahm er seine Arbeit wieder auf. Mit seinem Freund A. P. Cullen, dessen Familie China ebenfalls verlassen hatte, zog er in eine Wohnung. Der Krieg forderte immer mehr seinen Tribut. Ob Müllabfuhr, ob Post – nichts funktionierte mehr normal. Erst im September erhielt Eric ein Telegramm mit der freudigen Nachricht, dass seine geliebte Florence ihre dritte Tochter, Maureen, zur Welt gebracht hatte.

Der japanische Überfall auf Pearl Harbor am 7. Dezember 1941 sollte Erics Leben dramatisch verändern. Zur gleichen Zeit, als ihre Bomberflotte Pearl Harbor angriff, begannen die Japaner in Tientsin, die ausländischen Soldaten, die die britischen, französischen und amerikanischen Vertragsgebiete sicherten, zu internieren, Maschinengewehre in Stellung zu bringen und alles zu tun, um klarzumachen, dass jetzt sie die Herren waren. Sie schickten auch alle College-Studenten nach Hause, durchsuchten die College-Gebäude (wobei sie ein Radio konfiszierten) und schränkten die Bewegungsfreiheit aller Ausländer ein. Sämtliche Amerikaner hatten sich in das britische Vertragsterritorium zu begeben.

Doch das Schlimmste war für Eric die Tatsache, dass die Missionare nicht mehr die Arbeit tun durften, für die sie eigentlich nach China gekommen waren. Wie ein Biograf bemerkt: »Sie konnten nicht mehr lehren, predigen oder medizinisch tätig sein. [...] Sie waren Missionare ohne eine Mission geworden.«[107]

Aber Eric war kein Mann, der Däumchen drehte. Er hatte den Eindruck, dass es immer etwas Sinnvolles gab, das er für Gott tun konnte. Und so fand er in diesen chaotischen Monaten die Zeit, eine Art Andachtsbuch zu schreiben, dem er den Titel *Discipleship* (»Nachfolge«) gab. Jeder Monat hatte ein anderes Thema, z. B. »Das Wesen Gottes«, »Das Wesen Jesu« oder »Der Heilige Geist«. Das Buch ist (auf Englisch) heute noch erhältlich.

Man fragt sich unwillkürlich, ob er bei den folgenden Zeilen nicht seine Weigerung, während der Olympiade an einem Sonntag zu laufen, im Hinterkopf hatte:

> Hast du gelernt, Gottes Stimme zu hören, wenn sie sagt: »Dies ist der Weg, den gehe«? Hast du gelernt, zu gehorchen? Ist dir klar, was alles auf dem Spiel stehen kann?[108]

In diesen Worten spiegelt sich nicht nur seine berühmte Entscheidung bei der Olympiade, sondern die ganze Richtung seines Lebens. Sich allein in einem Kriegsgebiet aufzuhalten, während seine Lieben buchstäblich auf der anderen Seite des Globus lebten, war ein noch viel größeres Opfer als der Verzicht auf eine Medaille.

An einer anderen Stelle schrieb Liddell:

> Wenn ich etwas als wahr erkannt habe, bin ich dann bereit, diesen Weg zu gehen, auch wenn er meinen Wünschen zuwiderläuft? [...] Werde ich ihn auch dann gehen, wenn Freunde oder Feinde mich dafür auslachen oder wenn er persönliche finanzielle Verluste oder andere Nöte bedeutet?[109]

Eric tat sein Bestes, um den Menschen um ihn herum zu helfen. So stand er, wann immer er konnte, morgens früher auf, um Lebensmitteleinkäufe für sie zu tätigen.

Im März 1943 kam dann der letzte Streich: Alle Ausländer – sie galten jetzt plötzlich als »feindliche Ausländer« – mussten in ein Internierungslager. Erst führten die Japaner sie anderthalb Kilometer zu Fuß durch die Straßen, als Zeichen der Demütigung, anschließend luden sie sie in Eisenbahnwaggons.

Nach strapaziösen 500 Kilometern erreichten die 300 Gefangenen – unter ihnen Missionare, Geschäftsleute, Touristen, Jazzmusiker, Prostituierte und Opiumsüchtige – endlich ihr Ziel, das Internierungslager Weihsien. Ihr neues Heim war ein von presbyterianischen Missionaren erbautes Areal, dessen 400 Zimmer, Krankenhaus und große Kirche Zuwachs bekommen hatten in Form von Wachttürmen, Suchscheinwerfern und Maschinengewehren.

In einigen der Gebäude hausten japanische Soldaten. Die Japaner hatten die Wasserrohre und einen Großteil der Klinikeinrichtung konfisziert. Die Toiletten waren, da es kein Wasser mehr gab, in einem unbeschreiblichen Zustand. Der Name des Lagers lautete – man mochte es nicht glauben – »Hof des glücklichen Weges«.

Die Gefangenen gingen sofort daran, die Gebäude in einen bewohnbaren Zustand zu versetzen. In einem Akt tätiger christlicher Liebe säuberten katholische Priester und Nonnen Seite an Seite mit den protestantischen Missionaren die zum Himmel stinkenden Latrinen. Die Internierten bastelten Möbel und kochten einander Mahlzeiten. Wirtschaftskapitäne, die es gewohnt waren, dass andere sie bedienten, lernten, Wasser zu pumpen, Kessel zu heizen und Kartoffeln zu schälen.

Auch die Unterhaltung kam nicht zu kurz. Musikgruppen führten alles Mögliche auf, von geistlicher Musik über Klassik bis zum Jazz. Lehrer und Dozenten boten Kurse an, und wenn die Gefangenen ihr Tagewerk erledigt hatten, setzten sie sich zum Kartenspiel zusammen.

Als der Winter extrem kalt wurde, erfanden die Internierten ihren eigenen Brennstoff: mit Lehm vermischter Kohlenstaub. Ein Priester schmuggelte unter Einsatz seines Lebens Nahrungsmittel ins Lager, damit die Kinder etwas Anständiges zu essen hatten.

Liddell, den die Kinder »Onkel Eric« nannten, hauste auf engstem Raum mit seinen Freunden Edwin Davis und Joseph McChesney-Clark zusammen. Wie immer war er bei allem mit Leib und Seele dabei. Er unterrichtete in der Lagerschule, organisierte Softball-, Basketball-, Kricket- und Tennisturniere und Gottesdienste. Er gestaltete Volkstanz-Abende, spielte mit den Kindern Schach und tat alles Mögliche, um sie bei Laune zu halten.

Ja, die Kinder … Die 300 Kinder, die die Japaner aus der Missionsschule der China-Inland-Mission geholt hatten und die jetzt ohne Eltern in diesem Lager interniert waren, lagen Eric besonders am Herzen. Sie erinnerten ihn an seine eigenen drei Mädchen, denen es so viel besser ging.

Auch in diesen schweren Jahren hielt Liddell an seinem Glauben fest, dass der Sonntag Gott gehörte. Aber als während eines Hockeyspieles mehrere Teenager in Streit gerieten, erklärte Eric sich zum großen Erstaunen aller, die von seiner berühmten Weigerung bei der Olympiade 1924 wussten, bereit, bei dem Spiel am kommenden Sonntag Schiedsrichter zu sein.

Die damals 17-jährige Joyce Stranks, ebenfalls Lagerinsassin, kommentierte sein Verhalten wie folgt:

> Eric fand, dass er hier gebraucht wurde und es im Sinne Jesu sei, wenn er sie spielen ließ und mit dabei war […] weil das christlicher war, als dem Buchstaben des Gesetzes zu folgen und sie aufeinander losgehen zu lassen. Für mich war das hochinteressant, denn jeder wusste natürlich, dass Eric sich geweigert hatte, an einem Sonntag zu laufen, weil es der Tag des Herrn war.[110]

Aber wie viel Eric auch zu tun hatte – täglich nahm er sich Zeit für Gott. Jeden Morgen standen er und sein Freund Joe Cotterill mit den Hühnern auf und hielten beim Schein einer Erdnussöllampe ihre Morgenandacht, bevor sie den langen Arbeitstag begannen.

Jeden Monat schickte Eric seiner Familie Rot-Kreuz-Briefe. Diese Briefe durften nicht länger als 25 Wörter lang sein, und ein Briefwechsel zwischen China und Kanada dauerte Monate. Ein Jahr nachdem die Internierten den »Hof des glücklichen Weges« bezogen hatten, schrieb Eric einen Brief an Florence, der im Englischen aus 23 Wörtern bestand: »Du bist mir heute so nah. Heute ist unser 10. Hochzeitstag. Alles Liebe. Den nächsten Hochzeitstag müssen wir zusammen feiern.«[111]

Es war ein hartes Jahr für die Internierten. Die meisten konnten das endlose Schlangestehen und Warten, vom Morgenappell bis hin zum Gang zur Toilette oder Dusche, bald kaum noch ertragen. Im Laufe der Monate dachten die Menschen immer weniger an das Wohl ihres kleinen Gemeinwesens und immer mehr an sich selbst. Viele fingen an, Lebensmittel und anderes, was man zum Leben brauchte, zu stehlen.

Eric vermisste seine Lieben sehr, aber er bemühte sich, fröhlich zu bleiben – für die anderen. In einer seiner Bibelstunden forderte er die Teilnehmer auf, ihre Feinde und folglich auch die japanischen Wärter zu lieben und für sie zu beten, wie die Bibel es uns lehrt. Diese Stunde bewegte Joe Cotterill so sehr, dass er Gott versprach, als Missionar nach Japan zu gehen, falls er den Krieg überlebte.

Erics echter christlicher Glaube zeigte sich überall. Stephen Metcalf, der 1944 siebzehn Jahre alt war, erzählte von einer ganz besonderen Szene. Seine Schuhe waren so verschlissen, dass sie nicht mehr zu gebrauchen waren. Eines Tages kam Eric mit einem Stoffbündel zu ihm. »Steve«, sagte er, »ich sehe, du hast keine Schuhe, und es ist ja Winter. Vielleicht kannst du die hier gebrauchen.« Und er drückte Steve das Bündel in die Hände. Metcalf: »Es waren seine Laufschuhe.«[112]

Bestimmt hatte Eric diese historischen Schuhe als Andenken an seine Siege aufbewahrt, doch jetzt, in den Entbehrungen des Internierungslagers, war für ihn der praktische Nutzen, den sie für diesen jungen Mann hatten, wichtiger als ihr Erinnerungswert. Andere Zeugen berichten, dass Eric viel

Zeit damit verbrachte, Frieden zwischen den verschiedenen Parteien im Lager zu stiften, und allen ein Freund zu sein versuchte.

Ende 1944, als die Internierten bald zwei Jahre in diesem Lager zugebracht hatten, bekam Eric starke Kopfschmerzen. Joe Cotterill bemerkte noch weitere Veränderungen an seinem Freund. Er ging und sprach langsamer, und seine köstlichen Witze gehörten der Vergangenheit an. Als er die Grippe bekam, behandelten ihn die Lagerärzte, doch die Kopfschmerzen wollten nicht verschwinden. Die ihn am besten kannten, vermuteten, dass er an Depressionen litt. Annie Buchan, eine schottische Krankenschwester und alte Freundin der Familie, sorgte dafür, dass Eric wieder ins Lagerkrankenhaus kam, wo sie ein Auge auf ihn haben konnte.

Die Ärzte, die um Erics unermüdlichen Einsatz wussten, murmelten etwas von einem Nervenzusammenbruch – eine Diagnose, die Eric zutiefst traf. »Warum habe ich das nicht alles auf den Herrn werfen können, statt darunter zusammenzubrechen?«, seufzte er.[113]

Am 11. Februar 1945 erlitt Liddell einen leichten Schlaganfall. Doch wenige Tage später war er bereits wieder auf den Beinen und sagte seinen Freunden, dass er sich viel besser fühlte. Die Ärzte begannen sich zu fragen, ob er nicht vielleicht einen Gehirntumor hatte, aber ohne Röntgengerät konnten sie das nicht prüfen.

Joyce Stranks, die in der Krankenhausküche arbeitete, besuchte Eric in ihren Pausen und berichtete ihm, was es Neues im Lager gab. Am Sonntag, dem 18. Februar, spielte die Kapelle der Heilsarmee draußen vor der Klinik. Liddell ließ ihr ausrichten, dass er einen Liedwunsch hatte: *Be Still, My Soul* (deutscher Titel: *Stille, mein Wille! Dein Jesus hilft siegen*), es war eines seiner Lieblingslieder.

Drei Tage später tippte Eric einen Brief an seine geliebte Florence:

> Hatte zu viel am Hals. Leichter Nervenzusammenbruch. Nach einem Monat im Krankenhaus viel besser. Arzt meint, ich soll was an-

> deres machen – nicht mehr Lehrer und Sport, sondern was Praktisches wie Bäcker. […] Danke für Deinen Brief vom Juli. […] Alles Liebe Dir und den Kindern.[114]

Er beendete gerade den Brief, als Joyce Stranks vorbeikam. Sie setzte sich neben sein Bett, und die beiden unterhielten sich darüber, wie wichtig es war, sich in allem Gottes Willen zu fügen, »in unserer ganzen Einstellung – dass nicht das zählt, was wir gerne möchten, sondern was Gott von uns will«. Joyce weiter: »Er fing an, das Wort ›surrender‹ (Hingabe) zu sagen, aber schaffte nur: ›Surren – surren‹, und dann fiel sein Kopf nach hinten.«[115]

Die erschrockene Joyce rannte sofort zur Schwester, Annie Buchan, aber es war zu spät. Eric lag schon im Koma; er starb am gleichen Abend, um 21.20 Uhr. Er war 43 Jahre alt.

Als am nächsten Tag die Nachricht von seinem Tod durch das Lager ging, war die Trauer groß. Metcalf erinnert sich:

> Er war nicht als der Olympiasieger bekannt gewesen, sondern einfach als Eric. […] Er war die Sorte Mensch, die jedem als Freund begegnet. Das bestätigte sich noch einmal bei seiner Beerdigung. Die Kirche war zu klein für all die Leute. […] Das Leben im Lager kam zum Stillstand. Es war eine sehr, sehr bewegende Stunde.[116]

Eine Autopsie ergab, dass Eric in der Tat einen inoperablen Gehirntumor gehabt hatte. Als die Nachricht von seinem Tod um die Welt ging, gab es zahlreiche Gedenkgottesdienste für den Mann, der sich geweigert hatte, an einem Sonntag zu laufen, obwohl ihn das eine olympische Goldmedaille kostete.

Für seine Frau und Töchter in Kanada, die erwartet hatten, dass seine Kraft und Vitalität ihn sicher durch den Krieg hindurchtragen würden, war die Nachricht von seinem Tod ein großer Schock.

Viele Jahre später hat Erics Tochter Patricia erzählt, was ihr durch den Kopf ging, als sie vom Tod ihres Vaters erfuhr, und wie sie sich fragte, warum

Gott Eric während der letzten vier Jahre seines Lebens von seiner Familie getrennt hatte:

> Ich habe viele der Kinder aus dem Lager kennengelernt. Sie waren im gleichen Alter wie wir damals, und sie kamen ohne ihre Eltern in das Lager. […] Wir waren in Sicherheit, und diese Kinder hatten ihre Eltern nicht dabei, aber die meisten haben sich sehr gut geschlagen. Und mein Vater hat sie sehr geprägt und war ihnen ein sicherer Anker. Und in diesem Sinne war Gottes Hand doch da.[117]

Joyce Stranks, eines der Kinder, die damals Erics Güte erfuhren, berichtet:

> Er machte uns das Leben Jesu wichtig. Bei ihm hatte man den Eindruck, dass wir, die wir Jesus nachfolgten, in jeder Lebenslage seinen Willen tun mussten – dort, wo wir gerade waren. Auch im Lager zu sein, befreite einen nicht davon.[118]

Erics Freund A. P. Cullen, der ihn fast sein ganzes Leben lang gekannt hatte, fasste sein Leben in dem Gedenkgottesdienst, der am 3. März 1945 in dem Lager stattfand, mit diesen Worten zusammen:

> Er war ein Mann, der ganz unter Gottes Kommando stand, in seinem Denken, Urteilen, Tun und Reden, und dies in einem Maß, das niemand, den ich kenne, je übertroffen hat und das nur wenige erreicht haben. Jeden Morgen stand er in aller Frühe auf, um zu beten und die Bibel zu lesen. Er hielt dann stille Zwiesprache mit Gott, dachte über den neuen Tag nach, und oft lächelte er, als habe er gerade einen guten Witz gehört.[119]

In der *Morningside Congregational Church* in Edinburgh, in der Eric oft gepredigt hatte, und in der *Dundas Street Congregational Church* in Glasgow versammelten sich Tausende Trauergäste, um Erics Leben zu gedenken. Was dachten die Menschen in Erics Heimat Schottland über diesen Mann, dem Gott wichtiger gewesen war als eine Goldmedaille und der später in China so vielen Menschen gedient hatte? Die *Glasgow Evening News* fasste es in dem Satz zusammen, dass Schottland auf jede Stunde seines Lebens stolz sein könne.

56 Jahre nachdem Eric auf die Chance, Gold über 100 Meter zu gewinnen, verzichtet hatte, gewann ein anderer Schotte, Allan Wells, 1980 den 100-Meter-Sprint bei der Olympiade in Moskau. »Von einem Journalisten gefragt, ob er seinen Sieg Abrahams widmen wolle, der vor 18 Monaten verstorben war, erwiderte Wells auf seine typisch offene Art: ›Ich will niemand auf die Füße treten, aber ich möchte diesen Sieg Eric Liddell widmen.‹«[120]

Und 63 Jahre nach Erics Tod, kurz vor der Olympiade in Peking, gab die chinesische Regierung etwas bekannt, das selbst Erics Verwandte nicht gewusst hatten: Eric hatte eigentlich im Zuge eines Gefangenenaustausches zwischen Großbritannien und Japan aus der Internierung freikommen sollen, aber seinen Platz einer Schwangeren zur Verfügung gestellt.

Warum hält die Welt Eric Liddell heute immer noch in liebender Erinnerung, während andere Sportler aus seiner Zeit längst vergessen sind? Lord Sands, einer der Honoratioren von Edinburgh, gab die Antwort auf einem Dinner zu Erics Ehren, das kurz nach den Olympischen Spielen von 1924 stattfand. Man habe sich an diesem Abend nicht versammelt, weil Eric der schnellste Läufer der Welt sei, sondern »weil dieser junge Mann, als er seine ganze Läuferkarriere auf die Waagschale legte, sie nur für Staub hielt verglichen mit der Treue zu seinen Prinzipien«[121].

> Es gibt größere Dinge im Leben als den Sport, und das allergrößte ist die Treue zu den großen Gesetzen der Seele. Hier ist ein junger Mann, der das Gebot, zu ruhen und Gott anzubeten, weit höher achtete als den vergänglichen Lorbeerkranz und der siegte. Es war Paulus, der Zeltmacher aus Tarsus, der vor vielen Jahrhunderten bei den Olympischen Spielen zuschaute und anschließend schrieb:

> »Denkt daran, dass alle wie in einem Wettrennen laufen, aber nur einer den Siegespreis bekommt. Lauft so, dass ihr ihn gewinnt!«[122]
> (1. Korinther 9,24)

Gott hatte einen viel größeren Plan für Eric Liddells Leben als eine Goldmedaille, die – genauso wie der Sportler, der sie gewonnen hatte – früher oder später vergessen sein würde. Und er hat auch für jeden von uns einen großen Plan. Zu diesem Plan kann es gehören, dass wir etwas, das uns viel wert ist, aufgeben müssen. Aber zu denen, die aufgeben, was ihnen das Liebste ist, so Gott dies denn will, wird Gott stehen.

4. KAPITEL

DIETRICH BONHOEFFER

1906 – 1945

Als ich das erste Mal von Dietrich Bonhoeffer hörte, wurde ich gerade fünfundzwanzig Jahre alt. Es war Sommer und ich war auf dem Weg zurück zu dem Glauben, den ich als Student verloren hatte. Der Mann, der mich dabei begleitete, schenkte mir Bonhoeffers Klassiker *Nachfolge*. Er fragte mich, ob ich schon einmal von Bonhoeffer gehört hätte. Als ich dies verneinte, erklärte er mir: Bonhoeffer war ein deutscher Pastor und Theologe, der wegen seines christlichen Glaubens für die Juden in Deutschland eintrat und zu einem Kreis von Verschwörern gehörte, die Hitler töten wollten. Drei Wochen vor Kriegsende ermordeten ihn die Nazis in einem Konzentrationslager.

Ich konnte kaum glauben, was er mir da erzählte. Hatte es wirklich einen Christen gegeben, der nur aufgrund seines Glaubens sein Leben im Kampf gegen die Nazis geopfert hatte? Bis jetzt waren mir nur schlechte Geschichten über Menschen zu Ohren gekommen, die ihren Glauben ernst nahmen. Doch so etwas war neu für mich; über diesen mutigen Mann musste ich mehr erfahren!

Bonhoeffers Geschichte faszinierte mich auch deswegen, weil ich deutsche Wurzeln habe. Meine Mutter war in den schrecklichen Jahren der Hitler-Diktatur aufgewachsen. Als sie neun Jahre alt war, fiel ihr Vater – mein Großvater Erich, von dem ich meinen Vornamen habe – im Krieg. Ich hatte mich immer gefragt, was in diesen Jahren wirklich geschehen war. Wie war ein so großes Volk, mein Volk, auf diesen finsteren, bösen Weg geraten? Meine Großmutter erzählte mir, mein Großvater habe die Sendungen der

BBC gehört und dabei das Radio so leise gedreht, dass er sein Ohr buchstäblich an den Lautsprecher pressen musste. Wer beim BBC-Hören erwischt wurde, riskierte das KZ. Offensichtlich war er kein Befürworter der Nazis gewesen, aber wie so viele aus seiner Generation musste er in den Krieg und kam dort um. Meine große Bonhoeffer-Biografie habe ich ihm gewidmet.

In vieler Hinsicht bin ich im Schatten des Zweiten Weltkriegs aufgewachsen. Fassungslos stand ich vor dem abgrundtief Bösen des Nationalsozialismus und des Holocaust, das mich zu einer allgemeineren Frage führte: Was ist das Böse, und wie können wir ihm begegnen? Je mehr ich über Bonhoeffers Leben erfahre, desto größer steht er als Vorbild vor mir und als Schlüsselfigur bei der Suche nach Antworten auf meine Frage.

Ich erinnere mich gut daran, wie ich in jenem Sommer Bonhoeffers *Nachfolge* las. Was er in diesem Klassiker schrieb, beeindruckte mich nicht weniger als seine Lebensgeschichte. Seine Worte waren klar und prägnant und zeugten von einem tiefen, echten christlichen Glauben, dem jedes bloße fromme Furnier oder »billige Gnade«, wie Bonhoeffer sich ausdrückte, zuwider war. Beim Lesen dieses Buches entdeckte ich, dass gerade diese billige Gnade mich vom christlichen Glauben abgebracht hatte. Es war ein Abenteuer, einem Christen zu begegnen, der seinen Glauben wirklich ausgelebt hatte, der für das, was er glaubte, sein ganzes Leben eingesetzt hatte. So ein Glaube – das war vielleicht auch etwas für mich!

Ich erfuhr auch, dass dieser große Mann Gottes es für richtig gehalten hatte, sich an Plänen zur Beseitigung Hitlers zu beteiligen. Hier war kein Stubentheologe, der – den Problemen der Welt enthoben – an seinem Schreibtisch saß, sondern jemand, der seinem Glauben nach bestem Wissen und Gewissen in der wirklichen, schmutzigen und oft verwickelten Welt Gestalt gab.

Ich hatte eigentlich nie vorgehabt, Biografien zu schreiben, und schon gar nicht über Dietrich Bonhoeffer. Ich sage immer, ich sei viel zu egozentrisch, um jahrelang über einen anderen Menschen nachzudenken. Dennoch schrieb ich eine Biografie über William Wilberforce, die 2012 auf Deutsch erschien.[123] Ich war der Meinung, diese eine Ausnahme reiche aus, doch immer wieder wurde ich gefragt: »Über wen werden Sie als Nächstes schreiben?« Schließlich dachte ich: Nun gut, *eine* Biografie schreibst du noch. Außer William Wilberforce gab es nur noch einen einzigen Menschen, der mich so faszinierte und überzeugte, dass ich bereit war, ihm ein ganzes Buch zu widmen, und dieser Mann war – nun eben Bonhoeffer. Das amerikanische Original meiner Biografie über ihn erschien an seinem 65. Todestag.

Aus mehreren Gründen sprach das Buch viele Leser an und wurde ein Bestseller. Es hat zu einer Renaissance des Interesses an Bonhoeffer und seiner Arbeit geführt, wie ich mir es erträumt hätte und was mich mit tiefer Befriedigung erfüllt. Zu zwei US-Präsidenten bin ich eingeladen worden, und wo immer ich hingehe, bringt Bonhoeffers Geschichte die Menschen zum Nachdenken und ins Diskutieren. Und, was das Schönste ist, zum Handeln. Es ist eine erstaunliche und tiefgründige Geschichte, die nach wie vor Menschenleben berührt und verändert, und gerne stelle ich sie Ihnen hier in aller Kürze vor.

Dietrich Bonhoeffer wurde 1906 in eine Familie hineingeboren, die man nur als außergewöhnlich bezeichnen kann. Zu seinem Stammbaum gehörten väter- wie mütterlicherseits große Persönlichkeiten, Staatsmänner und Rechtsanwälte, Maler und Theologen. Besonders beeindruckend waren Bonhoeffers Eltern. Sein Vater, Karl Bonhoeffer, war ein wissenschaftliches Genie und in der ersten Hälfte des zwanzigsten Jahrhunderts der berühmteste Psychiater Deutschlands. Auch Bonhoeffers Mutter, Paula, war hochgebildet; sie war ausgebildete Lehrerin, zu einer Zeit, als dergleichen für eine Frau noch keineswegs normal war, und unterrichtete alle ihre acht Kinder, als sie noch klein waren, selbst zu Hause. Dietrich war der jüngste der vier Jungen. Seine Zwillingsschwester, Sabine, kam (womit er sie sein Leben lang aufzog) zehn Minuten nach ihm zur Welt.

Die acht Kinder waren nicht weniger bemerkenswert als ihre Eltern. Dietrichs ältester Bruder, Karl-Friedrich, wurde Physiker, der mit achtundzwanzig Jahren bereits außerplanmäßiger Professor an der Universität Berlin wurde und das für die Nukleartechnik wichtige »schwere Wasser« entdeckte. Der mittlere Bruder, Klaus, wurde Syndikus der Deutschen Lufthansa. Dietrichs Schwestern waren ebenfalls brillant und heirateten brillante Männer. Doch am meisten beeindruckte an den Bonhoeffer-Kindern, wie sie ihre Intelligenz einsetzten.

Karl Bonhoeffer schärfte seinen Kindern ein, dass kein noch so schöner IQ etwas nütze, wenn man sich nicht darin übe, klar und logisch zu denken. Für ihn als Wissenschaftler war dies von höchster Bedeutung. Es galt, den Fakten zu folgen und alles bis ans Ende durchzudenken. Schlampiges Denken jeder Art war tabu im Hause Bonhoeffer. Man überlegte es sich genau, wenn man bei Tisch etwas sagte, denn es wurde sofort unter die Lupe genommen. Diese frühe Denkschule war ein zentraler Faktor in der Erziehung der Bonhoeffer-Kinder und einer der Gründe dafür, dass Dietrich als Erwachsener die Menschen in seiner Umgebung so tief prägte.

Doch vielleicht noch wichtiger war, dass man in der Familie Bonhoeffer das, was man glaubte, auch auslebte. Nicht nur klares Denken war gefragt, sondern auch ein Denken, auf das Taten folgten. Wer nicht bereit war, das, woran er glaubte, zur Tat werden zu lassen, der glaubte es vielleicht in Wirklichkeit gar nicht … Schon als Junge begriff Dietrich, dass Ideen nicht bloße Hirngespinste waren, sondern die Grundlage, auf der man seine Handlungen und letztlich sein ganzes Leben baute. Es galt, seine Überzeugungen auf Herz und Nieren zu prüfen, weil das Leben von ihnen abhängen konnte. Dies galt in der Theologie ebenso wie in der Welt der Wissenschaft.

Die Bonhoeffers waren auch hochkultiviert. Alle lasen sie die Meisterwerke der Literatur, kannten große Gedichte auswendig und waren weitgereist. Sie waren auch musikalisch und gingen so oft wie möglich in Konzerte und in die Oper. Dietrich war ein kleines Musikgenie. Er spielte mehrere Instrumente, konnte direkt vom Blatt spielen und betätigte sich schon in jungen Jahren als Komponist und Arrangeur. Samstagabends kam die ganze Familie zum Singen und Musizieren zusammen – eine Familientradition, die viele Jahre andauern sollte.

Ansonsten war Dietrich ein typischer Junge, der manchmal etwas ausfraß oder sich mit Schulkameraden prügelte, doch meist reagierte er seine Energie auf positivere Art ab. Im Laufe der Jahre entwickelte er eine sportliche Ader; das einzige Filmdokument, das wir über ihn besitzen (ein zu Hause gedrehter Film, der nur ein paar Sekunden lang ist), zeigt ihn, wie er einen Ball wirft. Sie können die Szene in dem eindrucksvollen Bonhoeffer-Film unter der Regie von Martin Doblmeier ansehen.[124]

Wie die meisten seiner deutschen Zeitgenossen wuchs Dietrich in der evangelischen Landeskirche auf. In seiner Familie ging man zwar nicht regelmäßig zur Kirche, aber es herrschte doch eine christliche Atmosphäre. Dies war vor allem das Verdienst seiner Mutter, die ihren Kindern biblische Geschichten vorlas und Kindermädchen anstellte, die tiefgläubig waren. Bonhoeffers Vater scheint ein Agnostiker gewesen zu sein, der jedoch dem Glauben seiner Frau mit Respekt begegnete. Er unterstützte sie in ihrem Bemühen, die Kinder christlich zu erziehen, und war bei den Familienandachten, wo man aus der Bibel vorlas und Kirchenlieder sang, immer dabei.

Als Dietrich acht Jahre alt war, begann der Erste Weltkrieg. Die Bonhoeffers waren keine Ultranationalisten, aber sie hatten eine gesunde Dosis Patriotismus und trugen gerne das Ihre zur Verteidigung des Vaterlandes bei. 1917 erhielten Dietrichs älteste Brüder, Karl-Friedrich und Walter, den Einberufungsbefehl. Im April 1918 kam Walter an die Front. Die ganze Familie brachte ihn zum Bahnhof. Als der Zug abfuhr, lief seine Mutter noch neben ihm her und rief ihrem Jungen zu: »Uns trennt ja nur der Raum!«[125] Zwei Wochen später war das Undenkbare geschehen: Walter war tot. Es war ein furchtbarer Schlag für die Familie. Dietrichs Mutter erlitt offenbar einen Nervenzusammenbruch. Wochenlang war sie bettlägerig und wohnte bei guten Nachbarn, und erst nach mehreren Jahren war sie wieder ganz sie selbst. Dietrich hat dies tief geprägt.

Etwa ein Jahr nach Walters Tod, mit 13 Jahren, traf Dietrich die große Schlüsselentscheidung seines Lebens: Er wollte Theologe werden. Nicht viele Dreizehnjährige wissen schon, was sie später einmal werden wollen, und die, die es wissen, wollen selten in die Theologie! Die Bonhoeffers waren eine gebildete Familie, in welcher der Wunsch, einen Akademikerberuf zu ergreifen, etwas völlig Normales war – aber es gab Grenzen. Ausgerechnet Theologie? Dietrichs Vater hegte ernste Bedenken. Auch seine älteren Brüder und Schwestern, die ihn fleißig aufzogen. Aber Dietrich ließ sich nicht erschüttern. Er hatte sich die Sache gut überlegt und begegnete den geschwisterlichen Spötteleien und skeptischen Fragen mit ruhiger Entschlossenheit.

Mit seinem Berufswunsch trat Dietrich in die Fußstapfen der mütterlichen Linie der Familie. Sein Großvater mütterlicherseits war Theologe gewesen, sein Urgroßvater mütterlicherseits, Karl August von Hase, sogar ein berühmter Theologe. Als Dietrich studierte, verwendete man immer noch dessen dogmengeschichtliches Lehrbuch, sein Denkmal steht heute – nach Abriss durch die Nazis kurz vor Kriegsende – wieder in Jena.[126] Bonhoeffers Mutter dürfte die theologischen Ambitionen ihres Jüngsten durchaus gebilligt haben.

Mit 14 Jahren kam Dietrich in den Konfirmandenunterricht der evangelischen Kirche seines Viertels. Am Ende des Unterrichts gab der Pastor jedem seiner Schüler einen Bibelvers mit auf den Weg. Viele Jahre später erinnerte sich eine ältere Frau, die in der gleichen Konfirmandengruppe gewesen war wie Dietrich Bonhoeffer, dass sie denselben Bibelvers bekommen hatte wie er: »Selig ist der Mann, der die Anfechtung erduldet; denn nachdem er bewährt ist, wird er die Krone des Lebens empfangen, die Gott verheißen hat denen, die ihn lieb haben« (Jakobus 1,12; Luther).

Mit 17 Jahren, 1923, schrieb sich Dietrich als Student an der Universität in Tübingen ein. Im Winter lief er manchmal Schlittschuh, wobei er einmal bei einem Sturz so unglücklich mit dem Kopf aufschlug, dass er einige Zeit bewusstlos war. Als sein Vater davon erfuhr, reiste er zusammen mit der Mutter sofort nach Tübingen. Der Gehirnexperte Karl Bonhoeffer wusste um die Risiken einer längeren Bewusstlosigkeit, und seitdem ihr geliebter Walter im Krieg gefallen war, drängte es die Bonhoeffers besonders, in der Nähe ihrer Kinder zu sein, wenn sich diese in Gefahr befanden.

Zu aller Erleichterung hatte Dietrich nur eine Gehirnerschütterung und genas rasch. Seinen 18. Geburtstag konnten die Eltern während ihres spontanen Besuches gleich mitfeiern. In diese Zeit fiel auch Dietrichs Idee einer längeren Reise nach Rom. Er hatte im Laufe der Jahre im Rahmen seiner klassischen Bildung so viel über Rom gelesen und war in seinen Gedanken so oft dorthin gereist, dass der Plan, jetzt tatsächlich dorthin zu fahren, ihn mit einer ungeheuren Vorfreude erfüllte. Seine Eltern waren weniger begeistert, willigten aber schließlich ein, unter der Bedingung, dass sein älterer Bruder Klaus ihn begleite. Im Frühjahr 1924 war es so weit.

Dietrich wusste, dass es eine ebenso angenehme wie lehrreiche Reise werden würde, aber er wusste nicht, wie wichtig sie für seine Zukunft werden würde. Denn dort in Rom dachte er zum ersten Mal ernsthaft über die Frage nach, die sein Denken für den Rest seines Lebens prägen sollte: Was ist die Kirche?

Die Frage packte ihn das erste Mal am Palmsonntag, als er einer Messe im Petersdom beiwohnte. Obgleich nicht selbst Katholik, hatte Bonhoeffer großen Respekt vor der katholischen Kirche und ging während seiner Romreise in viele katholische Gottesdienste. Doch an jenem Palmsonntag sah er zum ersten Mal in seinem Leben, wie Menschen jeder Rasse und Hautfarbe gemeinsam die Eucharistie feierten. Es war wie eine Offenbarung. Auf einmal sah er die Kirche als etwas Universales und Ewiges, etwas, das weit über Deutschland und die Nationalkirchen hinausging. Und er erkannte: Alle, die den Namen Jesu Christi anriefen, waren ja seine Brüder und Schwestern, auch wenn sie in allen anderen Dingen anders waren als er. Dieser Gedanke sollte weitreichende Konsequenzen für ihn haben, vor allem nach der Machtergreifung der Nationalsozialisten. Doch dieser Tag lag noch in der Zukunft.

Aus Rom zurückgekehrt, studierte Bonhoeffer nicht in Tübingen weiter. Stattdessen schrieb er sich an der Universität Berlin ein, in den 1920er-Jahren die weltweit renommierteste Universität für ein Theologiestudium. Hier hatte in der ersten Hälfte des 19. Jahrhunderts der legendäre Friedrich Schleiermacher gelehrt, und hier lehrte noch der bereits zu seinen Lebzeiten legendäre Adolf von Harnack. Bonhoeffer studierte unter anderem bei ihm. Er kannte ihn gut; oft fuhren die beiden zusammen zur Universität. Bonhoeffer war kein liberaler Theologe wie Harnack, aber er respektierte ihn und die übrigen Liberalen an der Universität Berlin und lernte viel von ihnen. Sein ganzes Leben lang hatte Bonhoeffer keine Angst davor, von Menschen zu lernen, mit denen er nicht einer Meinung war.

Mit ganzen 21 Jahren erwarb Bonhoeffer seinen Doktortitel in der Theologie. In seiner weiteren wissenschaftlichen Arbeit war die Frage, die er auf höchstem theologischem und akademischem Niveau stellte und beantwortete, die gleiche, die ihm an jenem Palmsonntag in Rom gekommen war: Was ist die Kirche?

Auf der Suche nach der Antwort auf diese Frage entdeckte Bonhoeffer, dass er nicht nur über die Kirche nachdenken, sondern auch in ihr arbeiten wollte. Es genügte ihm nicht, Universitätstheologe zu sein; er wollte ein ordinierter evangelischer Pastor werden. Doch im damaligen Deutschland war eine Ordination erst mit 25 Jahren möglich, und so begab sich der 22-Jährige nach Barcelona, um dort ein Jahr lang als Vikar in einer deutschen Gemeinde zu arbeiten. Zwei Jahre später, nach seinem zweiten theologischen Examen und der Habilitation, fuhr er in die USA, zu einem Studienaufenthalt am *Union Theological Seminary* in New York.

Da er drei Jahre zuvor an der renommierten Universität Berlin seinen theologischen Doktor gemacht hatte, kann man davon ausgehen, dass Bonhoeffer nicht in erster Linie zur akademischen Weiterbildung nach New York ging, sondern eher, um seinen kulturellen Horizont zu erweitern. Doch was er dann während seiner neun Monate in Amerika erlebte, war weit mehr als eine Erweiterung des kulturellen Horizontes.

Den Anstoß gab seine Freundschaft, die er mit einem schwarzen Mitstudenten namens Frank Fisher schloss, der aus Alabama stammte. Fisher beteiligte sich im Rahmen seines Studiums am Union Theological Seminary an einem Sozialarbeitsprojekt in der *Abyssinian Baptist Church* in Harlem, und eines Herbstsonntags im Jahre 1930 lud er Bonhoeffer zu einem Gottesdienst dort ein. Bonhoeffer sagte begeistert zu.

Die Abyssinian Baptist Church war die damals größte Kirchengemeinde in den USA, und was Bonhoeffer an diesem Sonntag erlebte, warf ihn schier um. In dieser riesigen »Negerkirche« erfüllten die Menschen nicht ihre Sonntagspflichten, nein, diese Leute hier nahmen ihren Glauben wirklich ernst. Für die meisten von ihnen war das Leben hart, und der Gott, den sie anbeteten, war keine philosophische oder theologische Idee, sondern eine reale Person. Was Bonhoeffer an diesem Morgen erlebte, ging ihm so unter die Haut wie noch kein Gottesdienst, den er bisher erlebt hatte. Die Lieder, die Predigt – alles war voller Kraft und Leidenschaft. Der Pastor, Adam Clayton Powell sen., rief seine Zuhörer auf, nicht nur eine echte, lebendige Herzensbeziehung zu Jesus zu beginnen, sondern auch danach zu leben, indem sie für die Armen sorgten und all das taten, was Jesus seinen Jüngern aufgetragen hatte.

Der 24-Jährige aus bestem Hause war von diesem Morgen so ergriffen, dass er beschloss, hinfort jeden Sonntag nach Harlem in den Gottesdienst zu gehen. Ein blonder Berliner Akademiker mit Brille in einer schwarzen Gemeinde in Harlem besaß Seltenheitswert, aber in den folgenden Monaten sah man Bonhoeffer oft dort. Er unterrichtete sogar eine Sonntagsschulklasse. Er nahm am Leben der Gemeindeglieder teil und begann, sich für das damals zaghaft aufkommende Thema der Menschenrechte zu interessieren. Vielleicht zum ersten Mal in seinem Leben zog er eine Verbindung zwischen einem tiefen Glauben an Jesus und politischem und gesellschaftlichem Engagement. Ihm war schon lange klar gewesen, dass echter Glaube an Jesus über alles philosophische und theologische Denken hinaus zur Tat führen und sich im wirklichen Leben auswirken musste, doch der tiefe Glaube dieser schwarzen New Yorker Christen und ihr Kampf um Gleichheit halfen ihm, dies in einem neuen Licht zu sehen.

Wie allgemein bekannt, übertrug er später, wieder in Deutschland, die Einstellung, die er hier in den USA erlebt hatte, auf seine Einstellung zu den Juden; aber möglicherweise noch nicht in New York. Den Juden in Deutschland ging es, ganz anders als den Schwarzen in New York, wirtschaftlich und kulturell scheinbar bestens. Noch war Hitler nicht Reichskanzler, und niemand konnte sich die Schrecken seiner »Endlösung der Judenfrage« vorstellen.

Doch eine Episode aus Bonhoeffers Zeit in New York zeigt vielleicht, dass Gott schon damals wusste, welch wichtige Rolle Bonhoeffer bald für die Juden in Deutschland spielen würde. Zu Ostern 1931 (das einzige Osterfest, das er in Amerika verbrachte) wollte Bonhoeffer eigentlich einen der großen Ostergottesdienste besuchen. Zu spät erfuhr er, dass diese Gottesdienste so überfüllt waren, dass man sich rechtzeitig eine Eintrittskarte hätte sichern müssen. Was tun? Nun, Dietrich suchte die *Carnegie Hall* auf, in der sonntags immer der berühmte Rabbi Wise predigte, der so viele Menschen anzog, dass die übrigen New Yorker Synagogen zu klein für ihn waren. Er war tief beeindruckt von der »ungeheuer wirkungsvollen Predigt«, wie er der Großmutter nach Berlin schrieb, »über die Korruptionszustände in New York«, angesichts derer Rabbi Wise die jüdische Gemeinde aufforderte, »die City of God zu bauen, zu der dann der Messias wahrhaft kommen könne«[127].

Was Bonhoeffer während seines neunmonatigen Amerikaaufenthaltes erlebte, prägte ihn zutiefst. Als er im Sommer 1931 nach Deutschland zurückkehrte, merkten seine Freunde bald, dass er anders geworden war. Er schien seinen Glauben plötzlich viel ernster zu nehmen. Sie kannten seinen klaren, gesunden Verstand, doch jetzt schien sein Herz auf eine Art beteiligt zu sein, die man früher nicht an ihm gekannt hatte.

Nach Berlin zurückgekehrt, wurde Bonhoeffer Privatdozent an der theologischen Fakultät der Universität – und sagte alsbald Dinge, die man in den Berliner Theologenkreisen nicht gewöhnt war. So nannte er die Bibel das »Wort Gottes«, gerade so, als ob Gott tatsächlich lebendig war und durch die Bibel zu uns reden wollte. Der Sinn des Studiums des biblischen Textes, so Bonhoeffer, lag letztlich darin, zu dem Gott, der hinter diesem Text stand, vorzudringen. Dies konnte niemals ein rein intellektuelles Unterfangen sein,

In der gesamten Menschheitsgeschichte spielen Vorbilder eine große Rolle. OBEN: John Fox würdigt in seinem Buch über Märtyrer (Holzschnitt, 1563) die Standhaftigkeit von Erzbischof Thomas Cranmer, der für sein evangelisches Bekenntnis verbrannt wurde. Der Schriftzug links oben m Bild lautet »L. Receive my Spirit.« (»Herr, nimm meinen Geist auf.«) UNTEN: Ein Gemälde von Michele da Verona um 1500 illustriert eine Szene im Leben von Coriolanus, schon in der Antike von Plutarch erzählt: Der Feldherr verschont die Stadt Rom auf Bitten seiner Frau, seiner Mutter und seiner Kinder.

»Hier stehe ich, ich kann nicht anders. Gott helfe mir. Amen.« Mit diesen Worten soll sich Luther verteidigt haben. Paul Thumann bannte diese Szene drei Jahrhunderte später auf die Leinwand (Ölgemälde, 1872: »Luther auf dem Reichstag in Worms«). Das obere Bild zeigt das bekannte Cranach-Porträt von 1528.

Erst nach jahrelangem Kampf trug Wilberforce' Einsatz Früchte: 1807 wurde der Sklavenhandel abgeschafft. OBEN: Wilberforce mit dem Gesetzestext in der Hand (Gemälde von William Lane, 1746–1819). UNTEN: Eine Parlamentsdebatte 1793 im britischen Unterhaus; Wilberforce sitzt hinter dem links stehenden Redner in der 2. Reihe, gleich rechts von der Emporenstütze.

Nicht, weil er 1924 in Paris Gold gewann (Bilder oben und unten), wurde Eric Liddells Geschichte verfilmt. Hatte er doch vielmehr seine Medaille riskiert – durch seine Weigerung, nicht am Sonntag, dem »Tag des Herrn«, anzutreten. Der Kinofilm »Die Stunde des Siegers« erzählt dieses olympische Erlebnis so überzeugend, dass er vier Oskars einheimste.

»Höchstes Fest auf dem Wege zur ewigen Freiheit«, so bezeichnet Dietrich Bonhoeffer den Tod in einem Gedicht. Noch in den letzten Kriegstagen wurde der Pastor und Doppelagent hingerichtet – für seinen Widerstand gegen die Nazis. Die obere Aufnahme zeigt ihn als Theologiestudenten 1924, die untere im Gespräch mit Teilnehmern auf der ökumenischen Konferenz in Fanö.

Am 18. April 1946 spielte Jackie Robinson als erster Schwarzer in der US-amerikanischen Profiliga Baseball. Trotz vieler Demütigungen suchte er keine Vergeltung, um durch sein freundliches Auftreten eine Lanze für seine schwarzen Landsleute zu brechen. Drei Jahre später wurde er als bester Spieler der Liga ausgezeichnet (untere Aufnahme, mit dem Team der *Brooklyn Dodgers*).

Papst Johannes Paul II., mit bür-
gerlichem Namen Karol Wojtyla,
überraschte immer wieder. Im De-
zember 1983 besuchte er Mehmet
Ali Agča, der 1981 ein Attentat
auf ihn verübt hatte. In Agčas Zelle
sprach er ihm seine Vergebung zu.
Im Alter beeindruckte der Papst
die Menschen durch seinen offe-
nen Umgang mit der parkinson-
schen Krankheit. Das obere Bild
entstand fünf Jahre vor seinem Tod.

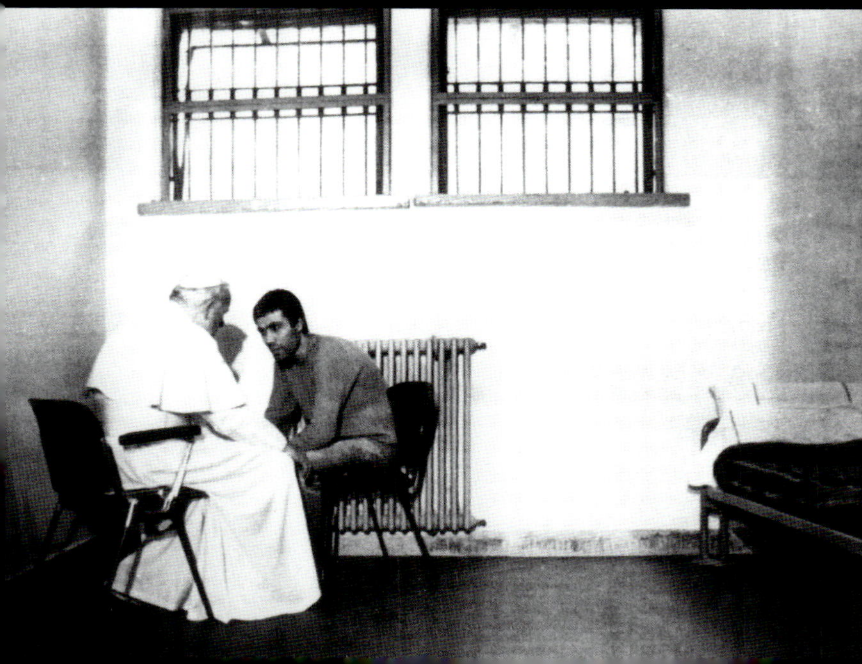

Einst beriet Charles Colson Präsident Nixon, dann wurde ihm die Watergate-Affäre zum Verhängnis. 1972 hatten die Republikaner versucht, Abhörwanzen in den Büros der Demokraten im Watergate-Gebäude zu installieren (Aufnahme unten um 1972/73). In dieser Krise wandte sich Colson dem christlichen Glauben zu und setzte sich nach seiner Haftzeit weltweit für Gefangene ein.

sondern musste zu einem persönlichen Ergriffensein werden – wie bei den afroamerikanischen Christen in der Abyssinian Baptist Church in New York City. Bonhoeffer veranstaltete auch Einkehrtage mit seinen Studenten und zeigte ihnen, wie man betete. Einer seiner Studenten erinnert sich, wie Bonhoeffer ihn einmal fragte: »Lieben Sie Jesus?«

Bonhoeffer war nicht mehr der alte. Doch auch Deutschland nicht. Vor Bonhoeffers Amerika-Aufenthalt war die NSDAP politisch unbedeutend gewesen; im Reichstag bildete sie lediglich die neuntgrößte Partei. Als er 1931 zurückkehrte, war sie zur zweitgrößten Partei aufgestiegen und wurde mit jedem Tag stärker.

Bonhoeffer erkannte die Sturmwolken am Horizont und sprach in seinen Seminaren darüber. Er scheute sich nicht, Sätze zu sagen wie: »Unter den Menschen in Deutschland wuchs die Erwartung, dass das Heil von Hitler kommen würde. Aber in [Bonhoeffers] Vorlesungen hörten wir, dass das Heil allein durch Jesus Christus kommt.«[128] Es war ein mutiger Satz, weil damals viele Deutsche anfingen, in Hitler ihren Erlöser zu sehen – den Mann, der sie aus dem Tränental der letzten Jahre herausführen würde.

Und wer konnte schon ahnen, was Deutschland unter Hitler blühte? Er präsentierte sich als Mann der Mäßigung und des Friedens, der dem deutschen Volk ergeben war, ja, der öffentlich behauptete, »Gottes Willen« zu folgen. Er versprach den Deutschen, sie aus der Hölle der Wirtschaftskrise, in die sie geraten waren, herauszuführen, und sie freizumachen von der Schmach der Niederlage im Ersten Weltkrieg.

Hitler machte sich die damals in Deutschland populäre »Dolchstoßlegende« zunutze, nach der Deutschland den Krieg nicht auf dem Schlachtfeld verloren hatte, sondern durch Verrat von innen. Hitler wusste auch, wer die Verräter waren: die von ihm oft in einem Atemzug erwähnten Kommunisten und Juden, und die Lösung bestand mithin darin, Deutschland von diesen Verrätern zu säubern. Hitler stellte sich auch als Erlöser aus der Schande des von den Alliierten erzwungenen Versailler Friedensvertrages dar, in welchem diese Deutschland unerträgliche Bedingungen auferlegt hatten. Die Deutschen verspürten damals einen tief sitzenden, bitteren Groll gegenüber den anderen europäischen Mächten, besonders gegenüber Frankreich.

Hitler spielte auf diesen Problemen und Befindlichkeiten wie ein Virtuose auf dem Klavier, mit dem Ergebnis, dass der deutsche Normalbürger nur zu bereit war, ihm eine Chance zu geben. Und was konnte denn noch schlimmer sein als das, was Deutschland hinter sich hatte?

Doch Bonhoeffer sah, dass es durchaus noch schlimmer kommen konnte. Die Nationalsozialisten würden Deutschland in eine noch tiefere Finsternis führen. Bonhoeffer war eine der wenigen warnenden Stimmen.

Bonhoeffers erste Gelegenheit, auf einer größeren Bühne seine Stimme zu erheben, kam kurz nachdem Hitler Ende Januar 1933 Reichkanzler geworden war. Nur zwei Tage danach hielt Bonhoeffer eine berühmt gewordene Rundfunkansprache, in der er das sogenannte »Führerprinzip« untersuchte, eine der vielen halbbackenen ideologischen Vorstellungen, die Hitler die Machtergreifung erleichtert hatten.

Das Führerprinzip besagte, Deutschland brauche, um aus dem Morast der Weimarer Republik herauszukommen, einen starken Führer. Dies schien einleuchtend. Hatte Deutschland nicht vor dem Ersten Weltkrieg einen solchen Führer in der Person des Kaisers gehabt, und war nicht alles schiefgelaufen, als das Land den Krieg verloren hatte und die Alliierten darauf bestanden, dass der Kaiser abdankte?

Die Siegermächte hatten Deutschland ein demokratisches System aufgezwungen, aber ohne demokratische Tradition wussten die Deutschen schlicht nicht, wie man ein Land demokratisch regierte. Die Weimarer Republik schien wie ein Schiff ohne Kapitän, und die Folgen waren furchtbar. Die Menschen standen Schlange vor den Suppenküchen, die Arbeitslosigkeit schnellte nach oben, die Parteien bekämpften sich bis aufs Messer. War nicht alles besser gewesen unter dem guten, starken alten Kaiser? Wäre ein neuer starker Mann nicht besser als das Weimarer Elend? Die Nazis verstanden es perfekt, auf dieser Welle zu reiten. Hier war die Lösung für alle Probleme Deutschlands, und sie hieß – Adolf Hitler! Er war der Führer, der Deutschland mit starker Hand zurück zu Ruhm und Ehre bringen würde …

Doch – und das war der Haken an der Sache – Hitlers Führerkonzept hatte rein gar nichts mit echtem Führen zu tun, und dies unterstrich Bonhoeffer in seiner Rundfunkansprache. Er erklärte, dass jede echte Autorität notwendigerweise einer höheren Autorität – also Gott – untertan sein müsse und dass ein guter Führer ein Diener der Geführten sei.

Diese Definition war das genaue Gegenteil des Führerprinzips, wie es sich in Hitler verkörperte. Damit stellte Bonhoeffer sich gerade einmal zwei Tage nach Hitlers Machtergreifung gleichsam öffentlich gegen dessen perverse Vorstellung vom Führen. Bonhoeffer erklärte mit seinem Vortrag, wenn auch ohne Hitlers Namen zu nennen: Der Führergötzendienst, zu dem Hitler die Deutschen anstachelte, machte ihn nicht zu einem Führer, sondern zu einem Ver-Führer[129]. Er würde das deutsche Volk verführen, und die Folgen wären furchtbar.

Irgendwie sah Bonhoeffer gleich am Anfang, was kein anderer zu sehen schien – dass Hitler und die Ideologie, für die er stand, ein Ende mit Schrecken nehmen würden und dass Nationalsozialismus und Christentum miteinander unvereinbar waren.

Die Deutschen wussten noch nicht, dass Hitler das Christentum zutiefst verachtete. Er hielt es für eine dekadente Religion der Schwäche, die er lieber heute als morgen los wäre. Offen sagen konnte er das natürlich nicht, da die meisten Deutschen mit Recht dachten: Wer das Christentum hochhält, kann nicht schlecht und gefährlich sein. Und so gab er sich in der Öffentlichkeit einen christlichen Anstrich, um seine politische Macht nicht aufs Spiel zu setzen.

Hitlers Strategie gegenüber der Kirche sah vor, sie von innen heraus mit der nationalsozialistischen Ideologie zu unterwandern und so auch in ihr die Macht zu übernehmen. Sein Ziel war eine staatliche Einheitskirche, die letztlich allein ihm unterstand, aber dieses Ziel würde er nicht abrupt ansteuern, sondern Schritt für Schritt, damit niemand merkte, wohin die Reise ging. Den Deutschen sollte es wie dem sprichwörtlichen Frosch im Kochtopf gehen, bei dem man die Temperatur ganz allmählich höher dreht, bis es zu spät für ihn ist, um aus dem Topf herauszuspringen.

Bonhoeffer versuchte, seine Mitchristen vor Hitlers Absichten zu warnen. Er hatte nicht nur einen brillanten Intellekt und von seinem Vater die Kunst des logischen Denkens gelernt, er schien auch eine Art siebten Sinn dafür zu haben, was sich hier in Deutschland anbahnte. Seine persönliche Gottesbeziehung und sein tiefes Studium der Bibel ließen ihn das sehen, was sein bloßer Intellekt nicht sehen konnte, und so wurde er zu einer der führenden prophetischen Stimmen der Kirche seiner Zeit.

Bonhoeffer war klar, dass die wahren Christen in Deutschland sich gegen die nazifizierte Staats»kirche« Hitlers zur Wehr setzen und mit allem, was sie hatten, kämpfen mussten, solange man noch kämpfen konnte. Einen Großteil seines Lebens widmete er dem Versuch, die schlafende Kirche, die eine leichte Beute der Nazis war, aufzuwecken. Mit vollem Einsatz versuchte er, anderen klarzumachen, dass sie die Nationalsozialisten daran hindern mussten, den Christen in Deutschland ihre Ideologie überzustülpen.

Im Zentrum des Kampfes stand die nationalsozialistische Vorstellung, dass man die Welt durch die Brille der Rasse sehen müsse. Deutschland solle »rassisch rein« werden; folglich gelte es, die deutsche Kirche von allem »Jüdischen« zu »säubern«. Für Bonhoeffer war dies absurd. Jesus war Jude gewesen, die meisten der ersten Christen ebenso. Der ganze Glaube ruhte auf jüdischen Fundamenten, und ihn von allem Jüdischen zu säubern, hieß nicht weniger, als ihn zu zerstören. Was genau das Ziel der Nazis war.

Einer von Bonhoeffers engsten Freunden, Franz Hildebrandt, war Halbjude, aber seine Familie war zum christlichen Glauben konvertiert und er war ordinierter evangelischer Pastor. Das nationalsozialistische Verständnis von einer »deutschen« Kirche erforderte es, dass alle ethnisch jüdischen Personen diese zu verlassen hatten. Bonhoeffer wusste, dass Gott nicht die ethnische Herkunft eines Menschen ansieht, sondern sein Herz. Bonhoeffer und andere Pastoren verließen schließlich die zusehends nazifizierte offizielle deutsche evangelische Kirche und bildeten die sogenannte »Bekennende Kirche«.

Bonhoeffer war vielleicht der Erste unter seinen Landsleuten, der erkannte, dass die Christen die Pflicht hatten, für die zu reden, die nicht selbst reden konnten, und »Stimme der Stummen« zu sein. Im nationalsozialistischen Deutschland waren die »Stummen« die Juden. Einmal spitzte Bonhoeffer diesen Gedanken zu: »Nur wer für die Juden schreit, darf auch gregorianisch singen.«[130] Will sagen: Wenn wir nicht mutig das tun, was Gott uns zu tun heißt, lassen all unsere Gottesdienste und unsere öffentliche Frömmigkeit Gott kalt. Wer Gott Loblieder singt, aber nicht seinen Willen tut, ist ein Heuchler. Viele waren damals empört über Bonhoeffers Unverblümtheit, doch dieser ließ nicht locker. Er stellte klar, dass Jesus »nur ›für andere da ist‹«[131], und Jesus nachfolgen hieß, sich einzusetzen für die Würde jener Menschen, die anders sind als wir.

Die Bildung der Bekennenden Kirche stellte einen gewissen Erfolg für alle im biblischen Glauben verwurzelten Christen in Deutschland dar. Doch Bonhoeffer war nicht so optimistisch wie viele andere. Er schien zu spüren, dass trotz der Etappensiege, die man errungen hatte, der Kampf nicht gut enden würde. Er hatte den Eindruck, dass die meisten Christen in Deutschland (auch die in der Bekennenden Kirche) sich nicht klarmachten, was wirklich auf dem Spiel stand, und nicht bereit waren, wirklich mit ganzem Einsatz gegen den Nationalsozialismus zu kämpfen. Sie schienen zu glauben, dass man schon irgendwie zu einer vernünftigen Lösung kommen würde. Aber Bonhoeffer wusste: Wenn die Christen in Deutschland nicht bald aufwachten und erkannten, was für eine Pflanze des Bösen da in ihrer Mitte aufwuchs, und wenn sie nicht alles täten, um sie auszureißen, wäre alles verloren.

Ein anderer, der die Zeichen der Zeit erkannte, war Martin Niemöller, Bonhoeffers Freund und Mitstreiter in der Bekennenden Kirche. Aber als er es erkannte, war es schon zu spät. Seine selbstkritischen Worte, die er später darüber äußerte, sind berühmt geworden:

Als die Nazis die Kommunisten holten,
habe ich geschwiegen,
ich war ja kein Kommunist.

Als sie die Sozialdemokraten einsperrten,
habe ich geschwiegen,
ich war ja kein Sozialdemokrat.

Als sie die Gewerkschafter holten,
habe ich geschwiegen,
ich war ja kein Gewerkschafter.

Als sie mich holten,
gab es keinen mehr,
der protestieren konnte.[132]

Im Jahre 1935 wurde Bonhoeffer von anderen in der Bekennenden Kirche gebeten, ein (illegales) Predigerseminar zu leiten. Dort in Finkenwalde würde er seine Schüler nicht nur zu Pfarrern, sondern zu echten, gehorsamen Jüngern Jesu Christi ausbilden. Die Jahre in Finkenwalde kann man als die goldenen Jahre im Leben Bonhoeffers bezeichnen. Sie haben ihren Niederschlag in seinem Buch *Gemeinsames Leben* gefunden, in dem er darlegt, was es bedeutet, in einer christlichen Gemeinschaft zu leben, die die Bergpredigt ernst nimmt. Er hielt seine Seminaristen zu einem persönlichen Frömmigkeitsleben an, zu dem auch tägliches Beten und Stille Zeit mit der Bibel gehörten.

Manche der konservativeren Kirchenmänner reagierten beunruhigt auf die Nachrichten über Bonhoeffers Experiment christlicher Gemeinschaft in Finkenwalde. Doch Bonhoeffer fand, dass man, wollte man wirklich das Böse bekämpfen, den Christen beibringen müsse, richtig zu beten, Gott zu dienen und ein Leben im Licht der Bibel zu führen. Es ging nicht nur um die richtige Lehre und Theologie, es ging um das wirkliche Leben. Bonhoeffer war hier in gewissem Sinne ein Einzelkämpfer. Er half den jungen Seminaristen, im Glauben zu wachsen.

Die Gestapo schloss Finkenwalde schließlich als »illegales Seminar«, das sich öffentlich gegen die Politik des Dritten Reiches gewandt hatte. Doch Bonhoeffer unterrichtete die jungen Männer über weitere Jahre, jetzt sozusagen im Untergrund, weit weg von den neugierigen Augen der Gestapo. Die Studenten wohnten bei Pastoren in der Region und versammelten sich heimlich, unbeobachtet von der Umgebung. Mal traf man sich im Bauernhof X, mal im Pfarrhaus Y. Lange war die Gestapo außerstande, das Verfahren zu durchschauen. Aber die Nazis waren für ihre unerbittliche Gründlichkeit berüchtigt, und eines Tages schlossen sie auch diese sogenannten »Sammelvikariate«.

Ende der 1930er-Jahre begannen Bonhoeffers Möglichkeiten, Gott in Deutschland ganz offen zu dienen, sich in nichts aufzulösen. Mit immer neuen Gesetzen und Vorschriften engten die Nationalsozialisten die Freiheit und die Spielräume aller Deutschen, vor allem aber der bekennenden Christen, immer weiter ein. Die Schlinge um Bonhoeffer zog sich zusehends zusammen. Erst verboten ihm die Nazis, öffentlich zu lehren und öffentliche Vorträge zu halten, und schließlich verhängten sie ein Publikationsverbot gegen ihn. Das Druck- und Veröffentlichungsverbot stand zwar nicht im direkten Zusammenhang damit, aber immerhin: Bonhoeffer hatte es gewagt, im Jahr 1940 ein Heft über die Psalmenauslegung zu veröffentlichen. Die Nazi-Ideologen, die die deutsche Kirche von allem »Jüdischen« reinigen wollten, empfanden auch die Psalmen, ja überhaupt das ganze Alte Testament als zu jüdisch. Uns Heutigen mag diese Einstellung absurd, ja komisch vorkommen; den »Deutschen Christen« war es todernst damit.*

---

* Mithilfe der »Glaubensbewegung Deutsche Christen« wollte Adolf Hitler sein Ziel erreichen, die Kirchen im Sinne der nationalsozialistischen Ideologie gleichzuschalten. Die »Deutschen Christen«, abgekürzt DC, wurden von der Bekennenden Kirche manch-

1938 und 1939 zogen Kriegswolken am Horizont auf. Bonhoeffer wusste, dass er, falls es wirklich zu einem Krieg kam, aus Gewissensgründen außerstande wäre, für Hitler zu kämpfen. Bonhoeffer war kein Pazifist im heutigen Sinne. Aber der Krieg, den Hitler Europa und der Welt zu bringen drohte, war für ihn kein im christlichen Sinne gerechter Krieg; er war kein letztes Mittel zur nationalen Verteidigung, sondern ein reiner Aggressionsakt. Er betete ernsthaft zu Gott, ihm zu zeigen, was er machen solle. Im Dritten Reich war eine Kriegsdienstverweigerung aus Gewissensgründen nicht möglich. Öffentlich gegen Hitlers Krieg Stellung nehmen, wollte Bonhoeffer aber auch nicht; als bekannte Persönlichkeit der Bekennenden Kirche konnte er mit einer solchen Aktion die anderen in der Bekennenden Kirche in große Schwierigkeiten bringen. Wie sollte er es anstellen, nicht Soldat zu werden, aber auch nicht seine Brüder in der Bekennenden Kirche in Gefahr zu bringen?

Die Lösung, die er schließlich fand, bestand darin, wieder nach Amerika zu gehen, vielleicht als Dozent am Union Theological Seminary oder einer anderen Universität. Wenn jemand in Amerika ihn einlüde und er vor Ausbruch des Krieges in die USA führe, wäre er anschließend gezwungen, bis zum Ende des Krieges jenseits des Atlantiks zu bleiben und abzuwarten. Der berühmte amerikanische Theologe Reinhold Niebuhr ließ seine Beziehungen spielen, und Bonhoeffer erhielt eine offizielle Einladung vom Union Theological Seminary, wo Niebuhr damals Professor war. Man leitete das Nötige in die Wege, und Anfang Juni 1939 machte Bonhoeffer sich erneut auf den Weg nach Amerika.

Doch kaum hatte er das Schiff bestiegen, kamen ihm Bedenken. War das, was er hier machte, wirklich Gottes Wille? Er ging wieder ernsthaft ins Gebet. In meiner Bonhoeffer-Biografie habe ich ausführlich aus Bonhoeffers Tagebucheinträgen und Briefen aus dieser Zeit zitiert. Es sind Aufzeichnungen von unschätzbarem Wert, zeigen sie uns doch, wie Bonhoeffer in dieser

---

mal in Anführungszeichen gesetzt, um zu zeigen, dass es sich nicht um die Gesamtheit der deutschen Christen handelt, sondern um eine einzelne Gruppe.

kritischen Lage um den richtigen Weg rang. Ganz offensichtlich ging er davon aus, dass der Gott der Bibel durch die Bibel zu ihm reden würde; jeden Tag las er die Tageslosung und betete darüber, im Vertrauen darauf, dass Gott ihn führte.

In New York angekommen, fühlte Bonhoeffer sich nicht ruhiger. Im Gegenteil: Er fühlte sich einsam und wie im falschen Film. Was machte er hier in Amerika, wenn über seinem Volk die Lichter auszugehen drohten? Und er kam zu dem ehrlichen Schluss, dass Gott wollte, dass er zurück nach Deutschland ging und seinen Landsleuten zur Seite stand, komme, was da wolle. Er wusste, dass er sich in Gefahr begab, ja vielleicht in Lebensgefahr, aber er fuhr zurück.

Er verließ New York am 7. Juli, nur 26 Tage nachdem er angekommen war. Um Mitternacht fuhr das Schiff unter einem vollen Mond aus dem Hafen von New York hinaus. Seine Freunde in Deutschland verstanden die Welt nicht mehr, als sie ihn wiedersahen. Was wollte er hier? Was hatte es für Mühe gekostet, ihn in Sicherheit zu bringen, damit er eines Tages, wenn alles vorbei war, unter günstigeren Umständen zurückkommen und Deutschland nützlich sein konnte! Bonhoeffer, direkt wie immer, erwiderte, dass er einen Fehler gemacht hatte[133], aber damit war die dringende Frage, was er denn nun in Deutschland machen sollte, natürlich nicht beantwortet.

Um Bonhoeffers weiteren Weg verstehen zu können, müssen wir wissen, dass seine Familie bereits seit Jahren an den Verschwörungsplänen gegen Hitler beteiligt war. Schon 1933, kurz nach der Machtergreifung, hatte man sich heimlich darüber unterhalten, wie man gegen Hitler vorgehen könne. Die Bonhoeffers hatten beste Beziehungen zu den höchsten Kreisen in Berlin und auch zu etlichen Schlüsselpersonen in den späteren Komplotten gegen Hitler. Dietrich war bei diesen Gesprächen oft beteiligt; mehr als ein Mal gab er den Verschwörern moralische Rückendeckung und solide theologische Begründungen für ihr Vorgehen gegen den deutschen »Führer«.

Für die meisten Deutschen war es undenkbar, sich gegen Hitler zu stellen, geschweige denn, gewaltsam gegen ihn vorzugehen. Doch Bonhoeffer hatte das Problem viel tiefer durchdacht als die meisten anderen. Er war davon überzeugt, dass der, der sich nicht ohne Wenn und Aber auf die Seite der Verfolgten stellte, Gottes Auftrag verriet, den Glauben in Taten konkret werden zu lassen. Hier die Hände in den Schoß zu legen, bedeutete, den Weg der »billigen Gnade« zu gehen, die Bonhoeffer in seinen Schriften so vehement verurteilt hatte.

Er war also nach Deutschland zurückgekehrt. Und dann begann der Krieg. Die Zeit, wo es gereicht hatte, andere moralisch zu unterstützen, war vorbei. Jetzt musste Bonhoeffer sich aktiver engagieren. Doch wie?

Aus Bonhoeffers Verwandtschaft war sein Schwager Hans von Dohnanyi am direktesten an der Verschwörung gegen Hitler beteiligt. Dohnanyi war mit Bonhoeffers Schwester Christine verheiratet und war eine führende Figur in der »Abwehr« (dem Geheimdienst des deutschen Militärs); die Abwehr hatte sich als ein Zentrum des Komplotts gegen Hitler herausgebildet. Durch Dohnanyis Vermittlung wurde Dietrich als Mitarbeiter der Abwehr angeheuert. Offiziell ein Diener des Dritten Reiches in diesen schwierigen Kriegszeiten, arbeitete er tatsächlich für die Verschwörer. Bonhoeffer war ein Doppelagent geworden.

Als Agent der Abwehr konnte Bonhoeffer ins Ausland reisen, darunter die neutralen Länder wie Schweden und die Schweiz. Er nutzte diese Möglichkeit, um den Alliierten heimlich zu signalisieren, dass es in Deutschland Menschen gab, die gegen Adolf Hitler arbeiteten. Nach außen hin trat er als Teil der Maschinerie des Dritten Reiches auf, in Wirklichkeit arbeitete er an seiner Zerstörung. Bonhoeffer hatte, wie sein bester Freund Eberhard Bethge erkannte, den Schritt vom Bekenntnis zum Widerstand getan.[134]

Obwohl man ihm inzwischen ein offizielles Schreibverbot erteilt hatte, schrieb Bonhoeffer auch in dieser Zeit weiter, jetzt an seinem Opus Magnum, der *Ethik*. Er hat das Buch nie vollenden können, doch Bethge gab es nach seinem Tod heraus.

Als Bonhoeffer im Juni 1942 eine seiner liebsten Freundinnen und Unterstützerinnen, Ruth von Kleist-Retzow, in ihrem Haus in Pommern besuchte, traf er dort auch auf ihre Enkelin Maria. Bonhoeffer hatte die jetzt Achtzehn- schon als Zwölfjährige gekannt, sie aber immer als Kind betrachtet; immerhin lagen 18 Jahre zwischen ihm und Maria. Das änderte sich an diesem Junitag. Maria und Dietrich waren aus verschiedenen Gründen ein höchst ungleiches Paar, aber es waren stürmische Zeiten. Gerade in diesem Jahr hatte Maria ihren Vater und ihren Lieblingsbruder im Krieg verloren. Doch Marias Leid und Bonhoeffers Mitleid verband die beiden noch mehr. Im Laufe der Wochen und Monate vertiefte sich diese Beziehung, und Anfang 1943 verlobten sich die beiden.

Marias Mutter gab nur sehr zögerlich ihren Segen zu der Verbindung. Nachdem Bonhoeffer verhaftet worden war, gab sie endlich die Erlaubnis, die Verlobung öffentlich zu machen. Die Gestapo verhaftete Bonhoeffer am 5. April 1943 im Haus seiner Eltern in Berlin-Charlottenburg. Nicht etwa wegen seiner Rolle im Komplott gegen Hitler, das die Nazis damals noch nicht aufgedeckt hatten, sondern wegen eines wesentlich weniger gewichtigen Vergehens – seiner Beteiligung an einem Plan zur Rettung von sieben deutschen Juden.

Die Führung der Gestapo hatte schon seit Längerem den Verdacht gehabt, dass in der Abwehr nicht alles mit rechten Dingen zuging. Monatelang hatte man ein Auge auf Bonhoeffer, Dohnanyi und mehrere andere geworfen und sogar ihre Telefone abgehört. Als die Gestapo einem Geheimplan auf die Spur kam, die erwähnten Juden (ihre Zahl hatte sich inzwischen verdoppelt) aus Deutschland in die Schweiz zu bringen, besaß sie genügend Informationen, um Bonhoeffer zu verhaften.

Man brachte Bonhoeffer in das Militärgefängnis Tegel, gute zehn Kilometer vom Haus seiner Eltern entfernt. Dies war wesentlich besser, als wenn er in die berüchtigten Kellerräume des Gestapogefängnisses in der Prinz-Albrecht-Straße gekommen wäre. Bonhoeffers Onkel war der Stadtkommandant von Berlin, sodass Bonhoeffer in Tegel ordentlich behandelt wurde. Dort schrieb er seine berühmt gewordenen *Briefe und Aufzeichnungen aus der Haft* sowie mehrere Gedichte, darunter das vielleicht bekannteste: »Wer bin ich?«.[135] Viele seiner Mithäftlinge, ja sogar manche der Wärter berichteten später, dass er ihnen in dieser Zeit der Ungewissheit und der Gefahr ein Beistand wurde, der trösten, aber auch ermahnen konnte. Selbstdisziplin war ihm wichtig. Leuten gegenüber, die groß daherredeten, sich aber bei Fliegerangriffen ängstlich verkrochen, drückte er seine Missachtung aus.

Bonhoeffer war zunächst zuversichtlich, dass er wieder aus der Haft freikommen würde. Bestimmt würde es ihm gelingen, vor Gericht die Vertreter der Anklage auszutricksen und seine Unschuld zu beweisen. Dies war nicht nur seine feste Hoffnung, sondern auch die seiner Verlobten und seiner Verwandten. Doch es gab noch zwei weitere Szenarien, die zu seiner Freilassung führen würden. Erstens: Selbst dann, wenn sein Fall nicht vor Gericht kam (oder wenn er vor Gericht kam und er verlor), konnten immer noch die Alliierten den Krieg gewinnen und die Nazis entmachten; falls nicht schon vorher (das war das zweite, näherliegende Szenario) die Verschwörer, die noch nicht verhaftet waren, Hitler und seine engsten Vertrauten tatsächlich beseitigt hatten. Dann wäre der ganze Albtraum Vergangenheit.

Aber so kam es nicht. Stattdessen kam es 15 Monate nach Bonhoeffers Verhaftung – am 20. Juli 1944 – zu dem mit dem Namen Stauffenberg verbundenen Attentat auf Hitler und dem darauf folgenden Putsch gegen das Nazi-Regime; unter den Beteiligten lief der Putsch unter dem Decknamen »Walküre«. Es hatte schon mehrere gescheiterte Anschläge auf Hitler gegeben, doch in all diesen Fällen waren sie missglückt. Jetzt, in der Wolfsschanze im Führerhauptquartier an der Ostfront, explodierte die Bombe endlich – doch tötete sie Hitler nicht. Und weil sie explodiert war, kam das ganze weitverzweigte Komplott gegen Hitler allmählich ans Licht.

Hitler tobte, als er von der Verschwörung erfuhr. Sie erinnerte ihn an die »Dolchstoßlegende« (wie man sie heute bezeichnet) aus der Zeit nach dem Ersten Weltkrieg, als es hieß, Deutschlands Untergang sei das Werk von Verrätern in den eigenen Reihen gewesen. Das war zu viel für den nervösen Diktator, und er befahl nicht nur die Folterung und Ausrottung der Verschwörer, sondern auch die Verhaftung ihrer (oft unwissenden) Angehörigen. Insgesamt wurden mindestens 281 Personen in »Sippenhaft« genommen.[136] Namen kamen ans Licht, und einer dieser Namen war Dietrich Bonhoeffer.

Plötzlich war er nicht mehr nur ein Pastor und Stubengelehrter, der theologische Differenzen mit den Nationalsozialisten hatte, sondern ein wichtiger Kopf in einem Mordkomplott gegen den »Führer«.

Seit dem 20. Juli 1944 war Bonhoeffer klar, dass seine Tage wahrscheinlich gezählt waren. Im Oktober 1944 wurde er von Tegel in das gefürchtete Gestapo-Gefängnis in der Prinz-Albrecht-Straße 8 verlegt, wo man ihm mit Folter drohte. So weit wir wissen, wurde er selbst nicht gefoltert, jedoch sein Bruder Klaus und sein Schwager Dohnanyi.

Das Jahr 1944 näherte sich seinem Ende, und ebenso der Krieg. Der immer realitätsfremdere Hitler hielt an seinem Glauben fest, dass er als großer, genialer Sieger in die Geschichte eingehen werde, doch die meisten Menschen in Deutschland hatten begriffen, dass ihr Land den Krieg nicht gewinnen würde.

Im Februar 1945 kam es zu solch heftigen Luftangriffen auf Berlin, dass die deutsche Führung beschloss, alle Insassen des Gestapo-Gefängnisses an andere Standorte zu verlegen. Bonhoeffer kam in das KZ Buchenwald, wo er zwei Monate verbrachte. Anfang April wurde er in einem mehrere Tage dauernden Transport ins KZ Flossenbürg gebracht, wo er am Morgen des 9. April 1945 auf direkten Befehl Hitlers durch den Strang hingerichtet wurde.

Die meisten Menschen sind erschüttert, wenn sie das erste Mal von Bonhoeffers Ende hören. Wie traurig, wie tragisch! Und das war es natürlich auch. Dass dieser zutiefst gute und brillante Mann, der mit einer jungen hübschen Frau verlobt war, drei Wochen vor Ende des Zweiten Weltkrieges mit erst 39 Jahren hingerichtet wurde, ist tatsächlich traurig und tragisch. Doch wenn unsere Reaktion sich darauf beschränkt, verpassen wir das größere Bild. Wir übersehen, was Bonhoeffer uns allen mit seinem ganzen Leben vor Augen malen wollte und was ihm am meisten am Herzen lag: dass der, der Gott gehorcht und dafür einen hohen Preis zahlt oder leiden muss, nicht unser Mitleid verdient, sondern unsere freudige Anerkennung. Und dies gilt noch mehr, wo jemand in den Tod geht, weil er Gott gehorsam ist.

Wie hat Bonhoeffer seinen eigenen Tod gesehen? Dazu müssen wir wissen, wie er den Tod allgemein sah, und hier sind wir nicht auf Spekulationen angewiesen, haben wir doch die Predigt, die er am Ewigkeitssonntag 1933 in London hielt. Damals sagte er:

> Der hat noch nie an Gott und an sein Reich geglaubt, der hat noch nichts vom Reich der Auferstehung vernommen, der von Stund' an nicht selbst Heimweh hat und wartet, freudig wartet auf des Leibes Erlösung.

Und weiter:

> Wer weiß es denn, daß das Sterben etwas Schreckliches ist? Wer weiß es denn, ob nicht die Ängste und Nöte des Menschen nur das Zittern und Schaudern vor dem Herrlichsten, Himmlischsten, seligsten Ereignis der Welt ist? [...] Aber das ist ja das Wunderbare, daß wir den Tod verwandeln können.[137]

In einem Gedicht, das er im letzten Jahr seines Lebens schrieb – wohl in dem Wissen, dass der Tod auf ihn wartete –, nannte Bonhoeffer den Tod die letzte der »Stationen auf dem Wege zur Freiheit«[138]. Als gläubiger Christ verehrte er einen Gott, der durch die Kreuzigung und Auferstehung Jesu Christi den Tod ein für alle Mal besiegt hatte. Diese historische und theologische Tatsache (und ihre weitreichenden Konsequenzen) zu verstehen, macht ohne Zweifel den Kern des christlichen Glaubens aus. Dietrich Bonhoeffers Leben und Sterben bezeugen das.

In seiner Totensonntagspredigt von 1933 forderte er seine Hörer auf, dies froh zu glauben, und dann erneut in dem Gedicht aus dem Jahre 1944. Das Wissen darum, dass der Gott der Bibel persönlich auf die Erde gekommen war und den Tod besiegt hatte, änderte für Bonhoeffer alles. Es gab ihm den Mut zu dem, was er tat, und den Mut, seinem eigenen Tod ohne Angst und Zittern ins Gesicht zu blicken. Nach allem, was wir wissen, trat Bonhoeffer allen Gefahren und zuletzt dem Galgen mit tiefem Frieden entgegen. Seine Schriften und sein Leben können uns ein Ansporn sein, mit dem gleichen tiefen Glauben und derselben Furchtlosigkeit unser Leben zu leben und das Böse zu erkennen und ihm zu widerstehen.

An dem Tag, an dem Bonhoeffer hingerichtet wurde, funktionierte das Krematorium in Flossenbürg nicht, und so teilte Bonhoeffer das Schicksal zahlloser ermordeter Juden: Sein Leichnam wurde zusammen mit denjenigen der anderen Erhängten draußen verbrannt. Für ihn muss es eine Ehre gewesen sein, sein Leben für die Juden hinzugeben. Der Gott der Juden hatte ihm diesen Auftrag gegeben. Folglich muss es auch eine Ehre für ihn gewesen sein, so verbrannt zu werden. Seine Asche mischte sich mit derjenigen der Juden, die hier vor ihm gestorben waren.[139]

Bonhoeffer glaubte fest, dass der einzige Weg zum Leben und zur Überwindung des Bösen darin besteht, Gott zu gehorchen – zu gehorchen bis in den Tod. In seinem Buch *Nachfolge* schrieb er: »Jeder Ruf Christi führt in den Tod.«[140] Dies ist der Weg dessen, der an den Gott der Bibel glaubt. Den Gott der Bibel annehmen, heißt, meinem Ich zu sterben und anstelle meines Lebens sein ewiges Leben wählen, das alle Angst vor dem Tod verjagt. Für Bonhoeffer war dies die einzige Art der konsequenten Nachfolge Jesu Christi.

5. KAPITEL

JACKIE ROBINSON

1919–1972

In den USA ist fast jeder Junge ein Baseball-Fan, und ich war keine Ausnahme. Ich wuchs eine Meile entfernt vom Shea-Stadion auf, und zu meinem ersten Spiel der *New York Mets* ging ich 1970, als ich sieben Jahre alt war. Als die *Dodgers* von Brooklyn nach Los Angeles wechselten, suchten viele *Brooklyn-Dodgers*-Fans eine neue Baseballmannschaft, und viele von ihnen wurden *Mets*-Fans.

Nicht weit vom *Shea Stadium* liegt eine Straße namens *Jackie Robinson Parkway*. Sie ist nach dem großen Baseballspieler benannt, der in den Baseball-Spitzenligen die Rassenbarriere durchbrach, sodass mir der Name Jackie Robinson schon als Kind ein Begriff war.

Aber was wusste ich eigentlich über ihn? Nicht sehr viel. Doch 1998, als ich für Charles Colson arbeitete, erzählte mir mein Kollege Roberto Rivera, dass Robinson Christ gewesen sei. Sein Glaube sei der Grund dafür gewesen, das Angebot von Branch Rickey anzunehmen, als erster Schwarzer für die *Brooklyn Dodgers* zu spielen.

Ich erfuhr auch, dass Branch Rickey selbst ein bibelfester Methodist gewesen war, dessen Glaube ihn einen afroamerikanischen Baseball-Spieler suchen ließ, um die Rassenbarriere in diesem Sport zu durchbrechen.

Warum erfuhr ich das erst jetzt? Warum schien keiner zu wissen, dass im Zentrum einer der wichtigsten Bürgerrechtsgeschichten in Amerika zwei Männer gestanden hatten, die überzeugte Christen waren?

Die Geschichte von Jackie Roosevelt Robinson begann am 31. Januar 1919, als er in Cairo im US-Bundesstaat Georgia als fünftes Kind der Tochter eines ehemaligen Sklaven geboren wurde. Seine Mutter, Mallie Robinson, war eine große Anhängerin des früheren US-Präsidenten Theodore (»Teddy«) Roosevelt, den sie für einen großen Staatsmann, gläubigen Christen und entschiedenen Gegner des Rassismus hielt, und so nannte sie ihren Sohn nach ihrem großen Vorbild. Jackies Mutter und sein Vater, Jerry Robinson, waren Kleinpächter auf einer Plantage, die James Sasser gehörte, einem weißen Farmer. Es war eine Zeit, in der im Süden der USA noch die Rassentrennung herrschte.

Doch die Ehe von Jackies Eltern kriselte, als er geboren wurde, und nur ein paar Monate später verließ sein Vater die Familie. Mallie, die wusste, dass ihre Kinder im Süden keine Zukunft hatten, begann, heimlich Geld beiseitezulegen, damit sie mit ihren fünf Kindern nach Pasadena (Kalifornien) umziehen konnte. Heimlich deswegen, weil die weißen Südstaatler gerne versuchten, den Wegzug ihrer billigen schwarzen Arbeitskräfte zu verhindern. Die Zugreise quer durch die USA, in den »Niggerabteilen«, dauerte neun lange Tage.

Mallie fand Arbeit als Hausangestellte in einer weißen Familie. Sie bemühte sich nach Kräften, ihren Kindern einzuprägen, wie wichtig »die Familie, Bildung, eine optimistische Einstellung, Selbstdisziplin, vor allem aber Gott«[141] waren. Sie achtete darauf, dass sie sonntags zur Kirche gingen, und hielt sie zum Beten an.

Jackie hatte keine einfache Kindheit. Die Familie war arm, die Mutter den ganzen Tag zur Arbeit fort, und manchmal gab es buchstäblich nicht genug zu essen. Jackie trug zum Familieneinkommen bei, indem er Rasen mähte und bei Baseballspielen Hot Dogs verkaufte. Rassistische weiße Nachbarn der Robinsons versuchten, ihr Haus zu erwerben; einmal verbrannten sie in ihrem Hinterhof ein Kreuz. Doch Mallie Robinsons Würde, Freundlichkeit und Fleiß gewannen schließlich ihre Herzen. Als Jackie und ein paar Freunde einmal Teer auf den Rasen eines Weißen kippten, der rassistische Bemerkungen gemacht hatte, musste er den Schaden persönlich in Ordnung bringen, unter den wachsamen Augen seiner Mutter. Mallie glaubte an die Bibel, und in der Bibel stand, dass Christen ihre Verfolger zu segnen hatten.

Jackies sportliches Talent und sein Ehrgeiz zeigten sich schon in seinen jungen Jahren. An der *John Muir Technical High School* tat er sich in Baseball, Basketball, Football, Leichtathletik und Tennis hervor; gleich in vier Sportarten spielte er in der Schulmannschaft. Mit 17 Jahren nahm er am großen »Neger-Tennisturnier« der Pazifikküste teil und wurde Meister im Jungen-Einzel seiner Jahrgangsstufe.

Sein älterer Bruder Mack war ein noch größerer Star. Er war ein so begabter Sprinter, dass die USA ihn 1936 zur Berliner Olympiade schickten, wo er, gleich nach seinem Mannschaftskameraden Jesse Owens, die Silbermedaille gewann. Doch nach Hause zurückgekehrt, konnte der Olympiaheld nur einen Job als Straßenfeger bekommen. Das große Land, dessen Unabhängigkeitserklärung alle Menschen als »gleich erschaffen« bezeichnete, war noch meilenweit entfernt von echter Gleichheit unter den Rassen.

Als Jackie 1937 sein Studium am *Pasadena Junior College* (PJC) aufnahm, wuchs sein Ruf als Sportler noch. Wieder spielte er als Quarterback in der Footballmannschaft, und in der Leichtathletik brach er den College-Weitsprungrekord seines berühmten Bruders.

Im Frühling lockte der Baseball. Jackie wurde in die Mannschaft aufgenommen, wo er Shortstop (Innenfeldspieler) und Eröffnungsschlagmann war und sich einen Namen mit gestohlenen Bases machte (dem Vorrücken zur nächsten Base, ohne die Hilfe des Schlagmanns in Anspruch zu nehmen).

Als er das PJC verließ, ließen sich Jackies Ehrenurkunden schon nicht mehr zählen. Er und zwei andere Studenten waren die ersten Schwarzen, die in die Lancers, eine gemeinnützige Studentenorganisation, aufgenommen wurden. Die Kiwanis-Klubs von Südkalifornien wählten ihn in das Baseball-*All-Southland Junior College Team*, und 1938 wurde er »Spieler des Jahres« im PJC.

Doch auch während der großen Wirtschaftskrise gab der Rassismus keine Ruhe. Immer wieder weigerten sich Hotels und Restaurants, Jackie und andere schwarze Spieler zu bedienen, und mehr als einmal musste er an sich halten, um nicht ausfallend zu werden.

Am 25. Januar 1938 wurde er verhaftet. Am Abend dieses Tages ging er zusammen mit einem Freund, Jonathan Nolan, vom Kino nach Hause, als Nolan plötzlich das Lied »Flat Foot Floogie« sang. »Flat foot« (»Plattfuß«) war ein Schimpfwort für Polizisten, die damals meist zu Fuß ihre Streife machten. Ein Polizist, der gerade vorbeikam und das Lied hörte, fühlte sich beleidigt. Es kam zu einem Wortwechsel, an dessen Ende Jackie die Nacht in einer Arrestzelle verbrachte. Ein Richter verurteilte ihn zu zehn Tagen Haft, aber da er wusste, dass Jackie ein Football-Star war, setzte er die Strafe zur Bewährung aus; Jackie hatte sich die nächsten zwei Jahre gegenüber der Polizei zurückzuhalten.

Hank Shatford, ein Mitstudent am PJC, erinnert sich, dass die Polizei »Jackie nicht als Aufwiegler betrachtete. Er ließ sich halt nicht von ihnen unterbuttern, und das wussten sie.«[142]

Eines Tages lernte Jackie Karl Downs kennen, einen methodistischen Prediger. Downs verstand es wie kaum ein anderer, junge Leute zu begeistern. Er wusste, dass Jackie Christ war, und machte ihm klar, dass Wutausbrüche nicht die christliche Antwort auf Ungerechtigkeit sein konnten. Aber er erklärte auch, für Christus zu leben, bedeute nicht, ein Duckmäuser zu sein, sondern ein Kämpfer. Das hatte Jackies Mutter ihm auch schon gesagt, aber aus Karl Downs Mund berührte es ihn ganz neu.

Es gelang Downs, Jackie zu einem tieferen Glauben an Jesus Christus zu führen, der ihm half, seinen Jähzorn über die Ungerechtigkeiten dieser Welt zu bewältigen. Er begann zu sehen, dass der Weg zu mehr Gerechtigkeit nicht über Fäuste und Wutausbrüche führte, sondern über Liebe und Selbstbeherrschung.

Mittlerweile war Jackie ein so phänomenaler Baseballspieler, dass die Spitzenklubs sich um ihn gerissen hätten, wäre er weiß gewesen. Aber die Major Leagues erlaubten strikt keine Schwarzen in ihren Mannschaften. Nachdem er das PJC ohne Examen abgeschlossen hatte, sah Jackie sich unter den größeren Colleges um. Er entschied sich schließlich für die UCLA (*University of California*, Los Angeles); dort würden die Trainer ihn bestimmt einsetzen, anstatt ihn als »Vorzeige-Neger« auf der Reservebank sitzen zu lassen.

Doch kaum war er an der UCLA, beschloss er, nicht Baseball zu spielen, sondern sich ganz auf Football und Leichtathletik zu konzentrieren – teils, weil er mehr für sein Studium tun wollte, teils, weil er hoffte, in die Fußstapfen seines Bruders Mack treten und in das US-Olympiateam kommen zu können.

Doch im Juli 1939 schlug das Schicksal zu. Jackies Bruder Frank kam ums Leben, als er auf dem Motorrad mit einem Auto zusammenstieß. Nur ein paar Wochen später ereignete sich der nächste Schlag in Form einer zweiten rassistisch gefärbten Verhaftung. Als Jackie eines Abends mit seinem Auto nach Hause fuhr, auf den Trittbrettern seine Freunde, hielt an einem Stoppschild ein von einem Weißen gefahrener Wagen neben ihnen an. Die beiden Autos waren im Nu von Dutzenden junger Schwarzer umringt, worauf der Weiße davonfuhr. Dann kam ein Polizeimotorrad, und die meisten der jungen Leute suchten das Weite. Plötzlich zog der Polizist seine Waffe, drückte sie Jackie in den Bauch und beschuldigte ihn des Widerstands gegen die Staatsgewalt und der Behinderung des Straßenverkehrs. Jackie verbrachte seine zweite Nacht im Gefängnis, aber erklärte sich für nicht schuldig. Man ließ ihn gegen 25 Dollar Kaution frei.

Als die UCLA von der Verhaftung hörte, trat sie in Aktion – aber vor allem wegen ihres eigenen Rufs. In Jackies Abwesenheit befand das Gericht ihn für schuldig und verurteilte ihn zu einer Geldstrafe von 50 Dollar, die die UCLA prompt bezahlte. Jackie bekam seine 25-Dollar-Kaution zurück, ärgerte sich aber über den Schuldspruch sowie über die ungewollte Publicity, die er hier genau in dem Augenblick erfuhr, in dem er dabei war, es an der UCLA zu etwas zu bringen. Jahre später erinnerte er sich, dass dies seine erste richtige Begegnung mit dem Monster der Scheinheiligkeit war.

Auf dem Footballfeld verhalf »Jackrabbit Jackie Robinson« in diesem Jahr der UCLA-Mannschaft zu einem Sieg nach dem anderen. Und dann, im Herbst 1940, begegnete er einem Menschen, der sein ganzes Leben verändern sollte: einer 17 Jahre alten Studienanfängerin namens Rachel Isum. Fast von der ersten Minute an wusste Jackie, dass er die junge Krankenpflegeschülerin, die nicht nur schön war, sondern auch seinen Glauben teilte, heiraten würde. Der Jahrgangsball der UCLA fand in diesem Jahr im Biltmore Hotel in Los Angeles statt. Jackie lud Rachel dazu ein, und an jenem Abend tanzten sie zu Melodien wie »Stardust« und »Mood Indigo«.

Während die beiden sich kennenlernten, ging Jackies beispiellose College-Sportkarriere weiter. Als erster Sportler der UCLA war er gleichzeitig das ganze Jahr über in vier Sportdisziplinen im College-Team: Football, Baseball, Basketball und Leichtathletik. 1940 gewann er auch mit 7,45 Metern die College-Leichtathletikmeisterschaft der Männer im Weitsprung. Im Basketball schoss er trotz einer Handverletzung die meisten Körbe (133 Punkte), wurde aber dennoch nicht in das *All-League Cage Team* aufgenommen. Die *California Daily Bruin* nannte dies in ihrer Ausgabe vom 5. März 1941 ein »krasses Fehlurteil« und »ungerecht«, was ohne Zweifel stimmte.

Zum Leidwesen seiner Mutter und Rachels brach Jackie kurz vor dem Examen sein Studium ab, in der Hoffnung, im Profi-Football sein Glück zu machen. Aber die schwarzen Profiteams boten sehr wenig Geld. Jackie bewarb sich daraufhin um eine Stelle in Atascadero (Kalifornien), und zwar als Sportleiter bei der *National Youth Administration*, einer Organisation, die im Rahmen des New-Deal-Programms jungen Amerikanern zwischen 16 und 25 Jahren Arbeit und Weiterbildung bot. Aber als immer deutlicher wurde, dass die USA in den Krieg in Europa eintreten würden, schickte man die Teenager nach Hause, und der Job war weg.

Jackie schloss sich als Nächstes den *Honolulu Bears* an, einem Halbprofiteam der *Hawaii Senior Football League*. Zu dem Deal gehörte eine Tätigkeit als Bauarbeiter, für die Jackie dankbar war, da er seiner Mutter finanziell helfen wollte. Er spielte brillant Football, wie immer, aber die Mannschaft gefiel ihm nicht, und er vermisste seine Verwandten. Am 5. Dezember verließ er

Hawaii an Bord der *Lurline* – gerade noch rechtzeitig, denn zwei Tage später erfolgte der japanische Angriff auf Pearl Harbor. Der nichts ahnende Jackie wunderte sich, warum die Schiffsbesatzung auf einmal anfing, die Fenster schwarz zu streichen. Man erklärte den Passagieren, dies sei eine Vorsichtsmaßnahme gegen feindliche U-Boote.

So schlimm der Krieg war, manchen Menschen brachte er neue Arbeitsplätze. So nahmen Rüstungsbetriebe, die bisher keine Schwarzen eingestellt hatten, jetzt plötzlich auch Afroamerikaner. Jackie bekam einen Job beim Flugzeughersteller Lockhead in Burbank, nicht weit vom Wohnort seiner Mutter entfernt.

Doch dort blieb er nicht lange. Im März 1942 bekam er seinen Gestellungsbefehl und begab sich nach Kansas, um in Fort Riley die militärische Grundausbildung zu durchlaufen. Jackie Roosevelt Robinson war Soldat in Onkel Sams rassengetrennter Armee geworden. Er wurde ein exzellenter Schütze und bestand die Tests für die Offiziersschule, wurde dort aber nicht angenommen. Stattdessen steckte man ihn in eine Kavallerieeinheit mit Rassentrennung, wo er sich um die Pferde zu kümmern hatte.

Robinson kochte innerlich, aber die Geschichte war noch nicht zu Ende. Zufällig diente Joe Louis, der amtierende Boxweltmeister im Schwergewicht, ebenfalls in Fort Riley. Er hatte sich freiwillig zum Militär gemeldet, um seinem Land zu helfen und die Moral in der Truppe zu heben.

Als Jackie ihm von seinem Frust erzählte, beschloss Louis, seine Beziehungen spielen zu lassen; er kontaktierte einen Bekannten im Weißen Haus, der daraufhin wiederum intervenierte, und schon bekam Jackie sein Offizierspatent.

Jackie wurde Personaloffizier für die schwarzen Soldaten in Fort Hood, wo er einmal mehr an der Rassentrennung rüttelte. Als seine Soldaten sich zum Beispiel darüber beschwerten, dass es zu wenige Barhocker für Schwarze an der Erfrischungstheke gab, ging er der Sache nach. Er fand heraus, dass Schwarzen nur vier Hocker zur Verfügung standen (auf der Seite, die an den Grill grenzte), dagegen zwölf für weiße Soldaten (an der Vorderseite). Die schwarzen Soldaten und ihre Angehörigen mussten bis zu einer Stunde warten, bis sie bedient wurden, auch dann, wenn die »weißen« Hocker leer waren.

Jackie rief einen Major Hafner an und schlug ihm vor, die Zahl der »schwarzen« Barhocker auf sechs zu erhöhen. Hafner, der glaubte, dass er mit einem weißen Offizier sprach, hatte Bedenken; wenn man auch vorne Hocker für schwarze Soldaten hatte, lief man Gefahr, dass einer von ihnen sich neben einen weißen Soldaten oder dessen Frau setzte. »Schauen Sie her, Lieutenant Robinson«, sagte er, »wäre es Ihnen recht, wenn Ihre Frau neben einem Nigger sitzen müsste?«[143]

Robinson explodierte. »Ich bin ein Negeroffizier!« Und er fügte mehrere nicht druckreife Worte hinzu. Kurz darauf gab es zwei »schwarze« Hocker mehr an der Erfrischungstheke.

Der Rassismus machte sich auch beim Sport bemerkbar. Als Jackie in die *Fort Hood*-Baseballmannschaft wollte, erfuhr er, dass er nur in das schwarze Team konnte (das es gar nicht gab). Während der Grundausbildung in Fort Riley hatte man ihn zwar in das Footballteam aufgenommen, aber kurz vor einem Spiel gegen die *University of Missouri* in Heimaturlaub geschickt; Jackie hatte später erfahren, dass das Team aus Missouri sich weigerte, gegen Mannschaften mit schwarzen Spielern anzutreten.

Voller Wut trat er nach diesem Vorfall aus der Mannschaft aus. (Immerhin durfte er Tischtennis spielen und wurde 1943 Tischtennismeister der U.S. Army.)

Doch diese Vorfälle waren nichts gegen das, was die Armee 1944 für Jackie auf Lager hatte. Im Juni dieses Jahres begab er sich in das *McCloskey Hospital* in Temple (Texas), um seinen Fußknöchel untersuchen zu lassen, den er in den Jahren als College-Footballspieler lädiert hatte. Die Ärzte wollten prüfen, ob er tauglich für den Einsatz in Übersee war – wenn nicht in einer kämpfenden Einheit, dann wenigstens als Personaloffizier.

Am 6. Juli stieg Jackie nach einem Besuch im »Negeroffiziersklub« in Fort Hood in einen Militärbus, um in die Klinik zurückzukehren. Als er in den hinteren Teil des Busses gehen wollte, in dem die Schwarzen zu sitzen hatten, sah er Virginia Jones, die relativ hellhäutige Frau von Gordon Jones, einem Kameraden in Fort Hood. Sie saß vier Reihen vor den »Negerbänken«.

Nach ein paar Hundert Metern merkte der Fahrer, dass Jackie nicht hinten saß, sondern – o Schreck – neben einer Frau, die offenbar weiß war. Er rief: »Setz dich hinten hin, Boy!« Jackie weigerte sich.

Der Fahrer hielt an und wiederholte seine Aufforderung. Er erklärte, es sei gesetzlich verboten, dass Schwarze im vorderen Teil des Busses Platz nehmen.

Jackie wusste, dass dies Unsinn war; die U.S. Army hatte Rassentrennung in Militärbussen verboten, und Jackie konnte sitzen, wo er wollte. Der wütende Fahrer kündigte ihm »Schwierigkeiten« an, wenn die Fahrt vorüber war. Robinson-Biograf Scott Simon schreibt:

> Man hörte aufgeregte weiße Stimmen. Die einen forderten Robinson auf, endlich nach hinten zu gehen, andere den Fahrer, weiterzufahren und den jungen Mann in Ruhe zu lassen, sie konnten nicht ewig warten; man konnte doch immer noch die Militärpolizei rufen, wenn sie am Busdepot ankamen.[144]

Unter den weißen Fahrgästen, die sich besonders aufregten, war eine Küchenangestellte des Militärstützpunkts. Sie kündigte Robinson lautstark an, ihn anzuzeigen. Der Fahrer forderte Jackie auf, ihm seinen Ausweis zu zeigen, was Jackie verweigerte. »Dieser Nigger macht Ärger«, meinte der Fahrer daraufhin – und alarmierte die Militärpolizei.

Die Militärpolizisten führten Jackie in die Wachstube, wo es zu heftigen Wortwechseln mit dem diensthabenden Offizier und dem Kommandanten der Militärpolizei, Gerald Bear, kam. Bear gab zu Protokoll:

> Das Verhalten von Lt. Robinson war durch Respektlosigkeit und Impertinenz gegenüber seinen Vorgesetzten gekennzeichnet und für einen Offizier, der sich in der Gegenwart gemeiner Soldaten befindet, definitiv nicht ziemlich.[145]

Jackie protestierte gegen diese Formulierung. Es half ihm nichts, man stellte ihn unter Arrest und fuhr ihn zurück in die Klinik. Dort drängte ein wohlwollender weißer Arzt Jackie zu einem Bluttest; er hatte mitbekommen, dass man Jackie aufrührerisches Verhalten dem Alkoholeinfluss zuschreiben wollte. Jackie war Antialkoholiker, und der Test war denn auch negativ.

Als Jackie seinem Vorgesetzten, Lieutenant Colonel Paul Bates, von dem Vorfall erzählte, erfuhr er, dass Bear vorhatte, ihn vor ein Militärgericht zu stellen. Bates weigerte sich, da mitzumachen, und Jackie wurde in das 758. Panzerbataillon versetzt, wo ein willigerer Kommandant einem militärgerichtlichen Verfahren gegen Robinson zustimmte.

Jackie, der nicht glaubte, dass die Militärrechtsanwälte sich fair für ihn einsetzen würden, wandte sich Hilfe suchend an die NAACP (*National Association for the Advancement of Colored People,* d.h. »Nationale Vereinigung für die Förderung Farbiger«), doch die ließ ihn abblitzen. Er beantragte schließlich, dass First Lieutenant Robert Johnson ihn vor dem Gericht vertrat, der – so Jackie später – »einen tollen Job machte«[146].

Die Anklage lautete auf »respektloses Verhalten gegenüber Capt. Gerald M. Bear, CMP, seinen vorgesetzten Offizier« und »Befehlsverweigerung gegenüber Gerald M. Bear, CMP, seinen Vorgesetzten«.[147]

Die Strategie der Verteidigung war, »zu versuchen, aufzuzeigen, dass Robinson sich nicht widersetzlich gegenüber Captain Bear verhalten, sondern dass Bear in der Angelegenheit eine unglückliche Hand gehabt hatte«, schreibt Jackie-Biograf Arnold Rampersad.[148] Diese Strategie funktionierte. Mehrere Leumundszeugen sagten für Jackie aus, darunter auch Colonel Bates. Er erklärte dem Gericht, dass Robinson nicht nur ein hervorragender Soldat war, sondern auch den Respekt der gemeinen Soldaten genoss, mit denen er arbeitete. Ein erleichterter Jackie wurde schließlich von einem Gericht, das ganz aus Weißen bestand, in allen Anklagepunkten freigesprochen.

Es war nicht zuletzt Jackies tiefer Glaube, der ihn durch diese neue Krise in seinem Leben hindurchtrug. Möglich, dass sie Gottes »Aufwärmtraining« war für die noch wesentlich schwierigeren Situationen, die Jackie in nicht allzu ferner Zukunft durchleben würde.

Am 27. November 1944 wurde Jackie ehrenhaft aus der U.S. Army entlassen. Er und Rachel waren inzwischen verlobt, mussten aber mit der Heirat noch warten, denn jetzt war Jackie arbeitslos.

Obgleich kein Fan der Rassentrennung (schon gar nicht im Sport), nahm Jackie das Angebot an, für die *Kansas City Monarchs* zu spielen, eine Mannschaft der *National Negro League*.

Er bekam auch ein Angebot von seinem alten Freund Karl Downs, der inzwischen Rektor des *Samuel Huston College* in Austin (Texas) war. Downs bot ihm eine Stelle als Sportlehrer an. Jackie sagte zu, was ihn alsbald zu einem Liebling der Studenten machte und das Sportprogramm des College erheblich beflügelte.

Jackie dachte viel über seine Zukunft mit Rachel nach und darüber, was alles auf sie zukommen mochte. Aber in seinen wildesten Träumen hätte er sich nicht vorstellen können, wie dramatisch sein Leben sich bald verändern sollte. In den Sportteilen der Zeitungen tobte damals der reinste Krieg über die Frage, ob man in den Baseball-Spitzenligen (den »Major Leagues«) die Rassentrennung abschaffen sollte. Und weit entfernt von Jackie, im New Yorker Stadtteil Brooklyn, nahm gerade eine Idee Gestalt an, die Jackie in das Rampenlicht der Nation, ja in die amerikanische Geschichte katapultieren sollte.

Es begann mit einem 64-jährigen Original namens Branch Rickey, dem legendären Manager der *Brooklyn Dodgers*. Rickey war ein unermüdlicher Innovator, der bereits viele Neuerungen in den Profi-Baseball in Amerika eingeführt hatte, die heute selbstverständlich sind, etwa Schutzhelm und Körperschutz oder die Leistungsstatistik für die Spieler. Man schreibt ihm sogar die Einführung des »Farm-Systems« (breit angelegte Nachwuchsförderung in den unteren Ligen, den »Minor Leagues«) und der systematischen Saisonvorbereitung zu. Aber was er jetzt vorhatte, würde alles andere in den Schatten stellen: Branch Rickey war der Ansicht, dass die Rassentrennung in diesem Nationalsport abgeschafft werden müsse und dass er der Mann war, um das umzusetzen. Fragte sich nur, wie er das machen sollte. Und wer sein erster schwarzer Spieler wäre.

Rickey, ein tiefgläubiger Christ, der sich weigerte, sonntags zu spielen oder bei Spielen zuzuschauen, wusste, dass er vorsichtig vorgehen musste. Viele seiner Kollegen waren strikt gegen schwarz-weiße Baseballteams, und viele Spieler sahen das ebenso. Doch Rickeys christlicher Glaube sagte ihm, dass man Unrecht bekämpfen musste, wo man es antraf, und er fand die Rassengesetze, die schwarze Spieler aus Baseballteams verbannten, unerträglich. Hatte er nicht mit seiner Erfahrung und seiner Position geradezu die Aufgabe, hier etwas zu ändern? Er sah in der ganzen Sache »eine Chance, in die moralische Geschichte der Nation einzugreifen wie einst Abraham Lincoln«[149].

Rickey nahm die Anweisung Jesu ernst, »klug zu sein wie die Schlangen« (Matthäus 10,16). Und so schickte er Talentsucher zu den Baseballspielen der schwarzen Liga. Um seine Absichten zu verbergen, sagte er jedem, der es wissen wollte, er habe vor, eine eigene Negermannschaft zu gründen, die *Brooklyn Brown Dodgers*. Ein Schelm, wer Böses dabei dachte.

Nachdem er die Berichte seiner Kundschafter durchgegangen war, interessierte ihn vor allem ein Spieler, der gerade den *Kansas City Monarchs* angehörte. Jackie Robinson bot alles, was Rickey suchte:

> […] er konnte rennen, Bälle kraftvoll schlagen und sie elegant fangen. Er konnte den Ball so geschickt ins Innenfeld tippen, dass es den Gegner überrumpelte. Und er war ein gewiefter Taktiker. Er war ein College-Mann, ein Militär-Veteran, ein Weltklasse-Leichtathlet und ein gut aussehender Schwarzer mit runden Schultern und einem schüchternen Lächeln.[150]

Doch was vielleicht noch wichtiger war: Rickey sah, dass Robinson viel Erfahrung mit weißen Spielern hatte und dass er – wie Rickey selbst – ein ernster, bibeltreuer und charakterstarker Christ war. Alles Eigenschaften, die in dem kommenden Kampf unerlässlich sein würden. Rickey war klar: Wenn der Mann, den er für diese außergewöhnliche Aufgabe auswählte, sich dazu hinreißen ließ, das Falsche zu sagen oder in irgendeiner Weise nicht ein Muster an Edelmut zu sein, wäre dies ein gefundenes Fressen für die Zeitungen. Das ganze Projekt wäre ruiniert, und die Idee des rassenintegrierten Baseballs um zehn bis fünfzehn Jahre zurückgeworfen. Rickey musste ganz sicher sein, dass er jemanden hatte, der begriff, wie wichtig es war, nicht mit gleicher Münze heimzuzahlen, egal, was er alles an Beleidigungen zu hören bekäme (und es wäre nicht wenig). Aber schließlich fand er, dass er den Richtigen für den Job gefunden hatte. Es war Zeit für ein Treffen mit Jackie Robinson.

Und so stieg im August 1945, keine drei Wochen nachdem die Atombomben auf Hiroshima und Nagasaki den Krieg der USA mit Japan beendet hatten, ein Mann namens Clyde Sukeforth in einen Zug nach Chicago, wo Jackie gerade mit den *Monarchs* im Comiskey Park spielte. Sukeforth beugte sich über das Geländer des Spielfeldes und rief Robinson zu, dass er ihn sprechen wolle. Er sei als Vertreter von Branch Rickey hier, der ein neues Team gründen wolle, die Brooklyn Brown Dodgers. Könne Jackie bitte eben ein paar Bälle werfen, um zu zeigen, wie gut sein Arm sei?

Jackie verstand nur »Bahnhof«. »Warum interessiert Mr Rickey sich für meinen Arm?«, fragte er. »Was will der Mann von mir?«[151]

Sukeforths Antwort machte die Sache nur noch mysteriöser: Er bat Robinson, nach dem Spiel zu ihm ins Hotel Stevens zu kommen. Als Jackie ankam, löcherte er Sukeforth mit weiteren Fragen. Der Talentsucher konnte ihm nicht viel sagen (er war schließlich in geheimer Mission unterwegs), aber seine Antworten reichten, um Jackie dazu zu bringen, mit ihm nach New York zu fahren und sich mit Branch Rickey zu treffen.

Ein paar Tage später, am 28. August, trafen Sukeforth und Jackie sich in der Zentrale der *Brooklyn Dodgers* in der Montague Street in Brooklyn Heights. Das war nicht der tiefe Süden; gleichwohl gab es in dem Gebäude einen Aufzug »nur für Weiße«. Sukeforth schob dem Liftpagen ein königliches Trinkgeld von zwei Dollar in die Hand, damit er wegsah, sodass er und Jackie zusammen in den dritten Stock fahren konnten, in dem Rickeys Büro lag. Gleich würde Jackie den Mann kennenlernen, der nicht nur sein Leben verändern, sondern ihm auch ein zweiter Vater werden würde.

Sukeforth berichtet, dass die Luft in dem Raum knisterte, als Rickey und Robinson sich gegenüberstanden. Zuerst standen sie nur da und starrten sich an. Rickey starrte, weil er wusste, worum es ging und dass dies womöglich ein historischer Augenblick war; der junge Mann, der da vor ihm stand, konnte Geschichte machen, und diese Szene konnte der Stoff für ganze Bücher werden. Was Jackie betraf, so hatte er keinen Schimmer, worum es ging, aber wenn dieser Typ ihn so anstarrte, dann starrte er ihn wohl am besten auch an. Was er da vor sich sah, war ein wohlbeleibter Mann mit Brille, buschigen Brauen, Fliege und Zigarre.

Das Starren ging weiter. Dann fragte Rickey Jackie unvermittelt, ob er eine Freundin habe. Eine ungewöhnliche Frage, um ein Gespräch zu eröffnen, fand Jackie, aber die ganze Sache war ja von Anfang an komisch gewesen. Rickey fuhr fort, dass auf Jackie einiges zukommen könne und die Liebe einer guten Frau bzw. Ehefrau dann sehr wichtig sei. Jackie verstand immer noch nichts, sein Gesicht war ein einziges Fragezeichen.

»Wissen Sie, warum Sie hier sind?«, fragte Rickey.

»Ja, sicher«, antwortete Robinson. »Sie wollen mich für dieses neue *Brooklyn Brown Dodgers*-Team haben.«

»Nein«, sagte Rickey. »Ich habe Sie hierher holen lassen, Jackie, damit Sie für die Firma Brooklyn spielen. Vielleicht zuerst im Montreal-Team, und dann …«

»Montreal? *Ich*?« Jackie verstand die Welt nicht mehr. Es ging alles ein bisschen zu schnell.

»Ja, wenn Sie das schaffen. Und später – wieder: wenn Sie das schaffen – kriegen Sie Ihre Chance bei den Brooklyn Dodgers.«

Machte der einen Witz? Jackie war sprachlos.

Rickey fuhr fort, seinen Traum auszuspinnen, den er schon so lange hegte. Er schlug mit der Faust auf den Tisch und rief aus: »Ich will die Meisterschaft gewinnen, und wir brauchen Baseballspieler, die ihren Job verstehen! Meinen Sie, dass Sie das schaffen?«

Eine lange Pause. Jackie dachte nach. Dann sagte er: »Ja.«

Doch mit der Frage, ob Jackie das schaffen würde, meinte Rickey nicht so sehr sein Baseball-Können; an dem hatte er keinen Zweifel. Aber – so erklärte er – als erster schwarzer Spieler in der Baseball-Spitzenklasse würde Jackie mit jeder Menge von verbalen und nonverbalen Angriffen rechnen müssen.

Jackie erwiderte, dass er da keine Bedenken habe. Er fürchtete niemand und hatte mehr als einmal Leute, die ihm Böses wollten, mit den Fäusten in die Schranken gewiesen.

Aber das war es nicht, was Rickey meinte. »Ich weiß, dass Sie ein super Spieler sind«, sagte er. »Was ich nicht weiß, ist, ob Sie den nötigen Mumm haben.« Er sah, dass Robinson gerade etwas völlig anderes durch den Kopf ging als ihm, und so fuhr er rasch fort: »Ich suche einen Spieler, der den Mumm hat, *nicht zurückzuschlagen.*«[152]

Das waren, gelinde gesagt, unerwartete Töne. Und damit Jackie auch ganz bestimmt im Bilde war, führte Rickey ihm ganz plastisch vor, was er meinte. Jackies Biograf Arnold Rampersad schreibt:

> Rickey zog sich die Jacke aus und spielte in rascher Folge eine Reihe von Szenen vor, in denen Schwarze beleidigt wurden. Erst war er ein weißer Hotelrezeptionist, der Jackie in rüdem Ton ein Zimmer verweigerte, dann ein hochnäsiger weißer Kellner in einem Restaurant, dann ein grober Zugschaffner. Er wurde ein unflätiger Negerhasser, der, so Jackie, »über meine Rasse und meine Eltern herzog, dass es fast nicht zu ertragen war«. Dann war er ein gehässiger Läufer von der gegnerischen Mannschaft, der seine Spikes in Jackies schwarze Haut bohrte: »Gefällt dir das, du Niggerarsch?«[153]

Rickey machte Jackie klar, dass er solche Angriffe nicht nur würde ertragen müssen, sondern auch die Nerven brauchte, niemals und unter keinen Umständen zurückzuschlagen. Das war der Dreh- und Angelpunkt der ganzen Geschichte. Wenn Jackie Rickey das versprechen konnte, dann könnten sie es schaffen: Sie könnten die Türen für andere schwarze Baseballspieler öffnen und das Spiel für immer verändern.

Jackie wusste, dass es eine schier übermenschliche Aufgabe war, sich nicht zu wehren, aber Rickeys Vision sprach ihn tief an. Er musste an seine Mutter denken. Und an all die anderen Schwarzen, die es verdienten, dass jemand in so einer Sache Vorreiter war, wie schwierig es auch immer sein würde. Er glaubte, dass Gott ihn – ja, ihn – für diese hohe Aufgabe erwählt hatte und dass er es machen *musste* – für die schwarzen Kinder, für seine Mutter, für seine Frau, für sich selbst.

Rickey wusste, dass auch Jackie Christ war, und um ihm die religiöse Dimension des Abenteuers zu demonstrieren, in das die beiden sich jetzt begeben würden, holte er ein Buch mit dem Titel *Life of Christ* (»Das Leben Christi«) von Giovanni Papini hervor. Er schlug die Stelle auf, an der Papini die Bergpredigt behandelt und diese »die unfassbarste der revolutionären Lehren Jesu« nennt. Was keine Übertreibung war. Was Jesus da forderte, schien unmöglich zu sein. In Matthäus 5,38-41 sagt er:

> Ihr habt gehört, dass es im Gesetz von Mose heißt: »Wer jemand am Auge verletzt, soll selbst am Auge verletzt werden. Und wer anderen einen Zahn ausschlägt, soll selbst einen Zahn dafür einbüßen.« Ich aber sage: Wehrt euch nicht, wenn euch jemand Böses tut! Wer euch auf die rechte Wange schlägt, dem haltet auch die andere hin. Wenn ihr vor Gericht erscheinen müsst und euer Hemd wird euch abgenommen, gebt euren Mantel noch dazu. Wenn jemand von euch verlangt, eine Meile weit mit ihm zu gehen, dann geht zwei Meilen mit ihm.

Rickie setzte darauf, dass Jackie Robinson dasselbe wusste wie er: Für uns Menschen ist das aus eigener Kraft nie und nimmer möglich – aber mit Gottes Hilfe sehr wohl. Und Jackie wusste dies in der Tat. Wenn er sich auf diese Sache einließ (von der sie beide wussten, dass sie Gottes Wille war), würde Gott ihm die nötige Kraft geben.

Und so schüttelten Jackie Roosevelt Robinson und Branch Rickey sich die Hand. Es war ein historischer Augenblick, dort unter einem Porträt von Abraham Lincoln, in einem Büro im dritten Stock, zu dem Jackie in einem für Weiße reservierten Lift hochgefahren war. Es war ein Schlüsseltag nicht nur für den Baseball, sondern für Amerika.

Jackie war jetzt vertraglich an die *Brooklyn Dodgers* gebunden, aber fürs Erste musste dies geheim bleiben. Alle, die davon wussten, mussten den Mund halten, wenn dieses ebenso noble wie gewagte Experiment gelingen sollte.

Zwei Monate später, am 23. Oktober, brach Jackie sein Schweigen und unterschrieb in Montreal einen Vertrag als Spieler bei den *Montreal Royals*. Es war ein Schock für den Rest der Welt. Auf die hartnäckigen Fragen der Presse antwortete er:

> Ich kann Ihnen gar nicht sagen, wie glücklich ich bin, der erste Farbige im Profi-Baseball zu sein. Ich bin mir dessen bewusst, was das für mich, meine Rasse und den Baseball bedeutet. Ich kann nur sagen: Ich werde mein Bestes tun, damit ich das in jeder Hinsicht schaffe.[154]

Branch Rickey tat ganz harmlos und behauptete, dass es ihm nur darum gehe, die Meisterschaft zu gewinnen. »Wenn ein Elefant ein besserer Centerfieldspieler wäre als alle meine Männer, würde ich den Elefanten spielen lassen«[155], tönte er.

Einige (darunter Horace Stoneham, Präsident der *New York Giants*) begrüßten Rickeys Entscheidung, während andere (darunter viele Journalisten) sie heftig attackierten. Aber es war entschieden: Ab nächstem Frühjahr wäre Jackie Robinson der erste schwarze Spieler im seit den 1880er-Jahren den Weißen vorbehaltenen Profi-Baseball.

Im Winter tingelte Jackie zur Saisonvorbereitung zehn Wochen lang durch Venezuela. Und er tat noch etwas anderes Wichtiges: Er heiratete Rachel. Er fuhr nach Kalifornien, wo die beiden am 10. Februar 1946 in der *Independent Church of Christ* von Jackies Freund Karl Downs getraut wurden. Es war eine große Hochzeit im alten Stil. Die Flitterwochen in San Jose waren kurz, da Jackie sein Training im Trainingscamp der Dodgers in Daytona Beach (Florida) aufnehmen musste. Rachel begleitete ihn dorthin und machte dabei ihre ersten Erfahrungen mit den Rassentrennungsgesetzen und dem Rassenklima im Süden der USA. In New Orleans durften sie das nächste und übernächste Anschlussflugzeug nicht besteigen; eine Erklärung wurde nicht gegeben. Im ganzen Flughafen fand sich kein Restaurant, das bereit war, sie zu bedienen. Nach einer Übernachtung in einem dreckigen Hotelzimmer konnten sie schließlich nach Pensacola weiterfliegen, wo sie wieder nicht in den Anschlussflug durften, offenbar weil es Weiße gab, die ihre Plätze wollten. Sie stiegen schließlich in einen Bus nach Jacksonville, wo die Jungvermählten mit zwei der unbequemen Plätze ganz hinten vorlieb nehmen mussten. Die Fahrt dauerte sechzehn elende Stunden.

Robinson schrieb später: »Es gab ein paar kitzlige Sekunden, in denen ich nicht wusste, ob ich diese Demütigungen weiter ertragen könnte.« In Jacksonville durften sie wieder nicht ins Flugzeug, was Jackies Wut noch steigerte. Aber er beschloss, keine Szene zu machen. Er wusste: Wenn er sich wehrte, gäbe das nur Schlagzeilen in den Zeitungen, ja vielleicht würde man ihn und seine Frau verhaften. Ein Wutausbruch konnte seine Baseball-Profi-Karriere beenden, bevor sie angefangen hatte. Als er und Rachel sich auf die Widrigkeiten vorbereitet hatten, die Jackies neue Stelle mit sich bringen würde, hatten sie entschieden, »dass ich nicht das Recht hatte, auszurasten und damit die Chancen all der Schwarzen aufs Spiel zu setzen, die nach mir kämen, wenn mit meiner Hilfe die Rassenschranken fallen sollten«[156]. Eine weitere sechzehnstündige Busfahrt brachte das Paar endlich nach Daytona.

Trotz einiger schwieriger Wochen bekam Robinson am Ende des Trainingscamps die offizielle Einladung in das Royals-Team, was den Umzug nach Montreal bedeutete. Jackie und Rachel wussten nicht, was sie dort in Bezug auf ihre Hautfarbe erwartete, doch zu ihrer großen Überraschung entdeckten sie alsbald, dass die französischsprachigen Menschen in ihrem Viertel nicht freundlicher hätten sein können. Rachel erwartete inzwischen ihr erstes Baby – Jackie Roosevelt Robinson jun. –, und die Nachbarinnen verwöhnten sie mit Ratschlägen und Essensmarken, sodass sie die gesunden Lebensmittel kaufen konnte, die sie brauchte.

Jackies erstes Spiel im Trikot der Royals fand am 18. April 1946 im *Roosevelt Stadium* in Jersey City (New Jersey) statt. An diesem Tag durchbrach Jackie hochoffiziell die legendäre Rassenschranke im Profi-Baseball. Und seine sportliche Leistung hätte kaum besser sein können. Er erzielte vier Treffer, darunter einen Drei-Punkte-Homerun. Die Royals fertigten ihre Gegner mit 14:1 ab.

Nun hatte niemand an Jackies sportlichem Können gezweifelt. Viel wichtiger war, ob er sein Versprechen würde halten können, die rassistische Schlange zu ignorieren, die mit Sicherheit ihr hässliches Haupt erheben würde. Wie Rickey vorhergesagt hatte, wurde er alsbald das Ziel wüster Beschimpfungen und rassistischer Bemerkungen. Doch mit Gottes Hilfe gelang es Jackie, dies nicht mit gleicher Münze heimzuzahlen, obwohl es ihn manchmal gewaltig juckte.

Diesen ganzen Sommer hindurch erwies Jackie sich als ein Mann von wahrhaft seltener Charakterstärke. Jeder, der Augen hatte, konnte sehen, wie viel Kraft es kostete, sich gegen all den Schmutz, der ihm um die Ohren flog, nicht zu wehren. Es war eine Leistung, die sich hinter den anderen Rekorden, die die Welt des Sports gesehen hatte, nicht zu verstecken brauchte. Und als ob das noch nicht reichte, ließ seine sportliche Leistung die Skeptiker auch weiterhin staunen. In jener ersten Saison war er unter den besten Spielern – wenn nicht sogar der allerbeste – in der jetzt rassenintegrierten *Minor League*. Sein Trefferquotient als Schlagmann war Mannschaftsrekord, und er gewann (als erster Montreal-Spieler aller Zeiten) den Schlagpokal der Liga. Mit Jackies Hilfe gewannen die Royals in dieser Saison hundert Spiele (die meisten in der Geschichte der Mannschaft) und errangen mit fantastischen 18½ Spielen die Meisterschaft. Jackie Robinson hatte Branch Rickeys historische Entscheidung in jeder Hinsicht bestätigt.

Nach der Spielsaison kehrte Jackie nach Los Angeles zurück, wo sein

Sohn geboren wurde. Den ganzen Winter wartete er auf den ersehnten Anruf aus New York, der ihm den Weg zu den *Brooklyn Dodgers* und damit (endlich!) in die Welt der *Major Leagues* ebnen würde.

Der Anruf kam am 10. April 1947, als Jackie sich in einem Hotel in Manhattan aufhielt. Es war Rickeys Sekretärin. Konnte Mr Robinson sofort zu Rickey kommen? Dann ging alles sehr schnell. Ein paar Stunden später – die Brooklyn Dodgers befanden sich gerade im sechsten Durchgang eines Spiels – begann einer von Rickeys Assistenten, eine Pressemitteilung an die Reporter auf der Pressetribüne zu verteilen: Die Brooklyn Dodgers hatten soeben den Montreal Royals den Vertrag mit Jackie Robinson abgekauft.

Noch am gleichen Tag erhielt Jackie im Umkleideraum der *Dodgers* eine Spieleruniform mit der Zahl »42« auf dem Rücken. Er zog sie an und lächelte für die Fotografen. Am nächsten Tag begab er sich zum Baseballstadion *Ebbets Field* in Brooklyn, um sich mit Clyde Sukeforth zu treffen.

»Na, Robinson, wie fühlen Sie sich so?«[157]

»Gut«, erwiderte Jackie.

»Okay«, sagte Sukeforth. »Dann spielen Sie heute für uns gegen die *Yankees,* als Erster Basemann.«

»Ich schluckte«, erinnert sich Jackie.

Aber Jackies und Rickeys Gegner in dieser Sache blieben nicht untätig. Viele kamen zu den Spielen der Dodgers und äußerten lautstark ihre Meinung. Schlimmer noch: Einige von ihnen nahmen an den Spielen teil. Bereits zwölf Tage nachdem die Dodgers Jackie übernommen hatten, spielten sie im *Ebbets Field Stadium* gegen die *Philadelphia Phillies*. Während dieses Spiels wurde Robinson von niemand Geringerem als *Phillies*-Manager Ben Chapman auf das Übelste beschimpft, der zudem mehrere seiner Leute anstachelte, Fouls gegen Robinson zu begehen. Viele Jahre später erinnerte Jackie sich in seiner Autobiografie:

> Als ich das Spielfeld für den ersten Durchgang betrat, konnte ich kaum meinen Ohren trauen. Was mir von der Spielerbank der *Phillies* entgegentönte, war wie ein Chor des Hasses, den ein unsichtbarer

> Teufel dirigierte: »Hey, Nigger, geh zurück auf die Baumwollplantage, wo du herkommst!« – »Im Urwald warten sie auf dich, schwarzes Jüngelchen!« – »Hey, Schneeflocke, mit welcher der Frauen der weißen Jungs gehst du heute Abend aus?«[158]

Die Gehässigkeit, die Jackie entgegenschlug, war schlimm – so unflätig, dass man vieles nicht zitieren kann. Aber er hielt sich zurück und zog sein Spiel durch, ohne die Philadelphia-Bank auch nur eines Blickes zu würdigen.

Die Obszönitäten, die Chapman von sich gab, hatten eine unerwartete positive Wirkung: Sie machten Jackies Mannschaftskameraden so wütend, dass sie sich ein für alle Mal hinter ihn stellten. Etliche der *Dodgers*-Spieler waren nicht davon begeistert gewesen, zusammen mit einem Schwarzen zu spielen, aber was sie an diesem Tag erlebten, änderte das für immer. Zweiter Basemann Eddie Stanky sprach für das ganze Team, als er der Philadelphia-Spielerbank zuschrie: »Warum beleidigt ihr gelben Säcke nicht jemand, der sich wehren kann?«[159]

Branch Rickey war begeistert von der Reaktion der Mannschaft. Chapman hatte, entgegen seinen Absichten, »dreißig Männer zusammengeschweißt; keiner von ihnen war bereit, tatenlos zuzusehen, wie ein Mann, dem die Hände auf den Rücken gebunden waren, herumgestoßen wurde«[160].

Doch nicht nur auf dem Spielfeld schlug Jackie Ablehnung entgegen. Hotels und Restaurants weigerten sich, ihn zu bedienen, sodass er getrennt von seinen Kameraden essen und übernachten musste. Er erhielt Briefe mit Todesdrohungen. Gegnerische Spieler rempelten Jackie, traten ihm auf die Füße, warfen ihm Bälle an den Kopf, ja traten ihm mit ihren Spike-Schuhen gegen die Beine (einmal war die Wunde 18 Zentimeter lang). Doch Jackie behielt einen klaren Kopf – und hielt sein Versprechen. Und er behielt sein Gottvertrauen; jeden Abend ging er auf die Knie und betete um Kraft.

In dieser Saison spielte Jackie in 151 Matches, und irgendwie gelang es ihm, kein einziges Mal zurückzuschlagen, wenn er angegriffen wurde. Gegen Ende der Spielsaison 1947 war Jackie Robinson einer der berühmtesten

Männer in Amerika. Und erneut sprach auch seine sportliche Leistung eine deutliche Sprache. 1947 wurde er zum Neuen Spieler des Jahres gewählt. Sein Trefferquotient war unglaublich; er hatte 175 Schläge erzielt, mit denen er mindestens die Base erreichte, sowie 125 Runs.[161]

Im folgenden Jahr waren seine Zahlen erneut spektakulär. Doch die rassistischen Angriffe gingen weiter. Als während eines Spiels in Cincinnati Zuschauer rassistische Parolen schrien, ging Robinsons Mannschaftskamerad Pee Wee Reese vor aller Augen zu ihm hin und legte ihm den Arm um die Schulter, als wollte er den Fanatikern auf der Tribüne sagen: »Wenn ihr gegen ihn seid, seid ihr gegen uns alle.« Es war ein Schlüsselmoment, und heute steht eine Statue, die daran erinnert, im *Minor League KeySpan Park*-Stadion in Brooklyn.

1949 übertraf Jackie die hohen Erwartungen ein weiteres Mal. In dem All-Star-Spiel dieses Jahres begann er als Zweiter Basemann. Am Ende der Saison gewann er die Auszeichnung als »am meisten geschätzter Spieler« der *National League*. Wer Zweifel gehabt hatte, dass dieser Mann ein wirklich großer Baseball-Spieler war, musste jetzt klein beigeben. Ebenso wer irgendwelche Zweifel gehabt hatte, ob er der Flut von Beschimpfungen und Beleidigungen, die sich über ihn ergoss, standhalten würde. Ein erleichterter Branch Rickey stellte fest, dass sein schwieriges, ehrenvolles Experiment ein voller Erfolg gewesen war.

1948 wurden mehrere andere schwarze Baseballspieler in die Spitzenvereine aufgenommen, was den Druck auf Jackie milderte. Die Anfeindungen wurden nach und nach geringer, und Jackie konnte sich darauf konzentrieren, einfach ein fantastischer Baseballspieler zu sein. 1949 waren seine Zahlen so beeindruckend, dass die Dodgers sein Gehalt auf 35 000 Dollar anhoben – damals sehr viel Geld. Jackie war jetzt so berühmt, dass der bekannte Bandleader Count Basie einen Hitsong mit dem Titel *Did You See Jackie Robinson Hit that Ball?* (»Hast du gesehen, wie Jackie Robinson den Ball da getroffen hat?«) aufnahm und Hollywood 1950 den Film *The Jackie Robinson Story* drehte. Wie damals bei Filmbiografien üblich, gab man die Hauptrolle Jackie selbst.

Sein Ruhm eröffnete Jackie neue geschäftliche Möglichkeiten. Er engagierte sich in zahlreichen Wohltätigkeitsorganisationen, vor allem solchen, die Kindern beider Rassen halfen. Während dieser Jahre bei den Dodgers machte Jackie auch Druck auf Hotels und Restaurants, die immer noch schwarze Baseballspieler diskriminierten, und etliche von ihnen beendeten ihre Rassentrennung.

Und sein sportlicher Erfolg setzte sich fort. 1950 und 1951 war er der beste »Doppelspieler« als Zweiter Basemann. 1951 brachte sein außergewöhnliches Talent die Dodgers um ein Haar in die *World Series* (das Finale der US-Baseball-Profiligen), bis der legendäre Homerun von Bobby Thompson (*New York Giants*) sie aus dem Rennen warf. Im folgenden Jahr war ganz Brooklyn aus dem Häuschen, als Jackie und die Dodgers die Meisterschaft der National League gewannen, obwohl sie sich in der World Series den Yankees geschlagen geben mussten. 1953 führte Jackie die Brooklyn Dodgers erneut zur National League-Meisterschaft, doch auch diesmal verloren sie in der World Series gegen die Yankees. 1954 gewann das Team nicht die Meisterschaft, aber dann, 1955, war es endlich so weit: Die Dodgers gewannen die Meisterschaft und setzten sich anschließend in der World Series gegen ihre Rivalen aus der Bronx durch.

Der Gewinn der World Series war der Höhepunkt von Robinsons Karriere. Im folgenden Jahr konnte Jackie sein zehnjähriges Jubiläum bei den Dodgers feiern, aber inzwischen zeigten sich auch die ersten Folgen einer nicht diagnostizierten Diabetes, und am Ende der Saison gaben die Dodgers ihn an die New York Giants ab.

Doch die 38 Jahre alte Baseball-Legende hatte bereits beschlossen, dass es genug war, und so kündigte Jackie seinen Rückzug aus dem Sport an. Schon bevor die Dodgers ihn abgaben, hatte er beschlossen, bei dem Kaffeekonzern *Chock Full O'Nuts* eine Stelle als Personaldirektor anzunehmen. Für die *Giants*, die Erzrivalen der *Dodgers*, sollte er nie spielen.

In einem Artikel, der in dem Magazin *Look* erschien, schrieb er: »Ich werde die Action im Baseball nie vergessen, aber dafür habe ich jetzt mehr Zeit für meine Familie.« Seine drei Kinder – Jackie, Sharon und David – würden jetzt »einen richtigen Vater haben, mit dem sie abends und am Wochenende reden und spielen können. Jetzt brauchen sie nicht mehr den Fernseher einzuschalten, um ihn zu sehen«[162].

Jackie hatte immer schon ein Herz für die Armen gehabt. Jetzt gründete er eine Baufirma – die *Jackie Robinson Construction Company* –, die Häuser für Menschen mit geringem Einkommen baute. Er kaufte regelmäßig Lebensmittel für die Armen, die er an Tafelläden und städtische Essensausgaben verschenkte. Er besuchte kranke Kinder im Krankenhaus und engagierte sich im Kampf gegen die Drogensucht, mit der sein Sohn Jackie Probleme gehabt hatte. Er engagierte sich auch intensiv in der Bürgerrechtsbewegung, wo er mit Martin Luther King jun. zusammenarbeitete und Reisen in den Süden der USA machte, um den Nachkommen der Sklaven endlich die volle Freiheit zu bringen. Er wurde außerdem der erste schwarze Kommentator in der Sportsendung *Major League Baseball Game of the Week* des Senders ABC sowie Mitglied im Vorstand der NAACP.

1962 wurde die jetzt 43-jährige Baseball-Legende als erster schwarzer Spieler in die *Baseball Hall of Fame* gewählt, das große Ehrenmuseum des Baseballs in Cooperstown (Bundesstaat New York). Kaum zu glauben, aber es war erst 15 Jahre her, dass Schwarze in den Mannschaften der Major Leagues spielen durften. Doch im selben Jahr, wie Robinson in einem Artikel traurig vermerkt, probten Studenten der *University of Mississippi* den Aufstand , als James Meredith, ein Schwarzer, sich an ihr einschreiben wollte. Um eine Formulierung von Winston Churchill zu benutzen: Jackies Aufnahme in die Hall of Fame des Baseballs war nicht der Anfang vom Ende der Rassenkämpfe in Amerika, sondern »erst das Ende vom Anfang«.

Jackies Körper ließ ihn immer mehr im Stich. Er litt an starken Schmerzen in Beinen und Füßen, das Erbe all der Jahre, die er Football, Basketball und Baseball gespielt hatte. 1968 und 1970 erlitt er einen leichten Herzinfarkt;

die Ärzte stellten auch Diabetes und Bluthochdruck fest. Geplatzte Adern in den Augen nahmen ihm einen Teil seiner Sehkraft.

Im Juni 1971 kam sein ältester Sohn, Jackie jun., mit gerade einmal 24 Jahren bei einem Autounfall ums Leben. Wer Jackie kannte, der spürte, dass dies von allen Schlägen, die er im Laufe der Jahre erlitten hatte, der härteste war.

Am 15. Oktober 1972, eine Woche vor seinem Tod, waren Jackie Robinson und seine Lieben im *Riverfront Stadium* in Cincinnati, wo Jackie im zweiten Spiel der *World Series* den zeremoniellen Eröffnungswurf ausführte. Vor den Augen Zehntausender Fans der *Pirates* und *Reds* nahm die Baseball-Ikone eine Gedenktafel zum 25. Jahrestags seines Debüts bei den *Dodgers* entgegen. Mit vor Rührung zitternder Stimme sagte Jackie bei diesem Anlass: »Ich möchte es so gerne noch erleben, dass es einen schwarzen Manager gibt. Oder dass ein Schwarzer der Base-Coach an der dritten Base ist.«[163]

Es gab noch etliche Menschenrechtsschlachten zu schlagen, doch das sollte Jackie nicht mehr erleben. Am Morgen des 24. Oktober 1972 machte Rachel gerade das Frühstück, als er aus dem Schlafzimmer herbeigestürzt kam. Er warf die Arme um die Frau, mit der er seit 26 Jahren verheiratet war, stieß hervor: »Ich liebe dich« und brach zusammen. Er erlag seinem Infarkt im Krankenwagen auf dem Weg zur Klinik. Er war nur 53 Jahre alt geworden.

Ein paar Tage später wohnten 2500 Trauergäste seinem Beerdigungsgottesdienst in der *Riverside Church* in New York bei. Zehntausende standen in den Straßen Spalier, als man den Sarg zum *Cypress Hills Cemetery* fuhr, wo er neben seinem Sohn und Namensvetter beigesetzt wurde.

Seitdem ist die Anerkennung für Jackie Robinson noch größer geworden – nicht nur für das, was er getan hat, sondern auch für das, was er war: ein Mann mit Charakter, Mut, Würde und einem starken christlichen Glauben. 1984 verlieh ihm US-Präsident Ronald Reagan posthum die *Medal of Freedom* (Freiheitsmedaille), Amerikas höchste nicht militärische Auszeichnung. Im April 1997 war Präsident Bill Clinton dabei, als im *Shea Stadium* 54000 *Mets*-Fans den 50. Jahrestag feierten, an dem Jackie in den Spitzenbaseball aufgenommen wurde und dort damit die Rassenschranke durchbrach. Robinsons Enkel Jesse machte den zeremoniellen Startwurf, und der Vorsitzende des Major League Baseballs in Amerika, Bud Selig, gab bekannt, dass es in den Major Leagues künftig die Spielernummer 42 nicht mehr geben werde. »Die 42 gehört für alle Zeiten Jackie Robinson«, sagte er, und die Menge tobte.[164]

1999, 27 Jahre nach Jackies Tod, wurde von Baseball-Fans in den USA das *All Century Team* des Major League Baseball aus der Taufe gehoben, in dem die besten Spieler des 20. Jahrhunderts verewigt sind. In dieses Team wurde auch Jackie gewählt.

Wenn man das Leben und die Karriere eines Baseballspielers betrachtet, schaut man sich für gewöhnlich seine Leistungsstatistik an und vergleicht sie mit den Zahlen der Baseballspieler vor ihm. Aber was Jackie Robinson in jenen ersten Jahren geleistet und ertragen hat, lässt sich nicht in Zahlen fassen. Es war ein Opfer und eine Heldentat, die sich den üblichen Bewertungsmaßstäben entziehen. Robinson tat das, was er Branch Rickey bei jenem historischen Treffen versprochen hatte – und veränderte damit den amerikanischen Baseball für immer. Es war eine einzigartige moralische und charakterliche Leistung, gegen die jede sportliche Leistung verblassen muss. Mit Gottes Hilfe zog ein Mann eine ganze Nation heraus aus dem Sumpf der Rassendiskriminierung und hinein in eine bessere Zukunft.

Am 31. Januar 2019 wird sich Jackie Robinsons Geburtstag zum 100. Mal jähren. Sehr wahrscheinlich wird es überall in der Welt Gedenkfeiern geben. Aber ich hoffe, die Welt wird nicht vergessen, was das Herzstück von Jackies Geschichte ist: dass er Amerika veränderte, indem er, auf dem Baseball-Spielfeld und im Alltag, die revolutionären, weltverändernden Worte Jesu erfolgreich auslebte:

> Ihr habt gehört, dass es im Gesetz von Mose heißt: »Wer jemand am Auge verletzt, soll selbst am Auge verletzt werden. Und wer anderen einen Zahn ausschlägt, soll selbst einen Zahn dafür einbüßen.« Ich aber sage: Wehrt euch nicht, wenn euch jemand Böses tut! Wer euch auf die rechte Wange schlägt, dem haltet auch die andere hin.

Wenn ihr vor Gericht erscheinen müsst und euer Hemd wird euch abgenommen, gebt euren Mantel noch dazu. Wenn jemand von euch verlangt, eine Meile weit mit ihm zu gehen, dann geht zwei Meilen mit ihm. (Matthäus 5,38-41)

6. KAPITEL

PAPST JOHANNES PAUL II.

1920–2005

Die Wahl des neuen Papstes war *das* Ereignis in den beiden letzten Augustwochen des Jahres 1978. Ich war damals fünfzehn und stand kurz vor meinem vorletzten Schuljahr an der Highschool in Danbury (Connecticut). Ich hatte viele katholische Freunde, war aber selbst im griechisch-orthodoxen Glauben aufgewachsen, sodass die Frage, wer gerade Papst war und wer nicht, mich nicht sonderlich interessierte. Aber es war unmöglich, das, was da gerade im fernen Rom passierte, nicht zur Kenntnis zu nehmen. Es war wirklich eine große Sache, was ich gut verstehen konnte, gab es doch fast eine Milliarde Katholiken auf der Welt.

Ein neuer Papst – eigentlich war das gar nicht möglich. Soweit ich mich zurückerinnern konnte, hatte der Papst immer Paul VI. geheißen. Das war sozusagen in Stein gemeißelt für mich, gerade so wie die Tatsache, dass die Königin von England Elizabeth II. war (und heute, wo ich dieses Buch schreibe, immer noch ist). Präsidenten und Premierminister waren sterblich, Päpste und englische Königinnen nicht, und bis zu den Schlagzeilen dieses Sommers war ein neuer Papst für mich gar nicht vorstellbar. Gut, irgendwann hatte ich einmal von dem Papst vor Paul VI. gehört. Er hieß Johannes, aber er starb, bevor ich geboren wurde, was für mich ungefähr gleichbedeutend mit dem Mittelalter war. Kurz: Für mich hatte es immer nur *einen* Papst gegeben. Bis jetzt.

Der Neue, Albino Luciani, zuvor Patriarch in Venedig, nahm den Namen Papst Johannes Paul an. So weit, so gut. Aber kaum hatte sich der Medienrummel gelegt, kamen schon die nächsten Schlagzeilen: Der Papst war gestorben – am 28. September, nur 33 Tage nachdem die Kardinäle ihn zum Papst gewählt hatten. Der alte Papst war gestorben, und das Konklave hatte einen neuen gewählt, und jetzt war auch der neue tot, und man musste schon wieder einen Nachfolger wählen. Es war, gelinde gesagt, ein bisschen ungewöhnlich. Wieder richteten sich die Augen der Welt auf den Vatikan, und man dachte unwillkürlich: Hoffentlich suchen die sich jemand aus, der noch einigermaßen jung und gesund ist.

Nun, der neue war jung und gesund. Der Mann, den das Kardinalskollegium diesmal wählte, hieß Karol Wojtyla und war erst 58 Jahre alt – nach dem, was für Päpste historisch üblich war, nicht gerade alt. Aber mehr noch: Es hieß, dass er selbst für dieses Alter außergewöhnlich jugendlich und fit sei. Ach ja, und er kam aus Polen. Ein Nichtitaliener als Papst? Allerhand – fast so allerhand, als ob man einen Evangelischen gewählt hätte. Den letzten nicht italienische Papst hatte es vor 456 Jahren gegeben; 1522 war ein Niederländer auf den Stuhl Petri gekommen – Hadrian VI., mehr oder weniger ein Zeitgenosse von Christoph Kolumbus.

Das waren echt Neuigkeiten! Und es kamen noch mehr: Dieser neue Papst, so hieß es, sprach zwölf Sprachen und hatte Theaterstücke und Gedichte geschrieben und Philosophie studiert. Er war ein begeisterter Sportler, der Fußball spielte, wanderte, Krafttraining machte, schwamm und joggte. Hatte ich das richtig gehört? Ein Papst, der mit Hanteln trainierte und joggte? Okay, jeder joggte – aber der Papst?

Aus Respekt vor seinem so bald verstorbenen Vorgänger nannte der neue Papst sich Johannes Paul II. (was manchmal zu JP2 abgekürzt wurde). Selbst das klang jung und modern. Und je mehr man von dem neuen Papst sah und hörte, umso mehr staunte man.

Dieser Mann strahlte eine Freundlichkeit, eine Fröhlichkeit und einen Optimismus aus, die erfrischend wirkten. Hier war ein Papst, dessen Wahl sogar einen Nichtkatholiken nicht kaltließ, ein Mann, der Hoffnung ausstrahlte. Doch worin bestand sein Geheimnis? Hier war jemand, der Gott absolut ernst nahm, ohne im negativen Sinne »fromm« zu sein, ein Mann voller Leben.

Doch, die Wahl dieses neuen Papstes war ein Ereignis, selbst für einen Teenager, der nicht zur katholischen Kirche gehörte.

Aber dann, im Lauf der Jahre, merkte ich, dass dieser Papst noch mehr war als jung und kein Italiener. Er war auf hundert Arten anders. Ein Attentat auf ihn und die parkinsonsche Krankheit konnten ihn nicht bremsen – er war außergewöhnlich aktiv und vital. Fast ständig ging er auf Reisen; insgesamt besuchte er 129 Länder. Er begeisterte die Menschen, wo sie ihn sahen, und war für viele, viele junge Leute ein Magnet, der sie zum Glauben zog.

Er war tapfer, ja heldenhaft. In seinem Heimatland Polen bot er den Kommunisten die Stirn und stellte sich an die Seite der *Solidarność*-Bewegung. Und wir werden nie vergessen, wie ein Attentäter ihn beinahe erschoss – und er später diesen Mann besuchte und ihm vergab. Es war alles ein wenig wie im Film.

Wer war dieser so hochbegabte und begnadete Mann, der auf einmal Papst wurde? Wer war dieser tapfere Mann, der einst in Theaterstücken aufgetreten war und jetzt eine der Schlüsselrollen in einem Drama des wirklichen Lebens und der modernen Geschichte spielte, im Kampf zwischen Freiheit und Kommunismus?

Von den sieben großen Männern in diesem Buch hat nur einer je den Titel »der Große« erhalten. Johannes Paul der Große. Schauen wir uns an, wer er war.

Der Mann, der Papst Johannes Paul II. werden sollte, wurde am 18. Mai 1920 als Karol Wojtyla in Wadowice in Polen geboren. Der Vater des Jungen, der ebenfalls Karol hieß und mit Emilia verheiratet war, diente in der österreichischen Armee. Die Familie wohnte in der Nähe der Kirche, und da beide Eltern fromme Katholiken waren, war der kleine Karol – oder Lolek, so sein Spitzname – jeden Tag in der Kirche.

Lolek war das jüngste der drei Kinder seiner Eltern. Sein Bruder Edmund war 14 Jahre älter, seine Schwester bereits tot, als er geboren wurde. Die Mutter war kränklich – sie hatte ein Herz- und Nierenleiden –, sodass die Hauptlast der Erziehung auf die Schultern seines Vaters fiel. In ihrem Buch *John Paul II: A Tribute in Words and Pictures* schreiben Monsignor Virgilio Levi und Christine Allison:

> Die Wojtylas waren wie die meisten polnischen Katholiken. In ihrem Haus hatten sie die Symbole ihres Glaubens – Kruzifixe, ein Gemälde der Jungfrau Maria und Weihwasser in einem Becken neben der Tür. Lolek trug das Skapulier, das er zur Erstkommunion bekommen hatte, jeden Tag. [...] Doch der Glaube im Hause Wojtyla ging noch tiefer; er nahm im Herzen Gestalt an. Karol sen. führte ein Leben schlichter christlicher Demut. »Fast alle meine Kindheitserinnerungen sind mit meinem Vater verknüpft«, schrieb Lolek Jahre später, als er Papst war. »Sein Beispiel allein reichte aus, um mir Disziplin und Pflichtbewusstsein einzuprägen.«[165]

Das Bild seines im Gebet knienden Vaters hat Karol Wojtyla nie verlassen, und oft sollte die Welt auch ihn in ebendieser Haltung sehen, ob er nach der Landung in einem fremden Land dessen Boden küsste oder im Petersdom in Rom betete.

Lolek war erst acht Jahre alt, als seine Mutter starb. Es war der erste einer ganzen Reihe von Schicksalsschlägen, die den Jungen treffen sollten. Vier Jahre später, als er zwölf war, starb sein geliebter Bruder Edmund an Scharlach. Trotz des großen Altersunterschiedes hatten die Brüder sich nahegestanden, und Edmunds Tod traf Lolek schwer. Jahre später schrieb er: »Der Tod meiner Mutter hat mich tief geprägt [...] aber der meines Bruders vielleicht noch mehr, wegen seiner dramatischen Umstände und weil ich damals schon reifer war.«[166] Der Tod des Bruders zwang ihn, schneller erwachsen zu werden, und ohne Zweifel trieb er ihn auch näher zu Gott. Der ruhige, fromme Junge wurde jetzt noch frommer und verbrachte noch mehr Zeit in der Kirche und im Gebet.

Lolek hatte einen hellen Kopf und war ein exzellenter Schüler. Doch trotz allen Lernens und aller ernsten Frömmigkeit war er ein ziemlich typischer Teenager seiner Zeit. Er liebte den Sport und spielte begeistert Fußball. Als Oberschüler spielte er auch gerne im Theater, ja betätigte sich als Autor und Regisseur von Stücken der Theater-AG Wadowice.

Als Klassenbester hielt Lolek auf seiner Oberschul-Abschlussfeier eine der Reden. Der Hauptredner des Tages war der Erzbischof von Krakau, Adam Sapieha. Er war von der Rede des brillanten Teenagers so beeindruckt, dass er ihn kurzerhand fragte, ob er daran denke, Priester zu werden. Tief enttäuscht musste er hinnehmen, dass der junge Mann dies verneinte.

Nach seinem Schulabschluss schrieb Karol sich als Student an der Jagiellon-Universität in Krakau ein. Im Jahre 1364 gegründet, war sie eine der ältesten Universitäten der Welt. Hier brillierte Karol weiter, in Philologie und diversen Sprachen. Er betätigte sich auch als ehrenamtlicher Bibliothekar und war erneut im Theater aktiv, als Schauspieler wie als Stückeschreiber.

Trotz seines mehr als vollen Stundenplanes ging Karol täglich zum Gottesdienst und pflegte sein persönliches Andachtsleben. Darin war er sicherlich anders als die übrigen Studenten, mit denen er viel zusammen war; was mögen sie gedacht haben über diesen tiefgläubigen Freund und Kommilitonen? In seinem Buch *Great Souls: Six Who Changed a Century* (deutscher Titel: *Sechs große Seelen, die ein Jahrhundert veränderten*) berichtet David Aikman, wie »seine [Karols] Mitstudenten einmal zum Spaß einen Zettel auf seinen Tisch legten, auf dem stand: ›Karol Wojtyla, angehender Heiliger‹«[167].

Es waren unruhige Zeiten für Polen und die Gesellschaft, in der Karol lebte. Unter anderem begann der Antisemitismus, der in Deutschland unter Hitler immer ungezügelter tobte, auch nach Polen überzuschwappen. Die Prägung, die Karol als junger Mann erfuhr, sollte ihn auf Kollisionskurs zum Antisemitismus bringen. Seine Heimatstadt Wadowice war zu einem Drittel jüdisch und das Verhältnis zwischen Katholiken und Juden freundschaftlich. Die Familie Wojtyla hatte seit jeher viele jüdische Freunde. Ein guter jüdischer Freund von Karol war Jerzy Kluger; er und Karol sollten ihr Leben lang befreundet bleiben. Als sich viele Jahre später Kluger und seine Familie in Rom niederließen, behandelten sie ihren alten Freund, der mittlerweile Papst Johannes Paul II. war, wie jemanden, der zur Familie gehörte.

Wo immer er konnte, stellte der junge Karol sich dem wachsenden Antisemitismus in Krakau entgegen. Doch wie die meisten Polen damals, ja wohl wie die meisten Europäer begriff er nicht, wie ernst die Entwicklung wirklich war, auch dann nicht, als die ersten jüdischen Freunde sich gezwungen sahen, das Land zu verlassen.

Trotz aller Turbulenzen verliefen diese Jahre im Leben von Karol Wojtyla alles in allem ruhig; sie waren geprägt durch sein Studium. Diese Ruhe zerbrach brutal, als am 1. September 1939 der deutsche Angriff auf Polen erfolgte. Nach den Bombern und Panzern kamen die »Einsatzgruppen« der SS, die auch gegen die Zivilbevölkerung rücksichtslos vorgingen. Am 17. September marschierte die Rote Armee in Ostpolen ein, und Ende des Monats existierte Polen nicht mehr als Staat: Sein Territorium war von Deutschland und der Sowjetunion besetzt – eine Folge des Hitler-Stalin-Paktes vom 23. August 1939, der Osteuropa in deutsche und sowjetische Interessensphären aufteile. In den kommenden Monaten und Jahren sollten Millionen Polen getötet werden. In Krakau gehörten zu den Menschen, die die Nazis festnahmen und deportierten, auch 186 Dozenten der Jagiellon-Universität, die bald darauf ihre Pforten schloss.

Karol versuchte erst als Zeitungsausträger und danach als Steinbrucharbeiter, die Brötchen für sich und seinen Vater, der bei ihm in Krakau wohnte, zu verdienen. Im Herbst 1941 wurde er in die Chemiefabrik Solvay in Borek Falecki versetzt. In diesen Jahren sorgte Karol weiterhin dafür, dass auch sein Geist und seine Seele zu ihrem Recht kamen – durch Lesen, religiöse Diskussionen mit Kollegen, heimliche Theateraufführungen und Gebet. In seiner maßgebenden Papstbiografie *Zeuge der Hoffnung* schreibt George Weigel:

> Seine Arbeitskollegen erinnern sich auch, dass Karol Wojtyla ohne Angst vor dem Spott anderer in der Fabrik niederkniete, um zu beten. Offenbar konnte er den Lärm um sich herum ganz vergessen, wenn er mit Gott sprach. Häufig unterbrach er seinen Heimweg nach Debniki in der von den Redemptoristen geleiteten Gemeindekirche von Podgorze, um dort zu beten oder nach Beendigung sei-

ner Nachtschicht der Frühmesse beizuwohnen. »Hier«, erinnerte er sich 30 Jahre später, »gewann ich die Kraft, um die schwierigen Zeiten der Besatzungsjahre zu überstehen.«[168]

Ein großer Freund und Mentor in diesen schweren Jahren war ein bescheidener Mann namens Jan Leopold Tyranowski, den Karol in seiner Pfarrgemeinde kennenlernte. Von Beruf nicht Priester, sondern Schneider, war Tyranowski ein tiefgläubiger Laie, der sich im »Lebendigen Rosenkranz« engagierte, einer katholischen Jugendarbeit, die damals entstand, um jungen Polen zu helfen, auch in den Kriegsjahren ihrem Glauben treu zu bleiben. Tyranowski, der einzeln und in Gruppen mit den jungen Männern arbeitete, war ein geistlicher Mentor, der ihr Leben tief prägte.

Karol hat nie vergessen, was Tyranowski über das Leiden sagte und wie es uns näher zu Gott ziehen kann. Später, als er Papst geworden war, nannte er den demütigen Schneider »einen jener unbekannten Heiligen, die wie ein wunderbares Licht im Keller des Lebens verborgen sind, in einer Tiefe, in der meist die Nacht herrscht«. In ihm hatte der junge Karol »die Schönheit der von der Gnade berührten Seele« gesehen.[169]

Die Jahre der Besatzung und die Tätigkeit als einfacher Arbeiter, die sie für ihn mit sich brachten, lehrten ihn noch etwas anderes. George Weigel schreibt: »[...] in der Fabrik Solvay lernte Karol Wojtyla eine ihm bis dahin fremde Welt kennen, die Welt des Industriearbeiters.«[170] In dieser Welt lernte er neue Lektionen über die Würde der Arbeit und der Arbeiter. Es waren Lektionen, die ihm in den vor ihm liegenden Jahren sehr zugutekommen sollten.

Doch zunächst wartete noch einer der allergrößten Schicksalsschläge auf den jungen Karol. Als er eines Abends von der Arbeit nach Hause kam, mit Lebensmitteln und Medikamenten für seinen 62-jährigen Vater, musste er entdecken, dass dieser gestorben war. Karol, am Boden zerstört, verbrachte die ganze Nacht im Gebet neben dem Leichnam seines Vaters. Ein Freund war bei ihm, aber Jahrzehnte später sagte Karol über diese Nacht, er habe sich »nie so allein gefühlt«.[171] Seine Mutter war von ihm gegangen, sein Bruder – und jetzt der Vater. Mit zwanzig Jahren war er mutterseelenallein in dieser Welt.

Doch zum Teil als Folge all dieser Leidenserfahrungen setzte ein Umdenken in seinem Leben ein. Verschiedentlich schon hatten mehrere Lehrer und Freunde ihn gefragt, ob es nicht eigentlich seine Berufung sei, Priester zu werden. Doch bislang hatte er diesen Gedanken nie wirklich ernst genommen.

Jetzt begann ihm aufzugehen, dass sein ganzes bisheriges Leben ihn in diese Richtung geführt hatte. Eine Erkenntnis gewann Gestalt in ihm, die in den kommenden Jahrzehnten im Zentrum seines Lebens stehen sollte: Gottes Hand war überall am Werk, und es gab keinen Zufall – jedenfalls nicht in seinem Leben. Jedes Ereignis in seinem Leben, jeder Mensch, den er kennengelernt hatte, jede Gabe, die er von Gott bekommen hatte – sie alle führten ihn weiter auf dem Weg, den Gott für ihn geplant hatte.

Im damaligen Polen Priester zu werden, erforderte eine Extraportion Überzeugung und Mut. Es war eine Entscheidung, bei der es um alles oder nichts ging. Das Priesterseminar, das Karol jetzt besuchte, musste vor den deutschen Besatzern geheim gehalten werden. Wer mit ihm zu tun hatte, geschweige denn es besuchte, konnte im Konzentrationslager oder vor einem Erschießungskommando landen.

Und so arbeitete Karol weiter in der Chemiefabrik, engagierte sich im Theater und besuchte jetzt auch noch heimlich das Untergrund-Priesterseminar. Karols Lehrer war kein anderer als Erzbischof Sapieha – der Mann, der bereits einige Jahre zuvor bemerkt hatte, dass er das Zeug zum Priester hatte.

Trotz aller Sicherheitsvorkehrungen, die die Seminaristen trafen, geriet Karol, bevor der Krieg vorbei war, zwei Mal in Lebensgefahr. Das erste Mal handelte es sich um einen Unfall: Im Februar 1944 wurde er auf dem Nachhauseweg von der Arbeit von einem zu schnell fahrenden deutschen Militärlaster erfasst und kopfüber zu Boden geschleudert. Eine polnische Passantin und ein deutscher Offizier kümmerten sich um ihn und sorgten dafür, dass er sofort ins Krankenhaus kam. Er hatte eine schwere Gehirnerschütterung davongetragen und musste ein paar Wochen im Krankenhaus bleiben, kam aber wieder voll auf die Beine, ja es gelang ihm sogar, die Frau, die ihm geholfen hatte, ausfindig zu machen und ihr zu danken.

Im August desselben Jahres wurde sein Leben auf eine ganz andere Art bedroht. Inzwischen hatten die deutschen Besatzer sowohl mit den vorrückenden Russen als auch mit polnischen Aufständischen zu kämpfen. Die Reaktion der Nazis auf jeglichen Widerstand der Bevölkerung war stets massiv und brutal gewesen. So auch jetzt: Mit typisch deutscher Gründlichkeit führten sie in Krakau eine Razzia durch, bei der sie alle jungen Männer, deren sie habhaft werden konnten, abführten (wohin, kann man sich vorstellen). Als sie immer näher zu der Souterrainwohnung kamen, in der Karol und seine Freunde wohnten, warf Karol sich auf den Fußboden und begann zu beten.

Die deutschen Soldaten kamen näher und näher – und dann gingen sie an der Wohnung vorbei. Sahen sie die Tür nicht? Vergaßen sie schlicht, hineinzugehen? Wie auch immer, der junge Seminarist und seine Freunde waren gerettet.

Nach dieser wunderbaren Bewahrung zogen Karol und die sechs anderen Studenten zur Sicherheit in die Residenz des Erzbischofs um, wo sie bis zum Rückzug der Deutschen aus der Stadt im Jahre 1945 blieben. Als die Jagiellonische Universität wiedereröffnet wurde, setzte Karol sein theologisches Studium dort fort und arbeitete gleichzeitig als Tutor für Studienanfänger. Vor allem ein moraltheologisches Seminar, in dem es um das Recht auf Leben ging, sollte einen tiefen Einfluss auf Karols persönliches Denken in den kommenden Jahren haben.

An Allerheiligen (1. November) 1946 wurde Karol Wojtyla zum Priester geweiht, und es begann die nächste Phase seines Lebens – eine Phase, die ihn auf eine Rolle vorbereitete, die größer war als alles, was er sich je hätte träumen lassen.

Erneut spielte Sapieha eine Schlüsselrolle, der im Februar zum Kardinal ernannt worden war. Er schickte den jungen Priester nach Rom, um dort an der Päpstlichen Universität seinen Doktor in Theologie zu machen.

Einmal mehr bekam Karol Gelegenheit, mehrere Lebensstile gleichzeitig kennenzulernen. An der Universität arbeitete er konzentriert an seiner Dissertation über Johannes vom Kreuz, in seinem täglichen Leben in Rom lernte er einen Wohlstand kennen, der in dem noch vom Krieg gezeichneten Polen, das gerade anfing, die ganze Wucht der neuen sowjetischen Tyrannei zu spüren, unbekannt war. In den Sommerferien wiederum bereiste er Frankreich und Belgien, um die neue Bewegung der Arbeiterpriester kennenzulernen – eine Bewegung, die den jungen Studenten kommentieren ließ: »Allein durch die intellektuelle Kreativität des Katholizismus wird die Gesellschaft nicht verwandelt werden.«[172]

In Westeuropa sah Karol zum ersten Mal, dass materieller Reichtum oft Hand in Hand ging mit spiritueller Armut. Verglichen mit Polen und den anderen Ländern hinter dem bald sogenannten Eisernen Vorhang, waren die Menschen im Westen materiell bestens versorgt, doch viele ihrer Kirchen leer. Mit offenen Augen sowohl für das wirtschaftliche Elend zu Hause wie für das religiöse Elend um ihn herum begann Karol, seiner Ablehnung des Kommunismus und seiner Kritik des ungezügelten Kapitalismus Ausdruck zu geben.

1948 nach Polen zurückgekehrt, wurde Karol Gemeindepfarrer, zuerst in einer Pfarrei auf dem Land, dann in einer mehr städtischen. Er lehrte und studierte weiter und erwarb einen zweiten Doktortitel, diesmal in Philosophie. Er schrieb auch weiter Theaterstücke und Gedichte, jedoch unter einem Pseudonym. Und er baute eine Jugendarbeit auf, die dokumentierte, welch ein großes Herz er für die jungen Leute hatte und wie gut er ihre Bedürfnisse, Sehnsüchte und Kämpfe verstand. David Aikman schreibt:

> Karol begann, in den Bergen der Umgegend Wanderfreizeiten für junge Menschen zu organisieren, auf denen er mit ihnen ausführlich über die Probleme ihres Alltags sprach. Die Kommunisten erlaubten es Priestern nicht, kirchliche Veranstaltungen außerhalb ihrer Pfar-

reien abzuhalten, und so war Karol bei diesen Freizeiten »in Zivil«. Mit einer Offenheit, wie man sie gegenüber einem Priester sonst nicht hatte, sprachen die jungen Männer und Frauen über sexuelle Versuchungen und über die Schwierigkeiten, in einer massiv materialistischen und reglementierten Welt mit Gott zu leben. Abends saßen sie bis tief in die Nacht am Lagerfeuer und unterhielten sich, machten Witze und sangen, und jeden Morgen feierte Karol die Messe.

Er ging mit seinen Schülern auch ins Theater, spielte Schach mit ihnen und machte ihnen Mut, ihre Eltern zu kirchlichen Veranstaltungen mitzubringen.[173]

1960 veröffentlichte Karol mit 40 Jahren sein erstes Buch, *Liebe und Verantwortung*, eine Frucht seiner Arbeit mit jungen Erwachsenen, vor allem Verlobten und Jungvermählten. In dem Buch packte er einige der heißesten Eisen der damaligen Gesellschaft an. Die Positionen der katholischen Kirche zu Ehe, Sexualität und Familie lagen damals unter dem Trommelfeuer des kommunistischen Regimes, und Karol war als Seelsorger mit den Auswirkungen konfrontiert. Die Regierung forderte die jungen Leute geradezu zu vorehelichem Geschlechtsverkehr auf, um sie so leichter der Kirche entfremden zu können.

In seinem Buch schrieb Karol, dass sexuelle Liebe, solle sie ihre Bestimmung erfüllen, im Kontext der Verantwortung gegenüber Gott und dem Partner ausgelebt werden müsse. Der Weg zu echter sexueller Freiheit müsse sich an der katholischen Sexualethik orientieren, weil diese uns helfe, zu lernen, andere Menschen wirklich zu lieben und nicht bloß zu unserer Bedürfnisbefriedigung zu benutzen. Das Buch ist eine frühe Formulierung der Sexualethik, die Karol später als Papst so konsequent vertreten sollte.

Doch er formulierte diese Ethik gleichsam positiv und nicht negativ. Anstatt eine Liste von Geboten und Verboten herunterzurasseln, sprach er von einem höheren Gut, von echter Liebe und wirklicher Freiheit. Weigel weist hier auf einen Aspekt in Wojtylas Theologie hin, der häufig übersehen wird:

> Statt darüber zu streiten, ob die Kinderzeugung oder die Gemeinschaft der Ehegatten der primäre Zweck der Ehe sei, erklärte Wojtyla in seiner Sexualethik, dass *Liebe* das Gebot der Ehe sei, eine Liebe, in der beide Seiten der menschlichen Sexualität – die Fortpflanzung wie die Vereinigung der Gatten – ihren ganzen moralischen Gehalt entfalteten.[174]

Seine Jahre als Gemeindepfarrer waren mit die wichtigste und prägendste Zeit seines Lebens und zentral für die Entwicklung seiner Theologie. Doch schließlich ließ er diese Phase hinter sich, als seine Lehraufgaben wuchsen und er seine zweite Dissertation begann. In diesen Jahren begann man in der kirchlichen Hierarchie, ein Auge auf den fleißigen Priester, Lehrer und Autor zu werfen. 1958 war Karol Wojtyla mit nur 38 Jahren Weihbischof (»Hilfsbischof«, der den Diözesanbischof unterstützt) von Krakau geworden. Die Ernennung war der Beginn eines kometenhaften Aufstiegs innerhalb der katholischen Kirche, der den weitgehend apolitischen Priester auf Kollisionskurs mit dem kommunistischen Regime in Polen bringen sollte.

Der Umgang mit den Kommunisten verlangte Wojtyla sein ganzes diplomatisches Geschick ab. Er lernte, für die Rechte der Kirche einzustehen und ihre Gegenwart in der polnischen Gesellschaft zu stärken, ohne die direkte Konfrontation mit der staatlichen Obrigkeit zu riskieren. Diese Strategie mag erklären, warum das Regime ihn auch dann nicht als größere Bedrohung sah, als sein Aufstieg sich fortsetzte.

In diese Zeit fällt auch das epochemachende Zweite Vatikanische Konzil (1962–1965), das dazu beitrug, dass Wojtyla auch im Ausland bekannter wurde. Er setzte sich auf dem Konzil unter anderem entschieden für die Religionsfreiheit aller ein (und nicht nur für die katholische Kirche) und stellte klar, dass die Juden nicht allgemein am Tod Christi Schuld trugen.[175] Er argumentierte, die Religionsfreiheit »treffe den Kern des Dialogs zwischen Kirche und Welt, denn sie berühre die Frage, was die Kirche zur menschlichen Person und der *conditio humana* sage«[176]. Er warnte zwar vor einem Missbrauch der Freiheit, hielt sie jedoch für einen absolut fundamentalen Wert, den sich die Kirche für alle Menschen konsequent auf ihre Fahnen schreiben müsse.

Noch während des Konzils, im Jahre 1964, wurde Wojtyla Erzbischof von Krakau; schon drei Jahre darauf ernannte Paul VI. ihn zum Kardinal. Es war ein bemerkenswert rascher Aufstieg für einen Priester, der sich, im Staat wie in der Kirche, nie mehr als unbedingt nötig »politisch« betätigt hatte (obwohl er bei Bedarf ein höchst geschickter »Politiker« sein konnte).

Allmählich wuchs eine Freundschaft zwischen ihm und dem Papst, der immer häufiger den Rat des brillanten, tiefgründigen polnischen Kardinals suchte. Wojtylas intellektuelle Dynamik und geistliche Kraft führten den führenden Köpfen der Kirche neue Energie zu.

Dann kam der August 1978, und die Welt veränderte sich. Kardinal Wojtylas großer Freund Paul VI., zu dem sich ein Vertrauensverhältnis entwickelt und den er beraten hatte, war gestorben. Wer würde sein Nachfolger werden? Die Chancen, dass der polnische Kardinal, wie nahe er auch dem Papst gestanden haben mochte, auf den Stuhl Petri kommen würde, schienen gleich null. Als Pole war er in dem Konklave, dem die Wahl des neuen Papstes oblag, nach wie vor so etwas wie ein Mitglied zweiter Klasse. Die wirkliche Macht lag in den Händen der italienischen Kardinäle, die dann auch einen der Ihren zum neuen Pontifex wählten – Johannes Paul I. Da er erst 65 war, ahnte niemand, dass er nur noch 33 Tage zu leben hatte. Aber dann kam der Schock – das abrupte Ende des kürzesten Pontifikats, das es je gegeben hatte –, und das Konklave musste erneut zusammentreten. David Aikman berichtet:

> Diesmal war die Atmosphäre gespannt, und das nicht nur, weil das Pontifikat so kurz gewesen war, sondern weil es keinen Konsens gab, wer der nächste Kandidat sein sollte. Es war alles offen – so offen, dass die versammelten Würdenträger zum ersten Mal die Option eines Ausländers als Papst ernst nahmen.[177]

Das Konklave schritt voran, und der eine »Ausländer«, der in die engere Wahl kam, war niemand anderes als Karol Wojtyla. Das breite Spektrum seiner Positionen zog eine ähnlich breite Koalition von Unterstützern an. Und der so unerwartete Tod von Johannes Paul I. schien plötzlich auch den Gesichtspunkt der Gesundheit, Fitness und relativen Jugendlichkeit zu einem Kriterium bei der Wahl des »richtigen« Papstes zu machen.

Und so wurde er schließlich gewählt.

Während der Auszählung der Stimmen war Karol rot geworden und hatte den Kopf in die Hände gelegt. George Weigel berichtet:

> Jerzy Turowicz schrieb später, Karol Wojtyla sei im Augenblick seiner Wahl so allein gewesen, wie ein Mensch nur sein könne. Denn zum Papst gewählt zu werden bedeute »eine klare Trennung von seinem bisherigen Leben, ohne Möglichkeit der Rückkehr«.[178]

Aber als man ihn offiziell fragte, ob er die Wahl annehme, antwortete er ohne Zögern: »Es ist Gottes Wille. Ich nehme die Wahl an.«

Dann kam der Augenblick, in dem der neue Papst sich der Welt vorstellte. Die Reaktion der Gläubigen, die auf dem Petersplatz versammelt waren, war anders als sonst nach einer Papstwahl. Gewöhnlich herrscht ungebremste Begeisterung; Freudenschreie mischen sich in das triumphierende »*Habemus Papam!*« (»Wir haben einen neuen Papst!«), Fahnen werden geschwenkt und Hüte in die Luft geworfen. Doch an diesem Tag machten die Zweihunderttausend, die auf den Platz gekommen waren, eher einen perplexen Eindruck. Lag es daran, dass dies binnen weniger Wochen schon die zweite Papstwahl war? Oder schlicht daran, dass so gut wie niemand den neuen Papst kannte? Wer war dieser Mann, und stimmte es tatsächlich, dass er kein Italiener war?

Die Verwirrung unter den versammelten Gläubigen rührte zum Teil daher, dass Karol Wojtyla außerhalb der kirchlichen Hierarchie so gut wie unbekannt war. Unter seinen Kollegen wurde er wegen seiner großen intellektuellen und pastoralen Fähigkeiten sehr geachtet, aber in der großen weiten

Welt hatte man bisher nur wenig von ihm gehört. Das sollte sich natürlich schnell gewaltig ändern, aber für den Augenblick war es eine Tatsache.

Die Stimmung der Menge änderte sich, als der neue Papst ihr nicht einfach den apostolischen Segen gab, sondern eine richtige Rede an sie hielt. Das hatte es noch nie gegeben, aber in den kommenden Jahren sollte Karol noch manches tun, was es noch nie gegeben hatte. Und er sprach sogar auf Italienisch. Mit einem Lächeln begann er: »Gelobt sei Jesus Christus! Liebe Brüder und Schwestern!« Und dann fuhr er fort:

> Wir sind nach dem Tod des vielgeliebten Papstes Johannes Paul I. noch von tiefem Schmerz erfüllt. Die hochwürdigsten Kardinäle haben nun einen neuen Bischof von Rom berufen. Sie haben ihn aus einem fernen Land geholt – fern, aber dennoch immer nah durch die Gemeinschaft im Glauben und in der christlichen Tradition.[179]

Einmal flocht er die Bemerkung ein: »[…] auch wenn ich nicht weiß, ob ich mich in eurer – unserer – italienischen Sprache verständlich machen kann. Wenn ich Fehler mache, werdet ihr mich verbessern!«[180]

Seine unverkrampfte Offenheit und sein Humor ließen die Menge in Lachen und Applaus ausbrechen. Als er seine improvisierte Rede beendet hatte, war eine wunderbare Verwandlung geschehen; die Menschen, eben noch überrascht und perplex, waren jetzt Feuer und Flamme für den neuen Papst. Und nicht nur die Menschen dort auf dem Petersplatz, sondern Gläubige in aller Welt.

Das Geheimnis der Größe dieses Mannes war unter anderem seine außergewöhnliche Fähigkeit, bescheiden, humorvoll und klar zu den Menschen zu reden. Er war – es gibt kein anderes Wort – charmant. Wie ein großer Politiker, aber ohne jede Hintergedanken, verstand er es, die Herzen seiner Zuhörer zu gewinnen. Er sollte dies in den folgenden Jahren oft tun; an diesem Abend auf dem Petersplatz tat er es das erste Mal. Und nach seiner Begrüßungsrede tat er noch etwas, das traditionell Politiker machen, aber nicht Päpste: Er mischte sich unter die Menge. Aikman berichtet:

> Seinen Bischofsstab segnend über die Menge schwingend, als sei er ein zweischneidiges Schwert, küsste er Babys, umarmte Rollstuhlfahrer und verhielt sich ganz so, als habe er sich sein ganzes Leben lang auf diese Hauptrolle in einem der größten historischen Dramen des 20. Jahrhunderts vorbereitet.[181]

Es war ein Anfang, wie er vielversprechender nicht sein konnte. Aber wäre der neue Papst auch in der Lage, das, was er hier begonnen hatte, durchzuhalten? Seine Krönung ein paar Tage später ließ hoffen, dass ihm dies gelingen würde. Mit Mut machenden Worten rief er der Menge zu:

> Habt keine Angst, Christus aufzunehmen und seine Herrschergewalt anzuerkennen! Helft dem Papst und allen, die Christus und mit der Herrschaft Christi dem Menschen und der ganzen Menschheit dienen wollen! Habt keine Angst! Öffnet, ja reißt die Tore weit auf für Christus! Öffnet die Grenzen der Staaten, die wirtschaftlichen und politischen Systeme, die weiten Bereiche der Kultur, der Zivilisation und des Fortschritts seiner rettenden Macht! Habt keine Angst! Christus weiß, »was im Innern des Menschen ist«. Er allein weiß es![182]

Hinter den Worten des neuen Papstes stand ein Leben der Hingabe, des Vertrauens, der Demut und des Dienstes – lauter bedeutsame Eigenschaften, die ihn dazu befähigten, einer der größten Persönlichkeiten des 20. Jahrhunderts zu werden.

Doch nicht nur der Mann war außergewöhnlich, sondern auch die Zeiten, in denen er dienen sollte, und die äußerst schwierige Aufgabe, vor der er stand. Seit dem Zweiten Vatikanischen Konzil befand sich die katholische Kirche in einer Phase des Übergangs. Als Weihbischof, dann Erzbischof von Krakau hatte Wojtyla an diesem Konzil teilgenommen, das der Kirche bei der Bewältigung der Bedürfnisse und Aufgaben der Moderne helfen sollte, und viele seiner Reformen befürwortet. Vor allem deswegen neigten viele dazu, ihn als einen »Progressiven« in der Kirche zu betrachten und nicht als Traditionalisten.

Doch manche machten es sich zu einfach. Karol war bereit, Veränderungen voranzutreiben, wo er sie für nötig hielt, und dabei Parteigrenzen zu durchbrechen. Außerdem verfügte er über einen entwaffnenden persönlichen Charme. Das weckte bei vielen den Eindruck, seine inneren Überzeugungen seien ähnlich flexibel wie seine äußere Art. Nun, sie sollten bald eines anderen belehrt werden.

Das Interessante ist hier, dass selbst jene, die schließlich desillusioniert feststellen mussten, dass sie lieber einen progressiveren Papst gehabt hätten, eine geheimnisvolle, fast widerstrebende Hochachtung vor Johannes Paul II. empfanden. Woran lag das? Vielleicht daran, dass seine so vielfältige Lebenserfahrung eine Gesinnung hervorgebracht hatte, die beides besaß: Sowohl Toleranz und einen weiten Horizont als auch strikte Rechtgläubigkeit. Aber wie war das möglich? Aufgeschlossenheit und theologische Orthodoxie waren zwei Eigenschaften, denen man oft nicht zusammen begegnete. Diese merkwürdige Kombination wirkte auf viele Beobachter gleichzeitig anziehend und abstoßend.

Als typisches Beispiel für viele, die nicht recht wussten, was sie von diesem Mann halten sollten, zitiert David Aikman die Reporterin und »liberale Katholikin« Jennifer Bradley, die in der Zeitschrift *New Republic* schrieb, dass sie anfangs nicht begeistert von diesem Papst war, aber dass ihre Einstellung sich änderte, als sie 1995 an einer von ihm zelebrierten Freiluftmesse teilnahm: »Ab jetzt muss meine Skepsis sich den Platz mit Ehrfurcht und, ja, Dankbarkeit teilen.«[183]

Der widersprüchliche Papst – die Menschen, die ihn so sahen, begriffen nicht, dass alles, was Johannes Paul II. glaubte und dachte (das, was sie bejahten, wie das, was sie ablehnten) letztlich aus derselben Quelle kam: seinem leidenschaftlichen, tief verwurzelten Glauben, dass wir nach Gottes Bild erschaffen sind, dass wir seine geliebten Kinder sind und dass alle unsere Rechte, Freiheiten und Aufgaben von ihm kommen. Dieser Glaube war der große Motor seines Lebens, ob es um seine Haltung zu Sexualität, Empfängnisverhütung und Abtreibung ging oder um seinen fortdauernden Kampf gegen den Kommunismus. Man konnte es schwarz auf weiß in seinen Schriften lesen, aber aus irgendeinem Grund haben nur wenige seiner ideologischen Gegner es erkannt oder begriffen.

In seiner neuen Funktion als Papst Johannes Paul II. wandte Karol sich denen zu, denen er sich immer schon zugewandt hatte – den »Geringsten meiner Brüder und Schwestern« (Matthäus 25,40), um es mit den Worten Jesu zu sagen. »Wenn er sich unter die Menschen mischte«, so Levi und Allison, »war er ein Sicherheitsalbtraum. Er schüttelte Hände, segnete Kleinkinder, umarmte Alte und Kranke. Wenn er einen Freund besuchen wollte, tat er es einfach.«[184] Bei seiner Amtseinführung bestand er darauf, dass in der ersten Reihe mehrere Plätze für Schwerkranke reserviert wurden.

Der Papst ging auch auf Menschen aus anderen Religionen und Traditionen zu, vor allem Juden und Protestanten, stets darum bemüht, alte Kriegsbeile, wo immer möglich, zu begraben. Unter den Christen setzte er sich für die Ökumene ein, weil er glaubte, dass dies Gottes Wille war. Unter den Juden bemühte er sich um die Heilung der Wunden, die die Kirche geschlagen hatte. Wo immer er es für nötig hielt – von der Inquisition bis zum Holocaust – bat er für im Rahmen der Kirche begangene Sünden und Unterlassungen um Vergebung.

Ein beredtes Zeugnis für die Wirkung dieser Bemühungen des Papstes kommt aus dem Mund des Autors und Holocaust-Überlebenden Elie Wiesel. Nachdem der Papst die Klagemauer besucht und seine Bitte um die Vergebung der Juden auf einem Zettel in eine Ritze gesteckt hatte, sagte Wiesel einer Zeitung: »Als Kind hatte ich immer Angst, wenn ich an einer Kirche vorbeikam. Das hat sich jetzt gründlich geändert.«[185]

Wie eh und je ging der Papst auch auf die jungen Menschen zu, die mit Begeisterung und Liebe reagierten, angezogen von seiner behutsamen Fröhlichkeit, seiner Offenheit und Barmherzigkeit, vor allem aber seinem unerschütterlichen Glauben. Levi und Allison schreiben:

> Das Pontifikat von Johannes Paul II. ging so weiter, wie es begonnen hatte: mit Überraschungen. Er überraschte immer wieder seinen Mitarbeiterstab, der schlicht nicht mit ihm Schritt halten konnte. Er überraschte die Liberalen, indem er in der Geistlichkeit die Disziplinschraube anzog. Er überraschte die Konservativen mit seinem von Herzen kommenden Pazifismus und Ökumenismus. Er überraschte die Menschen in Rom, indem er mehr ein Bischof zum Anfassen war als alle Italiener der letzten Zeit.[186]

Der 13. Mai 1981 brachte eine weitere, allerdings böse Überraschung. Als der Papst den Petersplatz in Rom betrat, zog der türkischstämmige Mehmet Ali Ağca eine 9-Millimeter-Selbstladepistole hervor und gab vier Schüsse auf den 61 Jahre alten Pontifex ab, davon zwei in den Bauch. Durch dieses Attentat verlor der Papst fast drei Viertel seines Blutes und geriet beängstigend nahe an die Grenze zwischen Tod und Leben. Aber er starb nicht, sondern überlebte und verbrachte mehrere Wochen im Krankenhaus.

Diese Begegnung mit dem Tod kristallisierte noch stärker heraus, wo er als Papst Prioritäten setzen wollte. Sein Freund Kardinal Stanislaw Dziwisz erinnert sich: »Er dankte Gott nicht nur für die Rettung seines Lebens, sondern auch für den Eintritt in die Gemeinschaft der Kranken und Leidenden in der Klinik.«[187] Es war eine merkwürdige Dankbarkeit – es sei denn, man nahm das ernst, was die Bibel über die Dankbarkeit in allen Dingen sagt. Der Papst tat es.

Und so war es sein ganzes Leben lang gewesen. Dieser Mann schien das Geheimnis wahrer Größe zu kennen. Er hatte weder Größe noch Macht gesucht; beide waren von selbst zu ihm gekommen, als er, der Lehre Christi folgend, seine Aufmerksamkeit und Kraft auf die richtete, die sie am wenigsten erwidern konnten. Als Papst hat er seine Ziele nicht immer erreicht, aber es gab Stunden, in denen seine bloße Gegenwart die Dinge in Bewegung zu bringen schien. So schreibt David Aikman über den Kampf des Papstes gegen den Kommunismus und was dieser Kampf für sein Heimatland bedeutete:

> Manche haben jeden Zusammenhang geleugnet zwischen der Begeisterung in Polen, die Johannes Pauls Besuch im Juni 1979 wachrief, und dem plötzlichen Aufkommen der freien Gewerkschaft Solidarność im August des folgenden Jahres. Ohne Zweifel hätte es damals so oder so Arbeiterunruhen in Polen gegeben, egal, wer gerade Papst war. Aber hätten sie auch nur entfernt zu den Ergebnissen geführt, die sich schließlich einstellten, wenn nicht Johannes Paul die ganzen 1980er-Jahre hindurch die Ereignisse in seinem Vaterland so intensiv begleitet und gefördert hätte? Wohl eher nicht.[188]

Und so wurde der Mann, den die polnischen Machthaber einst als eher harmlos betrachtet hatten, zu einer der Schlüsselfiguren beim Zusammenbruch des Kommunismus in ganz Europa. Zuweilen geriet er in Gegensatz zu den führenden Männern der USA, wenn es um den Einsatz militärischer Gewalt ging, die er beklagte. Aber er arbeitete auf seine Art mit ihnen zusammen, um das sowjetische Regime zu besiegen, für die Menschenrechte einzustehen und Gegner des Kommunismus, wie *Solidarność*-Führer Lech Walesa, moralisch zu unterstützen, auch wenn er die direkte Konfrontation mit den Kommunisten mied.

Lange Jahre konnte der Papst bei seinen vielfältigen und anstrengenden Pflichten von seiner relativen Jugend und robusten Gesundheit profitieren. Man erzählte sich von nichtsahnenden Skiläufern, die plötzlich auf den weißen Hängen das Haupt der katholischen Kirche erblickten. Aber als das 20. Jahrhundert sich seinem Ende zuneigte, verließ den Papst allmählich seine gute Gesundheit. Er zeigte deutliche Symptome der Parkinsonkrankheit.

Und so begann Papst Johanns Paul II. das letzte große Paradoxon seines Lebens auszuleben: Er sollte Gottes Kraft in Leiden und Schwachheit demonstrieren. Dem Mann, der für seine Gesundheit und Sportlichkeit bekannt gewesen war, fielen die Auftritte in der Öffentlichkeit jetzt, wo es gesundheitlich bergab ging, schwer. Doch viele Menschen hatten den Eindruck, dass gerade dieser Niedergang ihm half, sich noch mehr mit den Kreuzesleiden Christi zu identifizieren und damit letztlich mit dem Leiden der Menschen auf der ganzen Welt.

Anhand seiner Krankheit konnte er auch deutlich machen, dass die Menschheit ein Heilmittel für Parkinson brauchte. Und um in aller Öffentlichkeit etwas zu tun, das damals nicht gerade populär war: zwischen ethischen und unethischen Methoden in der medizinischen Forschung zu unterscheiden. Der Papst, der fest an die Heiligkeit allen menschlichen Lebens glaubte, nahm kompromisslos Stellung gegen die embryonale Stammzellenforschung.

Nicht viele Journalisten würdigten den Mut und die Selbstlosigkeit dieser Position. In den USA gab es in den führenden Medien viele leidenschaftliche Befürworter der embryonalen Stammzellenforschung; ihre Helden waren Parkinson-Opfer und andere Schwerkranke wie Michael J. Fox und Christopher Reeve, die für diese Forschung kämpften. Damit verpassten die Medien die wahrhaft heldenhafte Story des Mannes, der strikt gegen etwas stand, das in seinem ureigensten Interesse als Patient zu sein schien. (Interessanterweise haben spätere Forschungen Fragezeichen hinter die Wirksamkeit einer Behandlung mit embryonalen Stammzellen gesetzt. Doch noch vor ein paar Jahren war die gängige Version die, dass diese Stammzellen das große Allheilmittel werden würden.)

Ein typischer Artikel auf der Internetseite von CNN berichtete über den Besuch des Papstes bei Präsident George W. Bush, bei dem Johannes Paul II. den Präsidenten aufforderte, keine Gelder für die embryonale Stammzellenforschung freizugeben. Der Artikel beschrieb die eherne Position des Vatikans, das Dilemma des Präsidenten und diverse verwandte Themen. Und dann hieß es im letzten Absatz:

> Viele Wissenschaftler glauben, dass Stammzellen der Schlüssel zur Heilung von Krankheiten wie Alzheimer, Parkinson, Diabetes und

> Rückenmarksverletzungen sind. Der Papst selbst leidet an der parkinsonschen Krankheit.[189]

Noch deutlicher konnte man es nicht ausdrücken. Einmal mehr identifizierte sich der Papst mit Menschen, die zu den Schwächsten und Hilflosesten in der Gesellschaft gehörten – hier den Ungeborenen. Und auch wenn es wenig beachtet wurde, kein Plädoyer für sie hätte mächtiger sein können als die Weigerung des Papstes, diese Hilflosen für seine eigene Gesundheit zu opfern.

Eine der denkwürdigsten Szenen der letzten Jahre im Leben von Johannes Paul II. (vielleicht eine der denkwürdigsten überhaupt) ereignete sich am Karfreitag 2005 während der großen Kreuzwegprozession, die die Stationen des Leidens Jesu nachzeichnet.

Zum ersten Mal war der Papst zu krank, um die Prozession persönlich anzuführen. Aber eigentlich führte er sie dennoch an, wenn auch auf eine etwas andere Art und Weise, wie George Weigel in seinem Buch *Der Papst der Freiheit* treffend schreibt:

> Doch als Kardinal Ratzinger die feierliche Prozession durch die antiken Ruinen führte, betete Johannes Paul II. die *Via Crucis*. Dabei verfolgte er die Zeremonie an einem Fernsehapparat, der in der Kapelle der päpstlichen Gemächer aufgestellt worden war. Eine an der Kapellentür angebrachte Fernsehkamera zeigte der Welt, wie Johannes Paul betete. Auf einem Stuhl sitzend, ein großes Kreuz umschlungen haltend, betete er mit den Gläubigen in der Nähe des Forum Romanums die vierzehn Stationen. Wer das Geschehen am Fernseher miterlebte, konnte nur Johannes Pauls Rücken sehen, die Kamera nahm nie sein Gesicht auf. Doch was immer die Presse auch spekulierte, er wollte nicht seine Schmerzen verbergen oder die Spuren der wochenlangen Krankheit. Er tat vielmehr, was er immer getan hatte, nämlich zu sagen: »Schaut nicht auf mich, schaut auf Christus.«[190]

War der Papst früher als das blühende Leben bekannt gewesen, so war er jetzt ein Mann, der in allen Dingen mehr denn je auf Christus geworfen war, körperlich wie geistlich. Die Menschen liebten ihn nur umso mehr.

Er sollte nicht mehr lange leben. Weniger als eine Woche nach jenem Kreuzweggebet in der Kapelle führte eine Harnwegsinfektion zu einem septischen Schock. Der todkranke Papst versuchte noch, der Menge auf dem Petersplatz den Ostersegen zu spenden; er konnte jedoch nicht mehr sprechen, und nachdem er drei Mal das Zeichen des Kreuzes gemacht hatte, zog er sich zurück. Am 2. April, als er schon im Sterben lag, flüsterte er den Umstehenden zu, dass er für die jungen Menschen, die sich draußen vor seinem Fenster versammelt hatten, eine Botschaft hatte: »Ich bin zu euch gekommen. Jetzt seid ihr zu mir gekommen. Ich danke euch.«[191] Wenige Stunden danach war er nicht mehr.

Dr. Jean Bethke Elshtain von der *University of Chicago* erklärte in einem Vortrag, dass das Begräbnis des Papstes zu »einer Eruption der Menschlichkeit« geführt habe, die die Medien total überraschte. Sie fügte hinzu:

> Diese Überraschung wäre damals eigentlich nicht mehr nötig gewesen, denn so war es immer, wenn der Papst etwas tat. Was mich am meisten beeindruckt hat, waren die Millionen von jungen Menschen, die kamen und tagelang blieben und allen Widrigkeiten trotzten, damit sie dabei sein konnten.
>
> Irgendetwas zog sie an. Irgendwie erreichte der Papst sie, selbst als alter, schwerkranker Mensch, mit Parkinson und all dem anderen. Wenn wir gemeinsam darüber nachdenken würden, könnten wir vielleicht ein paar Funken entdecken, die das Feuer einer recht verstandenen Menschlichkeit wieder in uns entfachen.[192]

Genau diese Erneuerung von Menschlichkeit war das Vermächtnis von Papst Johannes Paul II. Mit seinen Stärken wie seinen Schwächen demonstrierte er eine Nächstenliebe und Barmherzigkeit. So lebte er, was er glaubte: dass jeder Mensch ein geliebtes Geschöpf Gottes ist. George Weigel, der selbst

Katholik ist, schreibt, dass Johannes Paul II. durchaus nicht unfehlbar war, doch dass sich selbst in seinen Fehlurteilen eine besondere Charaktereigenschaft dokumentierte, nämlich eine

> »tiefe Abneigung dagegen, jemanden zu demütigen oder vorzuführen, seine Abscheu gegenüber Klatsch, seine gelegentliche Neigung, seine eigenen Tugenden auf andere zu projizieren, und sein Hang, immer das Gute in den Worten und Taten anderer zu finden«[193].

Es war letztlich die Stärke seiner Überzeugungen, die ihm eine »solch radikale Selbsthingabe« ermöglichte, wie sie »nur durch die Gnade Gottes in Christo möglich ist«.[194]

Aus der protestantischen Perspektive zitiert David Aikman Billy Grahams Ausspruch, dass Papst Johannes Paul II. »das starke Gedächtnis der ganzen christlichen Welt« war, worauf Aikman fortfährt:

> Ich bin nicht römisch-katholisch und teile viele der protestantischen Vorbehalte gegen gewisse Aspekte der katholischen Lehre und manche Formen der katholischen Frömmigkeit, doch finde ich, dass Papst Johannes Paul II. mit seiner tiefen Spiritualität, seinem Gebetsleben, seinem gewaltigen intellektuellen Universum, seinem Mitgefühl für die Bedrückten und vor allem mit seiner Vision, wie die Christenheit als Ganze leben sollte, die größte christliche Leitfigur des 20. Jahrhunderts war.[195]

Dieses Urteil hat vieles für sich. Durch die Paradoxe seines Lebens – durch Schwäche zu Kraft, durch Demut zu Macht, durch Rechtgläubigkeit zu Großmut und Toleranz – verkörperte Johannes Paul II. die radikale, revolutionäre Lehre Christi, dass der, der sein Leben verliert, es finden wird. Durchdacht übte er seine Macht aus und identifizierte sich gleichzeitig mit den Machtlosen: Auf diese Weise war er ein christlicher Staatsmann von einem theologischen und moralischen Format, wie wir es in unseren Zeiten selten erlebt haben.

7. KAPITEL

CHARLES W. COLSON

1931–2012

Sein Gedenkgottesdienst fand am 16. Mai 2012 in der *National Cathedral* in Washington statt, einem herrlichen Frühlingstag. Überall sah man bekannte Gesichter.

Die Journalisten Brit Hume, Fred Barnes und Cal Thomas waren da. Auch der Menschenrechtsaktivist Michael Horowitz, Joni Eareckson Tada und der ehemalige Kongressabgeordnete und Leichtathlet Jim Ryun, der 1964 als erster Highschool-Schüler die Meile unter vier Minuten gelaufen war. Ich sah auch den Schriftsteller Joe Loconte. Der begnadete Gospelsänger Wintley Phipps nahm ebenfalls teil und sang *Amazing Grace*.

Präsident Reagans Justizminister, Ed Meese, war gekommen. Und Präsident Clintons juristischer Chefberater Lanny Davis. Und Präsident George W. Bushs Top-Redenschreiber Michael Gerson.

Sie waren gekommen, um dem Mann die letzte Ehre zu geben, der in seinen jüngeren Jahren mit all seiner Kraft für Präsident Richard Nixon gearbeitet hatte, den damals mächtigsten Mann auf Erden – und der in der zweiten Hälfte seines Lebens mit noch mehr Energie dem König aller Könige diente.

Ich war dort, um einem Mann die letzte Ehre zu erweisen, den ich geliebt hatte und dessen Leben mir zu einem großen Ansporn wurde. Es war mir ein Vorrecht gewesen, ihn kennen, für ihn arbeiten und ihn meinen Freund nennen zu dürfen.

Ich wäre erstaunt gewesen, hätte ich 1973 als zehnjähriger Zeitungsleser gewusst, dass der notorische Watergate-»Vollstrecker« Charles W. Colson einmal mein Freund werden würde. Zusammen mit H.R. Haldeman, John Ehrlichman und G. Gordon Liddy war er einer von denen, die damals willig und blind die Wahrheit auf dem Altar der Macht opferten und so eine große Nation an den Rand des Verderbens brachten.

Als ich 1988 Christ geworden war, kam mir der Name Charles Colson erneut zu Ohren; jetzt war er der Gründer der Organisation *Prison Fellowship Ministries*. Nicht lange danach machte mich ein Freund auf seine Bücher aufmerksam. Ja, diese Bücher! Sie waren eine Offenbarung für mich. Als Erstes las ich seine Autobiografie *Born Again* (deutscher Titel: *Der Berater*), danach *Loving God* (deutscher Titel: *Den Frieden Gottes leben*) und *Kingdoms in Conflict* (nicht übersetzt).

Einige Jahre später hörte ich, dass Charles (man nannte in »Chuck«) einen Vortrag an der *Yale Law School* in New Haven hielt. Ich fuhr mit quietschenden Reifen hin, um ihn zu hören. Ich schrieb ihm sogar einen langen Brief, in dem ich mich vorstellte und darüber ausließ, wie viel seine Arbeit mir bedeutete. Ich legte den Brief in ein Kinderbuch, das ich geschrieben hatte, und schrieb eine Widmung an seine Enkelkinder in das Buch. Als er vom Rednerpult herunterkam, schüttelte ich ihm die Hand und reichte ihm das Buch mit dem Brief. Eine gute Woche später kam ein Antwortbrief von ihm. Ich war platt. Colson schrieb, dass meine Zeilen ihm viel bedeuteten, dass er sie nicht wegwerfen würde und dass wir vielleicht eines Tages zusammenarbeiten könnten. Ich rieb mir die Augen, als ich das las. Das mit dem Zusammenarbeiten klang ja echt nett, aber sehr realistisch schien es mir nicht.

Ich kannte Chuck Colson damals noch kaum. Etwa ein Jahr verging, dann kam ein Anruf aus seinem Büro. Der Anrufer erklärte, dass Colson einen Autor und Redakteur für *Breakpoint* brauchte, seinen Radiokommentar, der seit ein paar Jahren täglich ausgestrahlt wurde. Ob ich interessiert sei? Ich staunte, dass Colson, der im Lauf eines Jahres wahrscheinlich Tausende von Briefen schrieb, sich noch an unseren Briefwechsel erinnerte. Ich bewarb mich um den Job, bekam ihn und arbeitete plötzlich für meinen Helden, Chuck Colson. Der Job war erfüllend, aber auch anstrengend, denn trotz seiner Bekehrung war Chuck immer noch ein ehemaliger Marinesoldat. Nach zwei Jahren war ich so ausgepowert, dass ich umsattelte und anfing, für *VeggieTales* zu arbeiten, eine computeranimierte christliche Comicserie für Kinder. Bob die Tomate war ein weit weniger anstrengender Chef. Aber Chuck und ich blieben in Kontakt.

Wieder einige Jahre später konnte ich Chuck als Redner in das neue Gesprächsforum *Socrates in the City* einladen, das ich in New York City gegründet hatte. Er kam zwei Mal zu uns. Das erste Mal trat er 2006 im *Union League Club* in Manhattan auf. Der Saal war mit 350 Personen rappelvoll, und als Chuck fertig war, wollte der Applaus nicht aufhören. Unter stehenden Ovationen ging Colson den Mittelgang entlang und schüttelte links und rechts die Hände der Zuhörer. Es war gerade so, als sei er der Präsident, der gerade seine Rede zur Lage der Nation gehalten hatte.

Das zweite Mal sprach Chuck auf der Weihnachtsfeier von *Socrates in the City* im Dezember 2010. Wieder war es ein rundum gelungener Abend.

Ich war dabei, als Chuck während seines letzten Vortrags zusammenbrach – in Virginia, am 30. März 2012. Ich hatte ihn den Zuhörern vorgestellt. Gegen Ende seiner Rede konnte er nicht mehr, und ein Arzt wurde geholt.

Als er auf der Trage lag und auf den Krankenwagen wartete, legte ich meinen Arm auf seine Schulter und stand einfach da, um ihm ein Stückchen menschliche Nähe zu geben. Dann sagte ich – halb scherzhaft und nicht sicher, ob er mich verstehen würde –: »Soll ich den Leuten im Saal was ausrichten, Chuck?«

Er verstand mich sehr gut. »Sag ihnen, dass es mir leidtut, dass ich allen den Abend vermiest hab!« Es waren die letzten Worte, die ich von diesem großen Mann und Freund hörte. Wie ich ihn vermisse! Es ist mir ein großer Trost, zu wissen, dass ich ihn einmal wiedersehen werde.

Wie alle Geschichten in diesem Buch ist auch seine die eines großen Mannes. Möge sie Ihnen Mut machen, selbst groß zu werden.

Charles Wendell Colson wurde zum ersten Mal während der großen Weltwirtschaftskrise geboren – am 16. Oktober 1931, als Sohn von Inez »Dizzy« und Wendell Colson in Nord-Boston.

Ich sage »zum ersten Mal«, weil er viele Jahre später wieder geboren werden würde – aber alles der Reihe nach. Chucks Vater arbeitete als Buchhalter in einer Fleischwarenfabrik; in Abendkursen erwarb er einen Abschluss in Rechtswissenschaften.

Chuck war eines jener Kinder, denen großer Ehrgeiz und hohe Intelligenz in die Wiege gelegt sind. In seinem Buch *The Good Life* erzählt er, wie er während des Zweiten Weltkrieges als Elfjähriger eine erfolgreiche Spendenaktion zur Finanzierung eines Jeeps für die US-Armee durchführte.

Doch auch Chucks Eltern waren ehrgeizig. Sie brachten viele Opfer, damit ihr einziges Kind auf die renommierte *Browne and Nichols School* in Cambridge (Massachusetts) gehen konnte. Das war eine jener höheren Schulen, deren einziger Zweck zu sein schien, ihre Schüler für die Aufnahme in eine der US-Eliteuniversitäten vorzubereiten.

Bei Chuck klappte das sogar, ja, er hatte die Wahl zwischen zwei Stipendien: eines für *Harvard* und das andere, ein Marine-Stipendium, für die *Brown University*. Seine Reaktion ist ein frühes Beispiel für den stolzen Charles Colson. Aber hören wir ihn selbst:

> Als Junge hatte ich oft am Strand gestanden und über das graugrüne Wasser des Hafens auf die Stadt geblickt, in der es Leute gab, die ihren Stammbaum bis zur *Mayflower* zurückverfolgen konnten. Aber wir gehörten weder zu den Neuankömmlingen wie die Italiener und irischen Katholiken, die gerade anfingen, politische Macht in den Arbeitervierteln auszuüben, noch gehörten wir zu den Alteingesessenen. »Swamp Yankees« nannten sie uns. Wir wurden nicht anerkannt – und gerade danach verlangten wir so sehr. Und in diesem einen Augenblick wurde mir das alles geboten – Zugang zur Elite. Und in meinem Stolz glaubte ich, noch etwas Besseres zu haben, nämlich die Möglichkeit, dies abzulehnen.[196]

Chuck ging also nicht nach Harvard, sondern auf die Brown University. 1953 machte er sein Prädikatsexamen, und nicht lange danach heiratete er Nancy Billings aus Boston. In den folgenden Jahren wurden dem Paar drei Kinder geboren: zwei Jungen – Wendell und Christian – und ein Mädchen, Emily.

In dem Jahr, in dem er sein Examen machte und heiratete, bekam Chuck auch sein Offizierspatent für das Marine Corps. Er wurde in Korea eingesetzt, wo der Krieg gerade vorüber war. Ehrgeizig wie immer, stieg er rasch die Rangleiter hoch und war bald der jüngste Captain in der langen Geschichte der berühmten »Marines«. In diesen Jahren dachte Chuck, der in der *Episcopal Church* aufgewachsen war, erstmals ernsthaft über Gott nach.

Im Sommer 1954 wurden Chuck und sein Bataillon in die Küstenregion von Guatemala verlegt, um die dort lebenden Amerikaner vor kommunistischen Rebellen zu schützen. Er erinnerte sich, wie er vor der Küste Guatemalas an Bord der U.S.S. *Mellette* stand. Es war eine dunkle, schwüle Nacht, und Chuck, dem etwas mulmig war vor dem, was die nächsten Tage bringen mochten, schaute zu dem von Sternen übersäten Himmel hoch. In seiner Autobiografie schreibt er:

> Doch in jener Nacht wurde es mir plötzlich zur unumstößlichen Gewissheit, dass irgendwo dort draußen, jenseits der sternefunkelnden Diesseitigkeit ein Gott sein musste. Ich war überzeugt, dass er das Universum regierte, dass es für ihn keine Geheimnisse gab und dass er irgendwie alles in einen wunderbaren Zusammenhang brachte. So gut ich konnte, betete ich damals, denn ich wusste, dass Gott da war. Ich fragte mich nur, ob er auch Zeit hätte, mich zu hören.[197]

Nun, die proamerikanische Regierung von Guatemala wurde selbst mit den Aufständischen fertig, und nicht lange danach verließ Colson die Marines und nahm ein Jurastudium an der *George Washington University Law School* auf. Tagsüber arbeitete er, abends studierte er. 1959 legte er wieder ein Prädikatsexamen ab. Die ganzen 50er-Jahre hindurch war er auch politisch aktiv. Schon 1948, mit 17, war er als freiwilliger Wahlkampfhelfer für den Gouverneur von Massachusetts, Robert F. Bradford, tätig gewesen und hatte seine ersten Einblicke in die Kiste der schmutzigen Tricks bekommen, von erfundenen Nachrichten bis hin zum Ausspionieren des Gegners.

Als er 1960 gebeten wurde, die Wiederwahlkampagne von Gouverneur Leverett Saltonstall in Massachusetts zu managen, benutzte er all die Tricks, die er 1948 gelernt hatte, und erfand gleich noch ein paar dazu. Saltonstall siegte.

Nach diesem Erfolg gründeten Chuck und sein Freund Charlie Morin ihre eigene, sehr erfolgreiche Anwaltskanzlei. Weniger erfolgreich war dagegen Colsons Privatleben. Er schreibt, dass seine Politikleidenschaft, die seine Frau nicht teilte, einen Keil in ihre Ehe trieb, die schließlich geschieden wurde. 1964 heiratete Chuck die Frau, die die nächsten 48 Jahre an seiner Seite sein würde: Patty Hughes.

Charles Colsons zielbewusster Aufstieg zu den Höhen der Macht und sein anschließender spektakulärer Absturz sind legendär geworden. Scheidung hin, Scheidung her – es trieb Chuck weiter nach ganz oben, ohne jede Kurskorrektur.

1968 engagierte er sich intensiv in der Präsidentschaftswahlkampagne von Richard Nixon. Die Überstunden und die harte Arbeit zahlten sich aus; Nixon siegte. Doch sie sollten sich noch mehr auszahlen: 1969 ernannte Nixon Colson zu seinem persönlichen Chefberater. Damit war Chuck am Ziel seiner Wünsche angekommen; mit erst 38 Jahren hatte er das Ohr und das Vertrauen des mächtigsten Menschen auf dem Planeten.

Colsons Elan, sein brillanter Intellekt und seine Ergebenheit gegenüber dem Präsidenten machten ihn rasch zu Nixons Mann für alles. Für den Präsidenten war er zu fast allem bereit, und bald stachelte dieser ihn an, es mit den Regeln nicht so genau zu nehmen, wenn nur das Ergebnis stimmte.

Die ihn damals kannten, bemerkten an ihm eine wachsende Skrupellosigkeit. Er selbst sah das natürlich anders. Er kämpfte doch für eine gute Sache. Es waren doch die anderen, die die Konflikte auslösten. Es war immer der Gegner, der sich zuerst skrupellos verhielt. Was konnte er, Colson, dann anderes machen, als das Feuer zu erwidern?

Diese Art ethisches (oder unethisches) Denken führt natürlich früher oder später jeden in den Sumpf der Selbsttäuschung. Bei Charles Colson und vielen anderen in Nixons Administration führte diese Selbsttäuschung zu der historischen Kernschmelze, die unter dem Namen »Watergate« bekannt geworden ist.

Die Watergate-Affäre war solch ein Wendepunkt in der Geschichte der amerikanischen Politik, dass seitdem fast jeder neue Skandal als XY-»Gate« bekannt geworden ist. Wobei der eigentlich lächerliche Einbruch in das Watergate-Hotel lediglich der Auslöser war, ein Symptom der hässlichen Atmosphäre, die sich im Weißen Haus breitgemacht hatte, und im Zentrum dieser Atmosphäre stand Chuck Colson.

Im Herbst 1972 wurde Nixon wiedergewählt. Sein erdrutschartiger Sieg war nicht zuletzt das Ergebnis von Colsons brillanten politischen Schach- und Winkelzügen. Doch in der finsteren, pragmatischen und undankbaren Welt der Nixon-Administration zählten solche Werte wie Loyalität nicht viel. Als die Watergate-Affäre immer größere Kreise zog, erkannten Nixon und seine Berater Haldeman und Ehrlichman, dass Colson trotz all seiner Verdienste eine politische Belastung war. Sie beschlossen, ihn zum Sündenbock zu machen. Nicht lange nach seiner Wiederwahl im November machte der Präsident klar, dass Colson gehen musste. Chuck war nicht begeistert, aber in der harten Welt der Politik passieren solche Dinge, da war nichts zu machen.

Und so begann Chuck sein Leben nach dem Weißen Haus und fing an, sein Anwaltsbüro wiederaufzubauen. Als einen der größten Kunden hoffte er die Raytheon Company in Massachusetts zu gewinnen. Mitte März 1973 saß er Tom Phillips, dem Generaldirektor der Firma, in dessen Büro gegenüber.

Nur eine Woche zuvor war etwas geschehen mit diesem erfolgreichen Industriekapitän. Auf einer Billy-Graham-Evangelisation hatte Phillips Jesus Christus als seinen Herrn und Erlöser angenommen. Am Ende des Gespräches sagte er Chuck: »Ich würde Ihnen später gerne einmal die ganze Geschichte erzählen, wie ich Christ geworden bin. Ich war an einem Punkt angekommen, an dem ich keinen Sinn mehr in meinem Leben sah. Jetzt, wo ich mein Leben Christus gegeben habe, ist alles anders geworden – meine Einstellung, meine Werte, alles. Wenn Sie mehr darüber erfahren wollen, rufen Sie mich an.«[198]

Chuck waren solche Töne nicht geheuer, und er hatte nicht vor, Phillips anzurufen. Doch dieser hatte den Eindruck, dass Colson interessierter war, als er sich selbst eingestand, und wartete.

Derweil nahm Watergate weiter an Fahrt auf. Am 16. Juli 1973 explodierte eine Bombe, als ein Mitarbeiter aus den unteren Dienstrængen des Weißen Hauses erklärte, dass Nixon die meisten der Gespräche in seinem *Oval Office* heimlich auf Tonband hatte aufnehmen lassen. Das war frische Munition für die Nixon-Jäger, und in dem allgemeinen Aufschrei, der jetzt folgte, dachte Chuck mit Entsetzen an einige der Dinge zurück, die er in der scheinbaren Vertraulichkeit des *Oval Office* gesagt hatte und die fast mit Sicherheit ebenfalls auf diesen Tonbändern waren.

Jetzt wurde Chucks Haus von Reportern und Fernsehkameras belagert, und drei Mal kam das FBI, um Bombendrohungen nachzugehen. Es war der nackte Wahnsinn. Im August floh Chuck vor dem Unwetter, das sich da zusammenbraute, an die Küste von Maine. Unterwegs machte er Station bei seinen Eltern in Massachusetts, wo er spontan beschloss, Tom Phillips in seinem Haus in dem Bostoner Nobel-Vorort Weston zu besuchen.

Er wollte endlich wissen, warum Phillips trotz seiner geschäftlichen Erfolge sein Leben als leer empfunden hatte! Die Watergate-Turbulenzen hatten Chuck zum Nachdenken gebracht, und insgeheim begann er sich einzugestehen, dass auch er sich innerlich leer fühlte, trotz allem, was er geschafft hatte.

Chuck fragte Phillips, was ihn so verändert habe. Phillips sagte:

> Ich ging jeden Tag ins Büro und tat meine Arbeit, setzte mich für den Erfolg unseres Unternehmens ein, doch es gab ein großes Vakuum in meinem Leben. Ich fing an, die Bibel zu studieren, um Ant-

worten zu finden. Irgendwie hatte ich begriffen, dass ich eine persönliche Verbindung mit Gott brauchte.[199]

Chuck war skeptisch. Ihm klang das alles zu einfach. Konnte man das überhaupt ernst nehmen? Doch dann kehrte das Gespräch zu Watergate zurück. Als Colson versuchte, sich zu rechtfertigen und die Schuld auf Nixons Feinde zu schieben, hielt Phillips dagegen. Er sah, dass der Hochmut die Triebfeder für Chuck und die anderen Nixonianer gewesen war.

Und er zog eine Taschenbuchausgabe von C. S. Lewis' berühmtem Buch *Mere Christianity* (deutscher Titel: *Pardon, ich bin Christ*) hervor und las dort auf der Veranda laut aus dem Kapitel »Die große Sünde« vor, in dem es um den Hochmut geht.

Chuck wurde innerlich immer kleiner, als Phillips vorlas, aber nicht weil ihm das Thema an sich peinlich war, sondern weil er merkte, dass C. S. Lewis da ja über *ihn* schrieb. Er spürte deutlich: *Du bist gemeint!* Jawohl – sein eigener Hochmut, sein Stolz, sein Ehrgeiz hatte sein Denken, ja ihn selbst verbogen und verdorben und ihn in die Sackgasse geführt, in der er sich jetzt befand. Er dachte an einige Beispiele aus seinem Leben zurück, auch aus seinen Jahren als Nixons Chefberater, und merkte, dass er sich nur noch schämte.

Als Phillips aufhörte, vorzulesen, fragte er Chuck, was er davon halte. Der stellte klar, dass er nicht bereit war, Christus in sein Leben aufzunehmen; seine tiefe Skepsis gegenüber allem, was nach Bekehrung roch, war unverändert. Phillips gab nicht auf und zitierte aus Psalm 37: »Ärgere dich nicht [...] Vertraue auf den Herrn und tue Gutes [...] Freu dich am Herrn, und er wird dir geben, was dein Herz wünscht. Überlass dem Herrn die Führung deines Lebens und vertraue auf ihn, er wird es richtig machen« (Psalm 37,1.3-5). Es klang wie eine ausgestreckte Hand.

Dann las Phillips das dritte Kapitel des Johannes-Evangeliums vor, in dem Jesus Nikodemus sagt, dass er von Neuem geboren werden muss. Darauf fragte er Chuck: »Darf ich für Sie beten?« Colson, der diese Frage nicht erwartet hatte, wusste nicht, was er sagen sollte, aber er war so aufgewühlt, dass er jedenfalls nicht Nein sagen wollte. Er erinnert sich:

> Als Tom betete, durchströmte mich plötzlich etwas – wie eine neue Energie. Dann folgte eine Welle von Gefühlen, die fast Tränen hervorbrachten. Ich kämpfte gegen sie an. Es hörte sich an, als spreche Tom persönlich und direkt zu Gott, als säße er unmittelbar neben uns.[200]

Phillips gab Chuck sein Exemplar von *Pardon, ich bin Christ* und noch ein paar andere Schriften mit und sagte, dass ein Freund von ihm, Doug Coe, sich vielleicht demnächst bei ihm melden würde. Chuck verabschiedete sich und ging hinaus in die Augustnacht.

Dann öffneten sich die Schleusen. Chuck, der harte Ex-Marinesoldat, begann hemmungslos zu schluchzen, als er allein in seinem Auto saß. Er musste zurück in Phillips' Haus und mit ihm beten! Aber als er zu dem Haus zurückblickte, sah er, dass dort gerade die Lichter gelöscht wurden. Es war zu spät.

Er fuhr nach Hause. Er weinte so sehr, dass er kaum noch die Straße sehen konnte. Wenn das so weiterging, würde er noch mit jemandem zusammenstoßen. Er fuhr an den Straßenrand und hielt an, und dort, allein in der Nacht, übergab Charles Colson sein Herz an Gott.

»Gott, ich weiß nicht, wie ich dich finden kann«, betete er, »aber ich werde es versuchen! Ich bin, so wie ich bin, nicht viel wert, aber ich möchte mich dir selbst geben.«[201]

Wieder und wieder bat Chuck dort in dem dunklen Auto Gott: »Nimm mich.« Es war ein demütiges Gebet eines Mannes, den die Welt als alles andere denn demütig kannte. Chuck erzählt:

> Ich hatte Christus noch nicht »angenommen« – ich wusste ja immer noch nicht, wer er war. Mein Verstand sagte mir, dass ich das zuallererst herausfinden musste, damit ich auch wusste, worauf ich mich einließ. […] Aber in jener Nacht spürte ich den Drang zur Übergabe in mir – an was oder an wen, das wusste ich nicht.
>
> Ich blieb etwa eine halbe Stunde oder noch länger dort im Auto

> sitzen, hatte Tränen in den Augen, betete und dachte nach. Ich war ganz allein in der Stille und der Dunkelheit der Nacht. Und doch war ich zum ersten Mal in meinem Leben nicht allein.[202]

Wie viele Autofahrer, die an jenem Abend diese Straße entlangfuhren, werden sich gefragt haben, warum da dieses Auto am Straßenrand stand? Wer wäre auf die Idee gekommen, dass in ihm ein im ganzen Land bekannter und berüchtigter Mann saß, der wie ein Kind weinte und sich vor dem Gott des Weltalls demütigte? Sie wussten nicht, dass in diesem abgestellten Wagen etwas Heiliges vor sich ging, das in den kommenden Jahrzehnten das Leben von Millionen Menschen verändern würde.

Chuck erzählte niemandem von dem, was in dieser Nacht geschehen war. Außer seiner Frau Patty, die seit ihrer Kindheit eine gute Katholikin war, sich aber nicht mit dem Vokabular der evangelikalen Christen auskannte. Als er sie fragte, ob sie wisse, was eine »Bekehrung« sei, war ihre Antwort ein kurzes »Nein«.

Er sagte ihr, dass er aber eine Bekehrung erlebt hatte. Nun, Patty wusste vielleicht nicht, was eine Bekehrung war, aber sie merkte, dass ihr Mann sich verändert hatte, und zwar zum Guten.

Wie alle echten Geheimnisse entzieht sich das Geheimnis der Bekehrung einer genauen Analyse. »Passiert« eine Bekehrung in einem Augenblick? Oder ist sie ein allmählicher Prozess? Was geschieht eigentlich bei einer Bekehrung? Genau sagen konnte man das bei Charles Colson, wie bei William Wilberforce und so vielen anderen auch, nicht. Chuck selbst wusste nur, dass er in einem Augenblick Gott gebeten hatte, in sein Herz zu kommen, und dass das Motiv seine innere Zerbrochenheit war. Und nach diesem Gebet hatte er das unstillbare Bedürfnis gespürt, mehr über Gott zu erfahren. Er hatte mit seinem ganzen Herzen zu etwas Ja gesagt, und jetzt musste er unbedingt wissen, was das genau war, wozu er Ja gesagt hatte.

In der folgenden Woche, als er und Patty sich an der Atlantikküste in Maine erholten, ging Chuck an die Arbeit. Er hatte C. S. Lewis' *Pardon, ich bin Christ* und etliche Schreibblöcke mitgenommen, und auf seine manchmal schier komisch gründliche Art las er das Buch und machte sich ausgiebig Notizen, um – ganz der brillante Rechtsanwalt – die Gedankengänge des Autors auf Herz und Nieren zu prüfen. Er würde sich auf nichts einlassen, was er nicht geprüft hatte.

Anfangs verstand er nicht recht, warum er ausgerechnet Jesus annehmen musste. Warum nicht einfach Gott? Wie konnte eine historische Person, die vor zweitausend Jahren in Palästina gelebt hatte, der Gott des Universums sein? War das nicht absurd? Doch dann las er die berühmte Passage in C. S. Lewis' Buch, in der er deutlich macht, dass wir bei Jesus nur drei Alternativen haben: Entweder er ist der Herr oder ein Betrüger oder verrückt. Was definitiv nicht funktioniert, ist die vierte Möglichkeit: Jesus als großen ethischen Lehrer zu betrachten. Das saß. Chuck merkte: In der intellektuellen Begegnung mit C. S. Lewis hatte er seinen Meister gefunden. Was dieser Mann da schrieb, war logisch zwingend und unangreifbar. In seiner Autobiografie schreibt Colson:

> Das war die Wahl, vor der ich stand. Es gab keine Zwischenlösungen, keine Kompromisse. Niemand hatte mich je zuvor auf solch direkte und erschütternde Weise mit dieser Wahrheit konfrontiert.[203]

Chuck hatte Angst, dass er in seiner Not etwas machen würde, das unvernünftig und unlogisch war, und so kämpfte sein Intellekt weiter. Doch am sechsten Tag dort in dem Ferienhäuschen in Maine hatte er eine Entscheidung getroffen, und mit einem schlichten Gebet bat er Jesus, in sein Leben hineinzukommen.

Nach Washington zurückgekehrt, setzte Chuck den Aufbau seines neuen Rechtsanwaltsbüros fort. Doch Watergate gab keine Ruhe. Jeder Tag brachte eine neue Katastrophe. Die Medien hackten auf Chuck ein und weideten sich am Sturz des »Vollstreckers« im Weißen Haus, der jetzt, wie sie und so viele andere fanden, endlich bekam, was er verdient hatte.

Als frischgebackener Christ hatte Chuck keinen Schimmer, was sein neuer Glaube an dieser Hölle, die er täglich durchmachte, änderte. Er erinnert sich:

> Ich war so im Stress, wie ein Mensch das sein kann. Jeden Abend genehmigte ich mir mindestens drei oder vier große Whiskys mit Soda, in der Hoffnung, das Elend wegzuspülen. Wenn ich morgens wach wurde, war ich ebenso müde wie am Abend, als ich ins Bett gegangen war. Mitten in der Nacht wachte ich auf – manchmal dachte ich dann ans Gefängnis, meistens voller Wut an irgendwelche Dinge, die man mir vorwarf und die nicht stimmten. [...] Das Schlimmste in dieser Zeit war für mich immer, wenn jemand etwas über mich sagte oder schrieb, das vorne und hinten falsch war. Ich versuchte dann, mich durch Gegendarstellungen oder einen Brief zu wehren, aber keiner glaubte mir. Es war die reine Hölle.[204]

Der neben Patty solideste Trost-Anker in diesem nicht enden wollenden Sturm war eine kleine Gruppe von Männern in Washington, D.C., die Chuck in ihren Gebetskreis einluden. Sie gehörten zu einem strikt überparteilichen Kreis von Christen, der sich »Fellowship« nannte und sich regelmäßig zum Gebet traf.

Der Leiter des Kreises war Doug Coe, der unter der Eisenhower-Administration das Nationale Gebetsfrühstück eingeführt hatte. Als Coe von Tom Phillips hörte, dass Colson sein Leben Gott übergeben hatte, holte er diesen kurzerhand in diesen Gebetskreis hinein. Die Teilnehmer sollten bald seine besten Freunde werden.

Einer der »Fellowship«-Männer war der überzeugt liberale Senator Harold Hughes aus Iowa. Hughes war einer der bekanntesten Gegner der Nixon-Administration, und Chuck konnte es schier nicht fassen, dass solch ein Mann etwas mit ihm zu tun haben wollte. Doch kaum hatte er Hughes erklärt, dass er Jesus angenommen hatte, umarmte der ihn ungestüm und sagte ihm, dass alles vergeben sei.

»Ich liebe Sie von nun an als meinen Bruder in Christus. Ich werde zu Ihnen stehen, Sie überall verteidigen und Ihnen vertrauen mit allem, was ich bin und habe«, versprach Hughes.[205]

So etwas hatte Chuck noch nie erlebt. War er wach, oder träumte er? Er merkte bald, dass er nicht träumte. Hughes und die anderen Männer von »Fellowship« wurden in den dunklen Monaten, die vor ihm lagen, seine engsten Verbündeten. Sie kamen aus den Reihen der Republikaner wie der Demokraten, aber in ihrem Kreis spielte die Parteizugehörigkeit keine Rolle. Von ihnen lernte Colson, dass man die Beziehung zu Jesus niemals als politische Waffe einsetzen darf. Ihm wurde bald klar, dass sein neuer Glaube sowohl für viele der »Rechten«, die seine Verbündeten gewesen waren, als auch für viele der »Linken«, die ihn hassten, ein Rätsel sein würde.

Diese neue Erkenntnis ließ in Chuck den Wunsch reifen, sich in Zukunft, wo immer möglich, aus den politischen Kämpfen herauszuhalten. Diese neue Sicht sollte vor allem sein Lebenswerk prägen, seine 40-jährige Arbeit mit einsitzenden und entlassenen Häftlingen.

Die Monate vergingen, und der Druck durch die Watergate-Affäre wurde immer noch größer. Colsons aggressiv-kompromisslose Art, mit der er Nixon im vergangenen Jahr öffentlich in Schutz genommen hatte, rächte sich jetzt bitter. Der nach Nixon zweite Mann, auf den es Sonderstaatsanwalt Leon Jaworski abgesehen hatte, war Colson. So rücksichts- und skrupellos, wie Chuck mit seinen politischen Feinden umgegangen war, ging jetzt Jaworski mit ihm um. Chuck säte, was er geerntet hatte.

Er wusste, dass er mit dem Rücken zur Wand stand. Die Angst vor dem Gefängnis war nur zu begründet. Er hatte die Gerüchte über Vergewaltigungen und andere Scheußlichkeiten hinter Gittern gehört, und er wusste, dass jemand wie er auch mit anderen Formen der Gewalt rechnen musste. Es gab sie, die Häftlinge, die davon überzeugt waren, dass irgendwelche Regierungsbeamten an ihrem Elend schuld waren, und die nur auf eine Gelegenheit warteten, sich an so einem hohen politischen Tier wie Colson zu rächen.

Jaworski, der wusste, dass er Colson in der Mangel hatte, bot ihm einen

Deal an: Er forderte ihn auf, sich des Vergehens schuldig zu bekennen, an der Vorbereitung des Einbruchs in die Praxis von Daniel Ellsbergs Psychiater mitgewirkt zu haben. Chuck hatte viele schmutzige Dinger gedreht, aber nicht dieses. Doch wenn er seine Haut retten und weiter die Möglichkeit haben wollte, als Rechtsanwalt die Brötchen für seine Familie zu verdienen, würde er lügen müssen. Es wäre eine kluge Lüge, und sein Rechtsanwalt machte ihm klar, dass es Wahnsinn wäre, diesen Deal abzulehnen. »Ziehen Sie das durch und leben Sie Ihr Leben weiter ...«, riet er ihm.

Doch jetzt, wo er Christ war, wollte Chuck nicht mehr lügen, und sei es auch, um seine Haut zu retten. Er glaubte nicht mehr, dass der Zweck die Mittel heiligte. Er glaubte, dass er nach bestem Wissen und Gewissen Gott mit allem, was er tat und sagte, Ehre machen musste. Offiziell etwas behaupten, das er gar nicht gemacht hatte – nein, das ging nicht.

Was dachte seine Familie? Chuck besprach sich mit seinen Lieben, und ihre Antwort bestätigte ihn in seiner Entscheidung. Er teilte sie seinem Anwalt mit, der daraufhin explodierte. Doch Colson war sicher, dass Gott zu ihm stehen würde, wenn er in dieser Sache zu Gott stand.

Schon bald sollte er entdecken, dass Gott nicht immer so zu uns steht, wie wir uns das vorstellen. Kaum hatte er den Deal abgelehnt, als die Staatsanwaltschaft ihn nicht mehr wegen eines bloßen Vergehens, sondern wegen eines schweren Verbrechens anklagte.

Der Watergate-Medienzirkus ging munter weiter. Fast jeder Tag brachte neue Enthüllungen. Dann wurden diverse Geheimtonbänder Nixons veröffentlicht. Konnte es noch schlimmer kommen? Die Bänder stellten ein Weißes Haus vor, das voller Lug und Trug und Gemeinheit war, und ein tief getroffener Charles Colson musste feststellen, dass auch er so gewesen war.

Er war kein bloßer Statist gewesen. Er wusste, dass er aktiv zu der amoralischen, ja oft tief unmoralischen Atmosphäre im Weißen Haus beigetragen hatte. Er wusste: Selbst wenn er nicht das getan hatte, was man ihm vorwarf, hatte er sich auf andere Weise schuldig gemacht. In den Augen Gottes, also des Richters, der letztlich eigentlich zählte, war er sogar sehr schuldig.

Doch der Kämpfer Colson war noch lange nicht tot, wie Millionen amerikanischer Fernsehzuschauer entdeckten, als er sein berühmt gewordenes Interview in der CBS-Sendung *60 Minutes* gab. Auch wenn Chuck Christ geworden war, blieb er immer noch der Angeklagte in einem wichtigen Gerichtsverfahren, und er musste sich überlegen, wie er diese beiden Dinge unter einen Hut brachte. Wie konnte er sich verteidigen, wenn er doch wusste, dass er in so vielen anderen Dingen schuldig geworden war?

Während dieses Interviews wurde ihm klar, dass er nicht beides haben konnte – sich im Gerichtssaal der öffentlichen Meinung mit aller Kraft verteidigen und gleichzeitig ohne Wenn und Aber als Christ agieren. Colson, der alte Haudegen, und Colson, der Christ – die beiden passten nicht zusammen.

Und Chuck kam zu dem Ergebnis, dass es nur einen einzigen gangbaren Weg gab. Es war ein Weg, der jedem außer den paar christlichen Freunden, die er jetzt hatte, völlig verrückt erscheinen musste. Er beschloss, freiwillig etwas zu gestehen, was er verschuldet *hatte*, und das Ergebnis Gott zu überlassen. Vielleicht würde er jetzt ins Gefängnis kommen, aber dann würde Gott eben mitgehen. Viele, die ihn kannten, verstanden die Welt nicht mehr. Wie um alles in der Welt konnte man so etwas tun?

Selbst Patty war skeptisch, aber Chuck versicherte ihr, dass dies wirklich die einzige Option war, die einzige Möglichkeit, aus dem Sumpf herauszukommen. Er würde alles in Gottes Hände legen. Er wusste, dass er Gott vertrauen konnte und dass irgendwie alles gut werden würde. Sein Rechtsanwalt sah das natürlich anders; der Anstand verbietet es uns, seine Worte zu zitieren. Aber Chuck ließ sich nicht beirren.

Er hatte beschlossen, sich schuldig zu bekennen, »nachteilige Informationen über Daniel Ellsberg an die Presse weitergeleitet zu haben, während er [Ellsberg] unter Anklage stand«[206]. Das stimmte in der Tat. Viele glaubten zwar nicht, dass es sich hier um einen Fall von Justizbehinderung handelte, aber Chuck ging davon aus, dass der Richter es so sehen und wenigstens ein bisschen gnädig sein würde.

Und so bekannte Chuck sich dieses Vergehens für schuldig. Doch Richter Gerhard Gesell war kein bisschen gnädig. Es schien ihm egal zu sein, dass

Colson dieses Geständnis freiwillig abgelegt hatte: Er verurteilte ihn zu einer Gefängnisstrafe von einem bis drei Jahren. Am größten war das Entsetzen bei Patty, die mit im Gerichtssaal saß.

Nach dem Urteil musste Chuck sich auf den Stufen vor dem Gerichtsgebäude den Medien stellen. Was er ihnen sagte, war nicht das, was die versammelten Mitglieder von Presse, Rundfunk und Fernsehen erwartet hatten. Oder was sonst jemand erwartet hätte. Was er sagte, war ebenso schockierend wie der Urteilsspruch des Richters: »Was sich heute im Gericht ereignet hat«, erklärte Chuck, »war der Wille des Gerichts und der Wille des Herrn – ich habe mein Leben Jesus Christus übergeben, und ich kann im Gefängnis ebenso gut für ihn arbeiten wie anderswo.«[207]

Für die Presse war Colsons Bekehrung natürlich ein gefundenes Fressen. Die *Los Angeles Times* brachte eine Karikatur des berühmten politischen Karikaturisten Pat Oliphant, der Chuck zeigte, wie er in einer Mönchskutte das Wort *Tut Buße* auf die Pforte des Weißen Hauses malte. Eine andere Karikatur zeigte ihn, wie er mit einem Schild mit der Aufschrift »Das Ende ist nah« an einem sichtlich schockierten Nixon vorbeiging.

Die Journalisten (gewöhnlich eher säkular als fromm eingestellt) konnten es nicht fassen, was ihnen Charles Colson da erzählte. Er schien ein anderer Mensch geworden zu sein, was in ihrer Welt schlicht nicht möglich war. Fieslinge wie Colson wurden nicht über Nacht lieb und freundlich. Bestimmt war das bloß ein taktisches Manöver, um bei der Staatsanwaltschaft oder mindestens der öffentlichen Meinung auf die Tränendrüsen zu drücken.

So wie der Apostel Paulus einst ein erbitterter Verfolger der Christen gewesen war, bevor das Licht Gottes ihn buchstäblich blendete und zum eifrigsten aller Christen machte, so war auch Chuck Colson ein anderer Mensch geworden. Doch manche Zeitgenossen konnten das nicht glauben, und manche würden es nie glauben. Selbst am Ende seines Lebens, nachdem er fast vierzig Jahre lang Gott und den Strafgefangenen gedient hatte, gab es Menschen, die nicht glauben wollten, dass er sich je geändert hatte.

Am 8. Juli 1974 begann Colsons Bekanntschaft mit dem US-Strafvollzugssystem. Er wurde Häftling Nr. 23226. Nach einem kurzen Aufenthalt in der Haftanstalt Holabird in Baltimore wurde er in das *Maxwell Federal Prison Camp* in Alabama verlegt. Er erlebte die typischen Demütigungen des Gefängnisalltags. So musste er seinen teuren Anzug gegen eine hässliche braune Uniform und Unterwäsche tauschen, die vor ihm schon andere getragen hatten. Es gab Ratten und Küchenschaben und die üblichen ethnischen Konflikte. Eines Tages sagte ein Mithäftling Chuck, dass er gehört habe, wie jemand davon sprach, »Colson umzulegen«, und dass das nicht wie ein Witz geklungen habe.

Um zu zeigen, dass er sich nicht für etwas Besonderes hielt, meldete Chuck sich freiwillig zu diversen einfachen Arbeiten wie z. B. dem Wischen der Fußböden. Eines Tages fragte ihn ein Afroamerikaner: »Na, Mister, wie gefällt's dir hier bei dem Lumpenpack nach all den Dienern im Weißen Haus?«[208] Da es sich um einen jungen Mann handelte, erklärte Chuck ihm, dass er so etwas schon gemacht hatte, bevor der andere geboren wurde, und dass er bei den Marines gewesen war, als der andere noch Windeln trug. Irgendwie schien es die richtige Antwort gewesen zu sein. Man flüsterte sich zu, dass Colson okay war.

Wenn er in der Gefängniswäscherei arbeitete, ließ Chuck immer seine Bibel offen auf dem Tisch liegen, in der Hoffnung, dass jemand sie bemerkte und ein Gespräch über sie anfing. Doch niemand biss an. Die Gefängnisatmosphäre schien allem, was mit Gott zusammenhing, nicht förderlich zu sein.

Doch jetzt, wo er im Gefängnis war, wurde es Chuck noch wichtiger, zu erfahren, was die Bibel sagte. Er begann, sie gründlich durchzulesen. Eines Tages kam er zu Hebräer 2,11: »So haben nun Jesus und alle, die er heiligt, denselben Vater. Deshalb schämt sich Jesus nicht, sie seine Brüder zu nennen.«

Als Chuck diesen Satz las, war ihm, als ob tief in ihm ein Schalter umgelegt würde. Plötzlich begriff er, warum er im Gefängnis war. Jesus, der menschgewordene Gott, hatte sich nicht geschämt, die Menschen seine

Brüder zu nennen. Und vielleicht war der große Charles Colson, dessen Büro gleich neben dem des US-Präsidenten gelegen hatte, gerade deswegen hier im Knast gelandet, um das Gleiche zu tun – seinen Stolz fahren zu lassen, seine Mitgefangenen seine Brüder zu nennen und zu erkennen, dass sie tatsächlich seine Brüder waren.

Für Chuck war dies nicht weniger als eine Offenbarung. Mit einem Mal sah er, dass seine Haftstrafe keineswegs sinnlos war, sondern zu einem großen, heiligen Plan gehörte. Gott hatte ihn deswegen so tief sinken lassen, damit er seinen Mitgefangenen helfen konnte. Der Knast bedeutete nicht, dass sein Leben zerstört war, sondern er gehörte zu Gottes Plan für sein Leben.

Mit dieser Erkenntnis wurde alles anders. Etwas Neues, Wunderbares begann. Plötzlich konnte Chuck es nicht erwarten, im Gefängnis etwas für Gott zu tun, und er wusste auch schon, womit er anfangen würde: Er würde versuchen, etwas von der Gemeinschaft aufzubauen, die er »draußen« mit den Männern von »Fellowship« gehabt hatte. Was leichter gesagt als getan war. Selbst der eine Häftling, der Chuck erzählte, dass er »den Herrn angenommen« hatte, zeigte kein Interesse an einem Bibelkreis; wer wusste, was die anderen mit ihm machen würden, wenn sie ihn bei so etwas erwischten … Man war halt nicht fromm im Knast. Besser sich ruhig verhalten und ja nicht auffallen, riet er Colson.

Doch dann lernte Chuck einen brennenden Christen namens Tex kennen. Eines Tages bekam er mit, wie Tex von einem Häftling namens Bob Ferguson erzählte, der fünf Kinder zu Hause hatte und dringend die Entlassung auf Bewährung brauchte. Es sah nicht so aus, als ob er sie bekommen würde, aber er war in solch einer verzweifelten Lage, dass Tex vorschlug, mit Ferguson zu beten. Was sie brauchten, war ein Wunder. Chuck war sofort Feuer und Flamme und bot an, mitzubeten. Die beiden gingen zu Ferguson und beteten für ihn. Die anderen Häftlinge in dem Raum waren tief bewegt von Chucks Gebet.

Am nächsten Tag geschah das Wunder: Ferguson bekam seine Entlassung auf Bewährung. Worauf prompt vier oder fünf Männer sagten, dass sie sich für Chucks Gebets- und Bibelkreis interessierten.

Chuck fing an, den Häftlingen auch auf andere Weise zu helfen. So bat ihn ein Insasse, der Analphabet war, ihm einen Brief an den Bewährungsrichter zu schreiben, der ihm die Entlassung gewähren konnte. Diese und andere Nöte gingen Chuck ans Herz.

Man hatte ihn davor gewarnt, mit seinen juristischen Kenntnissen Mitgefangenen zu helfen, aber er meinte: »Ich konnte die, die Hilfe brauchten, nicht abweisen. Sie waren doch meine Brüder. Der Herr hatte mir den Weg gezeigt, und jetzt ging ich ihn.«[209]

Nach und nach erkannte Chuck, dass Gott ihn nicht nur nach Maxwell gebracht hatte, damit er seine Mithäftlinge als Brüder in Christus erkannte. Es ging auch darum, dass er sich mit ihnen identifizierte und lernte, die Welt durch ihre Brille zu sehen. Erst dann wäre er in der Lage, ihnen wirklich zu helfen. Er wusste nicht, was alles vor ihm lag, aber er war entschlossen, zu tun, was Gott ihm auftrug.

An einem Wochenende besuchte ihn ein alter Freund, Fred »Dusty« Rhodes, der seit vielen Jahren ein tiefgläubiger Christ war. Der kleine Bibelkreis, den Chuck aufgebaut hatte, und seine Ideen für eine christliche Arbeit unter Gefangenen überzeugten ihn. Fred war der Chef der *US Postal Rate Commission*, die sich mit Gebühren und Dienstleistungen im Brief- und Paketsektor befasste, und stand kurz vor der Pensionierung. Als er Colson zuhörte, spürte er den Ruf Gottes. Doch Gott wollte, dass er Chuck half, selbst wenn dies einen neuen Vollzeitjob bedeutete.

Chuck las weiter eifrig in der Bibel und anderen christlichen Büchern. Besonders beeindruckten ihn Dietrich Bonhoeffers *Briefe und Aufzeichnungen aus der Haft*, die dieser während seiner Inhaftierung unter Hitler geschrieben hatte. Es war der Anfang einer lebenslangen Wertschätzung Bonhoeffers und seiner Schriften. Chuck erkannte: Wäre Bonhoeffer nicht ins Gefängnis gekommen, hätte er diese Briefe nie geschrieben. Es war ihm ein weiteres Beispiel dafür, dass »für die, die Gott lieben und nach seinem Willen zu ihm gehören, alles zum Guten führt« (Römer 8,28). Selbst das Gefängnis.

Der Januar 1975 kam, und Colson war voller Hoffnung auf eine baldige Freilassung. Gerade waren drei andere Watergate-Verschwörer – John Dean, Jeb Magruder und Herb Kalmbach – auf Anweisung von Bundesbezirksrichter John Sirica frühzeitig freigelassen worden. Doch der für Colsons Fall zuständige Richter Gerhard Gesell verspürte keine Neigung, Sirica zu folgen. Colson, so ordnete er an, blieb hinter Gittern.

Die Nachricht stürzte Chuck und Patty von den Höhen der Hoffnung ins Tränental der Enttäuschung. Das Leben hinter Gittern konnte hart sein, auch für jemanden, der mit dem Frieden, der Liebe und der Freude Jesu Christi erfüllt war. Der Gedanke, womöglich weitere zwei Jahre und fünf Monate im Knast verbringen zu müssen, war schrecklich.

Besonders schlimm war für Chuck, dass seine Frau und Kinder, die doch keinerlei Schuld hatten, wegen seiner Vergehen leiden und ihren Alltag ohne ihn leben mussten. Die Tage, die auf Richter Gesells Entscheidung folgten, waren die härtesten von allen für Chuck. Und es sollten noch mehr schlechte Nachrichten kommen. Am 20. Januar 1975 erfuhr er, dass der Oberste Gerichtshof von Virginia ihm untersagt hatte, wieder als Anwalt tätig zu werden. Und dann kam der nächste Schlag.

Chuck hörte, dass sein Sohn Chris wegen Drogenbesitz verhaftet worden war. Dass er in so einer Situation nicht für seinen Sohn da sein konnte, brach ihm schier das Herz. Doch andererseits vertiefte es auch sein Mitgefühl für die anderen Häftlinge, von denen viele ganz ähnliche Probleme hatten. Er fand Trost in dem Wissen, dass die Erinnerung an das, was er jetzt mitmachte, ihm nach seiner Freilassung helfen würde, Menschen in ähnlichen Situationen zu helfen.

Am 29. Januar, als ihm so elend war wie vielleicht nie zuvor, bekam Chuck Besuch von seinem Freund Harold Hughes. Chucks vier »Fellowship«-Freunde hatten ihn in den letzten Monaten regelmäßig besucht, aber heute sah Hughes, dass sein Freund am Boden lag. Er machte ihm Mut, das zu praktizieren, was sie alle predigten, und seine Probleme Gott hinzulegen. Das klang einfacher, als es war, aber Chuck befolgte den Rat seines Freundes; am Abend, allein in seiner Zelle, gab er im Gebet alles an Gott ab:

> Herr, wenn das alles so sein muss, dann danke ich dir. Ich preise dich dafür, dass du mich im Gefängnis lässt, dass du es zulässt, dass sie mir meine Anwaltslizenz wegnehmen – ja, und auch dafür, dass sie meinen Sohn verhaftet haben. Ich danke dir, dass du mir durch diese Menschen deine Liebe schenkst, dass du Gott bist und dass ich mit Jesus gehen darf.[210]

Irgendwie wurde durch dieses Gebet alles anders, das merkte Chuck deutlich. Inmitten all seiner Probleme spürte er eine bisher nicht gekannte Freude. Später erinnerte er sich: »Das war sozusagen mein Berg der Verklärung. Über mir und um mich herum war alles voller Liebe und Schönheit. Zum ersten Mal in meinem Leben fühlte ich mich wirklich frei.«[211]

Was Chuck nicht wusste: Jenseits der Gefängnismauern sprach sein Anwalt wieder mit Richter Gesell und bat ihn, Chuck wenigstens zehn Tage Hafturlaub zu gewähren, damit er bei seinem Sohn Chris sein konnte, der seinen Vater so dringend brauchte. Gesell, der sich bisher als Richter Gnadenlos erwiesen hatte und als jemand, der sich nicht umstimmen ließ, schien das, was er da hörte, nachdenklich gemacht zu haben. Er traf eine Entscheidung, mit der niemand gerechnet hatte. Nein, er gab Chuck keine zehn Tage Hafturlaub, er setzte ihn kurzerhand und permanent auf freien Fuß. In einem Augenblick und gleichsam ohne jede Vorwarnung war Charles Colson wieder ein freier Mann. War es ein Zufall, dass diese Freilassung erfolgte, nachdem er alles Gott übergeben hatte und sich zum ersten Mal richtig frei fühlte? Chuck fand, dass es kein Zufall war.

Als er nach Hause kam, erwartete ihn der gleiche Medienrummel wie vor seiner Haft. Es kam alles so plötzlich, dass er gar nicht wusste, was er sagen sollte. Egal, am nächsten Tag hatte die *Washington Post* ihre Schlagzeile: »Gesell lässt Colson frei. Colson dankt Gott.«

Seine Freunde und Verwandten standen Spalier, als Colson zu Hause eintraf. Als er spätabends ins Bett ging und endlich eingeschlafen war, hatte er einen Albtraum. Er war wieder im Gefängnis Maxwell. Mehrere Insassen spielten Karten, als einer von ihnen, ein über und über tätowierter Riese namens Archie, sich drohend vor Chuck aufbaute: »Du kommst ja bald hier raus. Was machst du dann für uns?«

Chuck erwiderte etwas lahm, dass er ihnen helfen würde. »Ich werde euch und dieses Loch hier nie vergessen«, sagte er.

Archie hatte solche Sprüche zu oft gehört. »Um uns kümmert sich keine Sau. Keine einzige Sau!«

»Doch«, sagte Chuck. »Ich. Ich vergess euch nicht.«[212]

Archie fluchte ausgiebig und machte eine obszöne Geste.

Chucks Traum war nicht das Produkt seiner Fantasie; dieses Gespräch mit Archie hatte es wirklich gegeben. Warum hatte er sich in seinem Traum daran erinnert? Und was würde er mit seinem Versprechen machen?

Aber jetzt musste er erst einmal an seine Familie denken. Vier Tage nach seiner Entlassung flog er mit Patty nach Columbia (South Carolina), um seinen Sohn Chris zu sehen. Anstatt ihm die Leviten zu lesen, wie er es eigentlich vorgehabt hatte, umarmte er seinen Sohn und sagte: »Es wird alles gut.« Während dieses tränenreichen Wiedersehens erkannte Chuck, dass er sich jetzt, wo er wieder frei war und nicht mehr für das Weiße Haus arbeitete, endlich mehr Zeit für seine Kinder nehmen musste. Denn die hatte er sträflich vernachlässigt, als er sich die Karriereleiter emporkämpfte.

Nach dem Besuch bei Chris flog Chuck zurück zum Gefängnis Maxwell, um sich dort mit ein paar alten Freunden zu treffen. Dass er nur ein paar Tage nach seiner Haftentlassung freiwillig diese Haftanstalt besuchte, war ein Vorgeschmack auf das, was kommen würde.

Nach all dem Trubel in ihrem Leben brauchten Chuck und Patty dringend eine Auszeit. Kurz nach ihrem Besuch in Maxwell beschlossen sie, sich einen richtigen Urlaub zu gönnen, und zwar in Spanien. Als sie zurückkamen, wusste Chuck nach wie vor nicht, wie es mit seinem Leben weitergehen sollte.

In Virginia als Anwalt tätig sein konnte er nicht mehr, aber in Massachusetts hätte er gute Chancen. Er erhielt lukrative berufliche Angebote und endlose Einladungen zu Vorträgen, darunter viele von Doug Coe und den Freunden von »Fellowship«, die wollten, dass er öffentlich darüber berichtete, wie er zum Glauben an Jesus gekommen war. Das war schön und gut, aber er war sich immer noch nicht schlüssig, was sein Weg war.

Dann kam der Tag im April 1975, an dem er in den Badezimmerspiegel schaute und seine Vision empfing, wie Gottes Wille für sein weiteres Leben aussah. Hören wir ihn selbst:

> Als ich mein Spiegelbild anstarrte, schoss eine innere Diaserie durch meinen Kopf. Ich sah Männer in grauer Häftlingskleidung. Leute, die in Unterrichtsräumen saßen und sich austauschten. Gebetsrunden. Dann wurden die Bilder schärfer. Ich sah lächelnde Männer und Frauen, die aus Gefängnistoren strömten. Ich sah Menschen, die um Tische saßen und sich über Bibeln beugten. Nach ein paar Sekunden waren die Bilder wieder weg. So etwas hatte ich noch nie erlebt, und ich erlebte es nie wieder.[213]

Colson war nicht die Sorte Christ, die mit ihren mystischen Erlebnissen hausieren geht. Er war ein extrem rationaler Mensch. Aber diese Vision konnte er nicht leugnen. Was bedeutete sie bloß?

Dann hörte er eine Stimme, fast, als ob jemand neben ihm stünde: »Hole die Gefangenen raus, lehre sie und schicke sie zurück in die Gefängnisse, um dort meine Gemeinde zu bauen. Gründe in jeder Haftanstalt in Amerika solche Gruppen.«[214] War er dabei, verrückt zu werden, oder war das Gott, der da mit ihm redete?

Chuck rief sofort seinen Freund Harold Hughes an; der könnte ihm sicher helfen. Hughes setzte sich ins Auto und kam. Die beiden besprachen die Vision, und der sonst so leicht begeisterte Hughes übernahm die Rolle des nüchternen Realisten. Häftlinge aus ihren Gefängnissen rausholen? Das ging nie im Leben!

Doch Chuck hatte sich noch nie von lästigen Fakten abschrecken lassen. Er kam zu der Überzeugung, dass es möglich sein musste, diesen Traum Realität werden zu lassen. Wenn diese Vision wirklich von Gott kam, dann würde Gott auch Mittel und Wege finden, sie zu verwirklichen …

Im Juni trafen Chuck und Harold sich mit Norman Carlson, dem Direktor des *Federal Bureau of Prisons*, der zentralen Verwaltungsbehörde des US-Gefängnissystems. Während des Gespräches erwähnte Carlson, dass er einen Gottesdienst in einem Gefängnis in Kalifornien besucht und dass dort ein Insasse ein spontanes Gebet für ihn und seine Frau gesprochen hatte. Wie, so fragte er Chuck, kam dieser Mann dazu, für eben den Menschen zu beten, der ihn hinter Gittern hielt?

»Mr Carlson«, erwiderte Colson, »dieser Mann hat für Sie gebetet, weil er Sie liebt.«[215]

Die Antwort muss Carlson nachdenklich gemacht haben, denn völlig unerwartet erklärte er Chuck und Hughes, dass er dafür sorgen würde, dass Chucks Vision Realität wurde.

Und so stellten Chuck und Hughes beim *Federal Bureau of Prisons* hochoffiziell den Antrag, es der *Fellowship Foundation* zu erlauben, ausgewählte Insassen aus Bundesgefängnissen auf eine zweiwöchige Schulung in der Gegend von Washington, D.C., zu schicken. Dort sollten sie die Bibel studieren und Einblick in die Grundlagen der Menschenführung erhalten.

Das Federal Bureau machte mit. Die Ergebnisse der Kurse waren höchst ermutigend. Mehrere Teilnehmer des ersten Kurses erklärten sich bereit, das *Arlington County Jail* und das *Lorton Reformatory* (zwei Haftanstalten in Virginia) zu besuchen, um mit den Insassen über Gott und seinen Plan für ihr Leben zu sprechen. Nach dem Ende der Kurse kehrten die Teilnehmer in ihre Gefängnisse zurück, wo sie begannen, kleine Gemeinden aufzubauen; sie führten Mithäftlinge in den Glauben ein und fanden kreative Möglichkeiten, Gott hinter Gittern zu dienen. Es funktionierte, nicht nur einmal, sondern immer wieder. Die kühne Idee, die Gott Colson gegeben hatte, war Realität geworden.

Was Chuck tat, das tat er gründlich. Nach drei Jahren war *Prison Fellowship Ministries*, wie sich die Organisation nannte, zu einem Werk mit hundert Angestellten in 23 US-Bundesstaaten geworden; dazu kamen fast 7000 ehrenamtliche Mitarbeiter, die sich um Insassen aus 600 Gefängnissen kümmerten, nachdem sie entsprechende Kurse in ihrer Haftanstalt besucht hatten. Es war eine beachtliche Leistung. Viele Kirchen und Gemeinden, die oft ganz vergessen hatten, dass Jesus seinen Jüngern auftrug, die Gefangenen zu besuchen, machten die Gefängnisarbeit zur Chefsache. Mit der Gründung von *Prison Fellowship International* weitete sich die Arbeit über die USA hinaus aus – zuerst in Großbritannien und schließlich in über hundert Ländern.

1976 schrieb Charles Colson sein erstes Buch, *Born Again* (deutscher Titel: *Der Berater*), das bald die Bestsellerlisten eroberte. Damals zog der Ausdruck *born again* (»wiedergeboren«) in den allgemeinen US-Wortschatz ein. Damit war eine das ganze Leben verändernde Begegnung mit Gott gemeint. Chuck beschloss alsbald, für den Rest seines Lebens Gott vollzeitlich in Amerikas Haftanstalten zu dienen. Er fing auch an, sich intensiver in den christlichen Glauben und seine Lehren zu vertiefen. Er traf sich mit christlichen Intellektuellen und Philosophen wie Richard Mouw, Nicholas Wolterstorff, Stephen Monsma, R.C. Sproul, Carl Henry, Francis Schaeffer, Os Guinness und Richard Lovelace und las die Schriften von Luther, Zwingli, Calvin, Abraham Kuyper, Paul Johnson, Alexander Solschenizyn und Dietrich Bonhoeffer (die beiden Letzteren prominente Häftlinge).

Eine der Fragen, mit denen Chuck sich beschäftigte, lautete: Warum werden Menschen überhaupt kriminell? Manche Experten machten die Armut dafür verantwortlich, andere die ethnische Zugehörigkeit. Doch nachdem er die Schriften des Soziologen James Q. Wilson studiert hatte, wusste er die wirkliche Antwort: Kriminalität ist ein ethisches Problem, das mithin eine ethische Lösung erfordert. Chuck wurde nicht müde, dies zu betonen. 1998 sagte er, nachdem in einer Schule ein Schüler um sich geschossen hatte:

> Was ist los mit unseren Kindern? Dazu müssen wir als Erstes wissen, dass nur eine biblische Sicht vom Menschen diese Morde erklärbar

> macht. Die Bibel sagt zwei Dinge über uns Menschen. Erstens: Wir sind ursprünglich nach Gottes Bild erschaffen, und das Wissen um Gut und Böse, Richtig und Falsch ist in unsere Herzen eingepflanzt. Aber Zweitens leben wir in einer gefallenen Welt, in der das Menschenherz von Grund auf böse geworden ist. Diese beiden Tatsachen bedeuten, dass jede zivilisierte Gesellschaft der moralischen Erziehung ihrer Kinder allerhöchste Priorität geben muss. […] Der große Kriminologe James Q. Wilson schreibt, dass alle seine Studien das gleiche Ergebnis erbracht haben: Kriminalität beginnt, wo Kinder keine adäquate ethische Erziehung genießen, sodass sie nicht die nötigen inneren Zügel für ihre Impulse entwickeln.[216]

Chuck wollte die christliche Weltsicht unbedingt einer möglichst breiten Öffentlichkeit vermitteln. Das führte zu dem Radioprogramm *Breakpoint*, mit dem die amerikanische Kultur in der Tiefe beeinflusst werden sollte. Es hatte bald täglich an die acht Millionen Zuhörer. Chuck gründete ferner das Programm *Centurions*, bei dem jährlich hundert Christen in einem einjährigen Fernunterricht die christliche Weltanschauung wie auch die nicht christlichen Weltbilder kennenlernen konnten. Ziel war es, das Gelernte systematisch an die Mitmenschen weitergeben zu können.

Im Lauf der Jahre entwickelte Chuck noch weitere Wege, um Häftlingen und ihren Familien zu dienen. Mary Kay, eine ehemalige Bankräuberin, animierte ihn zu dem Projekt *Angel Tree*, bei dem man für die Kinder von Häftlingen Weihnachtsgeschenke kauft.

1983 gründete Chuck als Ableger von *Prison Fellowship* die Organisation *Justice Fellowship*, die sich für Reformen im Strafrecht einsetzt. Er kämpfte erfolgreich für ein Gesetz zur Eindämmung von Vergewaltigungen im Gefängnis. Er kämpfte auch für die religiösen Rechte von Häftlingen, die in den 1990er-Jahren durch eine Entscheidung des Obersten Gerichtshofes der USA gefährdet wurden.

Er schrieb weitere Bücher: *How Now Shall We Live?*, *Loving God* (deutscher Titel: *Den Frieden Gottes leben*), *The Good Life*, *The Body* (deutscher Titel: *Die Ge-*

meinde als Selbstbedienungsladen zum Glück?), *The Faith* und viele andere. 1993 erhielt Colson den mit 1 Million Dollar dotierten *Templeton Prize for Progress in Religion*; er spendete das Geld an *Prison Fellowship*.

Mit jedem Jahr schien Chucks Terminkalender sich noch weiter zu füllen. Er betätigte sich als Kolumnist, hielt Vorträge, trat in Radiosendungen auf, besuchte Gefängnisse in den USA und einige der berüchtigtsten Gulags im fernen Ausland.

Seine Bewunderung für William Wilberforce ließ ihn den *Wilberforce Award* ins Leben rufen. Er wird jährlich einem Christen verliehen, der sich im Kampf gegen soziale Ungerechtigkeit (oft Sklaverei) hervorgetan hat. Zu den Gewinnern gehören u. a. Benigno S. Aquino jun. (Philippinen), Bischof Macram Max Gassis (Sudan) und Baroness Cox of Queensberry (Großbritannien).

Sehr kontrovers aufgenommen wurde es, als Colson zusammen mit Father Richard John Neuhaus einen theologischen Studienkreis gründete (und später eine entsprechende Schrift verfasste), der sich *Evangelicals and Catholics Together* (ECT, »Evangelikale und Katholiken gemeinsam«) nannte. Er hatte zum Ziel, »die Gegnerschaft zwischen diesen beiden gegensätzlichen Säulen der christlichen Welt auf dem Missionsfeld zu minimieren und ihre Kooperation zu maximieren«. ECT hat auch versucht, zur Beilegung theologischer Differenzen zwischen Evangelikalen und Katholiken beizutragen.

1999 rief Chuck mit der Hilfe des damaligen Gouverneurs von Texas, George W. Bush, in einem Flügel einer texanischen Haftanstalt die *InnerChange Freedom Initiative* (»Freiheit durch innere Veränderung«) ins Leben. Es handelt sich um ein biblisch basiertes freiwilliges Programm von Aktivitäten, die die teilnehmenden Häftlinge auf die erfolgreiche Wiedereingliederung in die Gesellschaft nach Verbüßung ihrer Haftstrafe vorbereiten.

Mit großem Erfolg ermutigte Chuck den damals amtierenden Präsidenten George W. Bush, sich hinter Initiativen zur Bekämpfung des Menschenhandels, zur Beendigung des Bürgerkrieges im Sudan, zur Bekämpfung von Aids und zum Schutz verfolgter Christen im Nahen und Mittleren Osten zu stellen. Damit trug er u. a. dazu bei, das Bild vom Christentum, das viele säkulare Beobachter hatten, zu korrigieren; ihre Verachtung wandelte sich in Bewunderung.

Chucks größter Fehler war, dass er sich zu viel aufbürdete. In den letzten zwei, drei Jahren seines Lebens schien dieser menschliche Tornado zu ahnen, dass er nicht mehr viel Zeit hatte. Seine beiden letzten großen Projekte starteten 2009, als er bereits 77 war. Er gründete das *Chuck Colson Center for Christian Worldview*, das sich zum Ziel gesetzt hat, das christliche Weltbild zu verbreiten; das Zweite war seine Hilfe bei der *Manhattan Declaration* (»Manhattan-Erklärung«), die die Kirche zur Verteidigung des menschlichen Lebens, der traditionellen Ehe und der Religionsfreiheit aufruft.

In den Wochen vor seinem Tod plante der 80-Jährige das nächste große Projekt, das »vielleicht allergrößte«, wie der frühere leitende Redakteur von *Breakpoint*, James Tonkowich, schrieb: »Eine Bewegung von Christen zur Reform der Bildung, vom Kindergarten bis zur Universität. Ein Riesenunternehmen schon für jemanden, der nur halb so alt war wie er, aber das war nicht Chucks Art, zu denken.«[217]

Charles Colson war ein moderner William Wilberforce. Wie Wilberforce fand er als Erwachsener zu einem echten christlichen Glauben. Wie Wilberforce wollte er denen helfen, die leiden; er wollte Missstände beseitigen und die Menschen zum Umdenken animieren. Wie Wilberforce weigerte er sich, aufzugeben, selbst wenn es Jahrzehnte dauerte, eingefahrene soziale Probleme zu lösen. Chucks Lebensmotto hätte von Winston Churchill stammen können: »Gib nie auf – nie, nie, niemals –, ob es etwas Großes oder Kleines, Wichtiges oder Unwichtiges ist. Beuge dich nichts und niemand, außer der Ehre und dem gesunden Menschenverstand.«[218] Gib nie auf – das galt auch für seine Mitarbeiter.

Chuck sagte gerne, dass Christen auf ihrem Posten sein und ihre Pflicht tun müssen, komme, was da wolle. Diese Botschaft – »Bleib auf deinem Posten« – stand auf den Buttons, die bei Chucks Gedenkgottesdienst in der *National Cathedral* in Washington an die Trauergäste verteilt wurden. Hier saßen die Prominenten und die Mächtigen Seite an Seite mit denen, die wie Chuck das Gefängnis von innen kannten – Menschen, die Chuck geliebt und denen er gedient, mit denen er gegessen und mit denen er gebetet hatte.

Chucks Aufforderung, auf seinem Posten zu bleiben, klang auch in den Worten seiner Tochter Emily wieder, als sie den Trauergästen sagte:

> Heute feiern wir das Leben meines Vaters, aber heute geht es auch um uns – um Sie und mich. Was werden wir tun im Schatten eines solch außergewöhnlichen Vorbildes?
>
> Es gibt viel zu tun. Ich möchte Ihnen Mut machen, das Werk, das Gott durch das Leben meines Vaters begonnen hat, fortzusetzen. Tun Sie das Rechte, suchen Sie die Wahrheit, verteidigen Sie die Schwachen, leben Sie als Mutige.[219]

Chucks letzte Worte, die er seinen Lieben hinterließ, waren ein letztes Zeugnis für den Gott, dem er diente. »Ich möchte, dass meine Beerdigung fröhlich wird«, schrieb er. »Ich möchte nicht, dass ihr traurig seid, weil ich mit jeder Faser meines Körpers davon überzeugt bin, dass der Tod ein Nach-Hause-Kommen ist und dass wir in der Gegenwart Gottes sein werden. Der Tod ist der Höhepunkt des Lebens. Er ist ein Fest.«[220]

Glauben Sie das auch? Es ist wahr.

ANHANG

Anmerkungen

1 Es gibt viele Sinnsprüche, die auf die Tischreden Luthers und seine deutsche Sprichwortsammlung zurückgehen, wobei sich dies natürlich nicht immer zweifelsfrei zurückverfolgen lässt; so ist auch die Herkunft des hier zitierten Spruches umstritten und manche vermuten Johann Heinrich Voss als Urheber; vgl.: Thomas Maess (Hg.), *Plaudereien an Luthers Tafel. Köstliches und Nachdenkliches* (Leipzig: Evangelische Verlagsanstalt, 2010).

2 Lat. »profundus«; diesen Eindruck machte Luther auf Cajetan; vgl. WATR 2,2327. – Die Abkürzung WA steht für die sogenannte Weimarer Ausgabe der gesamten Werke Luthers, wobei WA die Bände mit Luthers Schriften, WAB die Bände mit Luthers Briefwechsel und WATR diejenigen mit Luthers Tischreden bezeichnet: *D. Martin Luthers Werke.* 127 Bde. (Weimar: Böhlau, 1883–2009).

3 WA 39/II; 194,1; 51; 542,29; zitiert nach: Gerhard Müller (Hg.) et al., *Theologische Realenzyklopädie* [TRE]. Studienausgabe. Teil 1. Bd. 9 (Berlin / New York: de Gruyter, 1993), S. 252.

4 In seiner Schrift *Wider Hans Worst*, WA 51;469–572.

5 WA 51;510,23f.; zitiert nach: Bernhard Lohse, *Martin Luther. Eine Einführung in sein Leben und Werk.* (München: C.H. Beck, 3. Aufl. 1997), S. 104.

6 Martin Brecht, *Martin Luther. Sein Weg zur Reformation 1483–1521*. Bd. 1 (Stuttgart: Calwer Verlag, 1981), S. 14. Die Zählung als erster Band erhielt das genannte Werk erst nach Erscheinen des zweiten Bandes von M. Brechts dreibändiger Luther-Biografie.

7 Vgl. Heiko Augustinus Oberman, *Luther. Mensch zwischen Gott und Teufel* (Berlin: Siedler, verb. Aufl. 1987).

8 WATR 4;440,9f.; Vgl. Volker Leppin, *Martin Luther* (Darmstadt: WBG, 2. Aufl. 2010), S. 29; vgl. M. Brecht, *Martin Luther*. Bd. 1, S. 57.

9 WATR 1;245,9-12 (Nr. 526). (In Zitaten aus der Weimarer Ausgabe wurde der Text nach der neuen Rechtschreibung korrigiert); vgl. Heinrich Fausel, *D. Martin Luther. Sein Leben und Werk.* 2 Bde. (Holzgerlingen: SCM Hänssler, 2008; Stuttgart: Calwer Verlag, 1955), Bd. 1, S. 49-52.

10 WATR 54;185,21-23. Deutsche Übersetzung nach: Hans-Ulrich Delius, *Martin Luther. Studienausgabe.* Bd. 5 (Berlin: Evangelische Verlagsanstalt, 1992), S. 635-638; zitiert nach: *Reformation*. Ausgewählt und kommentiert von Volker Leppin, in: Heiko A. Oberman (Hg.), Adolf Martin Ritter (Hg.), Hans-Walter Krumwiede (Hg.), Volker Leppin (Hg.), *Kirchen- und Theologiegeschichte in Quellen. Ein Arbeitsbuch.* Bd. 3 (Neukirchen-Vluyn: Neukirchener Verlag, 2005), S. 22.

11 Martin Marty, *Martin Luther: Penguin Lives* (New York: Viking, 2004), S. 10.

12 Ebd., S. 13.

13 M. Brecht, *Martin Luther.* Bd.1, S. 174f.

14 *Luther Deutsch. Die Werke Martin Luthers in neuer Auswahl für die Gegenwart,* hg. von Kurt Aland, Bd. 10: *Die Briefe* (Göttingen: Vandenhoeck & Ruprecht, 1959), S. 26. WAB 1;108-115 (Nr. 48).

15 *Luther Deutsch,* Bd. 10, S. 27.

16 Ebd.

17 Ebd., S. 27f.

18 Ebd., S. 28.

19 Ebd., S. 29.

20 *Luther Deutsch. Die Werke Martin Luthers in neuer Auswahl für die Gegenwart,* hg. von Kurt Aland, Bd. 2: *Der Reformator* (Göttingen: Vandenhoeck & Ruprecht, 2., durchgesehene Aufl. 1981), S. 32.

21 Ebd., S. 51.

22 Ebd., S. 56.

23 Ebd., S. 58.

24 Ebd., S. 80.

25 Roland Bainton, Martin Luther. Göttingen: Vandenhoeck & Ruprecht, 7. Aufl. 1980, S. 66.

26 M. Marty, *Martin Luther,* S. 33.

27 So erinnert sich Luther in seiner Vorrede zu Band 1 der Lateinischen Werke: WA 54;181,13ff. Zitiert nach: H. Fausel, *D. Martin Luther.* Bd. 1, S. 118f.

28 »Sub coelo«, WA 54;181,27.

29 WA 2;7,19-22. Zitiert nach: V. Leppin, *Reformation,* S. 43.

30 WAB 1;216,11 (Nr. 100).

31 WA 2;8,1-9. Zitiert nach: V. Leppin, *Reformation,* S. 43.

32 WAB 1;216,9-11 (Nr. 100).

33 Vgl. »Luthers Erläuterung über seine 13. These von der Gewalt des Pabstes [sic]. Vermehrt durch den Verfasser. Vor dem 27. Juni 1519. Die vermehrte Ausgabe nach dem 18. August 1519. Aus dem Lateinischen übersetzt.« W2 18,725. Die Ab-

kürzung W2 steht für die sogenannte Walch'sche Ausgabe in der zweiten Auflage: Martin Luther, Dr. Martin Luthers sämtliche Schriften. Hg. von Dr. Joh. Georg Walch. Nachdr. d. 2., überarb. Aufl, St. Louis, Missouri, USA, Concordia Publihsing House, 1880–1910. 26 Bde. Groß-Oesingen: Verlag der Luth. Buch. Harms, 1986.

34 WAB 1;216,9-11 (Nr. 100).

35 Vgl. H. Fausel, *D. Martin Luther,* S. 123.

36 Vgl. M. Marty, *Martin Luther,* S. 68.

37 WA 59;437,130-440,241. Vgl. WA 18;933-935 und M. Brecht, *Martin Luther.* Bd. 1, S. 246f.

38 »Quia tu pertubasti veritatem Dei, conturbet te hodie Dominus in ignem istum«, zitiert nach: Eilert Herms, *Offenbarung und Glaube. Zur Bildung des christlichen Lebens* (Tübingen: Mohr, 1992), S. 83.

39 Vgl. V. Leppin, Martin Luther, S. 171.

40 So hatte ihn Leo X. schon in der Bulle »Exsurge Domine« bezeichnet.

41 Zitiert nach: R. Bainton, *Martin Luther,* S. 152.

42 M. Brecht, *Martin Luther.* Bd. 1, S. 427.

43 Im Sommer 1540, WATR 5;70,8f. (Nr. 5342b). Zitiert nach: H. Fausel, *D. Martin Luther.* Bd. 1, S. 205.

44 R. Bainton, *Martin Luther,* S. 155.

45 Ebd.

46 Ebd., S. 157.

47 Ebd.

48 Ebd.

49 Ebd.

50 Ebd.

51 Der Text des Wormser Edikts findet sich in: Detlef Plöse und Günter Vogler (Hg.), *Buch der Reformation. Eine Auswahl zeitgenössischer Zeugnisse (1476–1555)* (Berlin: Union-Verlag, 1989), S. 252f.

52 M. Marty, *Martin Luther,* S. 73.

53 *Luther Deutsch. Die Werke Martin Luthers in neuer Auswahl für die Gegenwart,* hg. von Kurt Aland, Bd. 4: *Der Kampf um die reine Lehre* (Göttingen: Vandenhoeck & Ruprecht, 2., erweiterte und neu bearbeitete Aufl. 1964), S. 64 (WA 10/III; 8,11 – 9,11).

54 Ebd.

55 M. Marty, *Martin Luther,* S. 94.

56 *Luther Deutsch. Die Werke Martin Luthers in neuer Auswahl für die Gegenwart,* hg. von Kurt Aland, Bd. 7: *Der Christ in der Welt* (Göttingen: Vandenhoeck & Ruprecht, 2., erweiterte und neu bearbeitete Aufl. 1967), S. 192 (WA 18; 358,19-22).

57 M. Marty, *Martin Luther,* S. 102.

58 R. Bainton, *Martin Luther,* S. 257.

59 WAB 9; 572,20-22 (Nr. 3699): »in die Hände sehen« bezeichnet die Abhängigkeit von einem Wohltäter.

60 M. Marty, *Martin Luther,* S. 170.

61 Vgl. WA 30/II;189,26-190,1. Vgl. Marcus Meer, Martin Luther zum Islam. Ein frühneuzeitlicher Beitrag zur Toleranzdiskussion der Gegenwart? Beitrag zum Studierendenwettbewerb 2013 des Bundesministeriums des Innern, 11. April 2014. <http://www.bmi.bund.de/SharedDocs/Downloads/DE/Nachrichten/Kurzmeldungen/Studierendenwettbewerb%202013_Arbeit%20Meer.pdf>.

62 WA 30/II; 162, 20f.

63 Dorothea Wendebourg, »Martin Luther und die Juden.« Vortrag gehalten auf einer Tagung der EKD für Abgeordnete des Deutschen Bundestages und des Europaparlaments in Eisleben am 7. Juni 2013, Evangelische Verantwortung, Ausgabe 9 und 10, 2013, S. 13.

64 Zitiert nach: Ebd., S. 7.

65 WA 53; 426,23; 502,5; 529,9-10; 528,14-17.

66 Vgl. D. Wendebourg, »Martin Luther und die Juden«, S. 9.

67 M. Marty, *Martin Luther,* S. 174.

68 Travis McSherley, »The Miserable Monk«. Dezember 2013. 24. April 2014 <http://www.breakpoint.org/bpcommentaries/breakpoint-commentaries-search/entry/13/10025>.

69 Ebd.

70 M. Brecht, *Martin Luther.* Bd. 1, S. 174.

71 Lutherischer Weltbund (Hg.), Päpstlicher Rat zur Förderung der Einheit der Christen (Hg.), *Vom Konflikt zur Gemeinschaft. Gemeinsames lutherisch-katholisches Reformationsgedenken im Jahr 2017* (Leipzig: Evangelische Verlagsanstalt; Paderborn: Bonifatius, 2013), S. 89.

72 Ebd., S. 9.

73 Ebd., Klappentext.

74 Vgl. Jesaja 61,1; Lukas 4,18.

75 Der italienische Adlige, Graf Pecchio; zitiert nach: Robert Isaac Wilberforce und Samuel Wilberforce, *The Life of William Wilberforce,* Bd. 4 (London: John Murray, 1838), S. 373.

76 *Joni Eareckson Tada. 2012 Wilberforce Award Recipient,* 25. April 2014. <http://www.breakpoint.org/wilberforce-weekend-2012/wilberforce-award>

77 Robert Isaac Wilberforce und Samuel Wilberforce, *The Life of William Wilberforce,* Bd. 1 (London: John Murray, 1838), S. 7.

78 Ebd.

79 Earl Philip Henry Stanhope, *Life of the Right Honourable William Pitt,* Bd. 1 (London: John Murray, 1862), S. 283. Übersetzung des Spottverses nach: Eric Metaxas, *Wilberforce* (Holzgerlingen: SCM Hänssler, 2. Aufl. 2013), S. 77.

80 Zitiert nach: E.M. Forster, *Marianne Thornton: A Domestic Biography* (London: Hodder and Stoughton, 1956), S. 43.

81 R.I. Wilberforce und S. Wilberforce, *The Life of William Wilberforce,* Bd. 1, S. 75.

82 John S. Harford, *Recollections of William Wilberforce During Nearly Thirty Years* (London: Longman, Green, Longman, Roberts and Green, 1864), S. 216.

83 William Wilberforce, »Journal, Sunday, October 28, 1787«, zitiert in: R.I. Wilberforce und S. Wilberforce, *The Life of William Wilberforce,* Bd. 1, S. 149.

84 Wilfrid Prest, *Albion Ascendant: English History, 1660–1815* (Oxford: Oxford University Press, 1998).

85 Eine Anspielung auf Römer 8,31 (Luther): »Ist Gott für uns, wer kann wider uns sein?«.

86 John Charles Pollock, *Wilberforce* (London: Constable, 1977), S. 64.

87 William Wilberforce, in: »Debate on Mr. Wilberforce's Resolutions respecting the Slave Trade«, in: William Cobbett, *The Parliamentary History of England. From the Norman Conquest in 1066 to the Year 1803,* Bd. 28 (1789–91) (London: T. Curson Hansard, 1806–1820), Spalten 42–68.

88 Zu den Details der Gesetzgebung siehe: E. Metaxas, *Wilberforce,* S. 383, Anmerkung 1.

89 *Eric Liddell: Champion of Conviction* (Dolby DVD, Januar 2008).

90 Catherine Swift, *Eric Liddell* (Ada, MI: Bethany House Publishers, 1990), S. 78.

91 *Eric Liddell: Champion of Conviction*

92 Ebd.

93 RBC Ministries, *Our Daily Bread,* »Life-Changing Choices«, http://mobi.rbc.org/odb/2012-08-04.html.

94 David Brooks, »The Jeremy Lin Problem«, *New York Times,* 17. Dezember 2012, 28. April 2014. <http://www.nytimes.com/2012/02/17/opinion/brooks-the-jeremy-lin-problem.html>

95 C. Swift, *Eric Liddell,* S. 86.

96 David McCasland, *Eric Liddell: Pure Gold* (Grand Rapids, MI: Discovery House Publishers, 2001), S. 80.

97 C.S. Lewis Institute, Joel S. Woodruff, Ed. D., »Eric Liddell: Muscular Discipline and Olympic Champion«, Summer 2012, 3. Juli 2014. <http://www.cslewisinstitute.org/Profile_in_Faith_Eric_Liddell_FullArticle>
98 D. McCasland, *Eric Liddell: Pure Gold,* S. 103.
99 Ebd., S. 96.
100 http://en.wikipedia.org/wiki/Horatio_Fitch.
101 D. McCasland, *Eric Liddell: Pure Gold,* S. 98.
102 Ebd., S. 101.
103 *Eric Liddell: Champion of Conviction*
104 Hugh Hudson, *Chariots of Fire* (Dolby DVD, Januar 2004).
105 D. McCasland, *Eric Liddell: Pure Gold,* S. 210.
106 Ebd., S. 223.
107 Ebd.
108 Eric Liddell, *Disciplines of the Christian Life* (eChristian Books, Kindle Edition, Januar 2011).
109 *Eric Liddell: Champion of Conviction.*
110 D. McCasland, *Eric Liddell: Pure Gold,* S. 268.
111 Ebd., S. 269.
112 *Eric Liddell: Champion of Conviction.*
113 D. McCasland, *Eric Liddell: Pure Gold,* S. 279.
114 Ebd., S. 280.
115 *Eric Liddell: Champion of Conviction.*
116 Ebd.
117 Ebd.
118 Ebd.
119 Ben Carswell, »Marinating in the Word«, 18. Juni 2012, *From the Ends of the Earth,* 28. April 2014. <http://bencarswell.blogspot.com/2012/06/marinating-in-word.html>
120 BBC, »Golden Scots«, 25. Juni 2012. 28. April 2014. <http://www.bbc.co.uk/sport/0/scotland/18534527>
121 D. McCasland, *Eric Liddell: Pure Gold,* S. 105.
122 James H. Taylor, III, »Foreword. The Eric Liddell I knew«. Weihsien. 28. April 2014 <http://www.weihsien-paintings.org/NormanCliff/people/individuals/Eric01/PureGold/txt_foreword.htm>.
123 *Wilberforce. Der Mann, der die Sklaverei abschaffte* (Holzgerlingen: SCM Hänssler, 2. Auflage 2013.)

124 Martin Doblmeier, Bonhoeffer. Pastor, Pacifist, Nazi Resister. A Documentary Film by Martin Doblmeier (Princeton University, vor 2003), zitiert mit Erlaubnis des Regisseurs.

125 Sabine Leibholz-Bonhoeffer, »Kindheit und Elternhaus«, in: Wolf-Dieter Zimmermann (Hg.), *Begegnungen mit Dietrich Bonhoeffer* (München: Chr. Kaiser Verlag, 4. Aufl. 1969), S. 23; zitiert nach: Eberhard Bethge, *Dietrich Bonhoeffer. Theologe – Christ – Zeitgenosse. Eine Biographie* (Gütersloh: Gütersloher Verlagshaus, 9. Aufl. 2005), S. 50. Vgl. auch: Eric Metaxas, *Bonhoeffer. Pastor, Agent, Märtyrer und Prophet* (Holzgerlingen: SCM Hänssler, 2. Aufl. 2013), S. 49. – In zeitgenössischen Zitaten wird in diesem Kapitel bewusst die Originalschreibweise beibehalten.

126 Nach dem Attentat auf Hitler, in das Bonhoeffers Onkel, Paul von Hase, involviert war, hatte der Jenaer NSDAP-Kreisleiter das Denkmal entfernen lassen. Vgl. Roland Kopp, »Generalleutnant Paul von Hase (1885–1944)«, in: Friedrich-Wilhelm von Hase (Hg.), *Hitlers Rache. Das Stauffenberg-Attentat und seine Folgen für die Familien der Verschwörer* (Holzgerlingen: SCM Hänssler, 2014), S. 179-205, hier: S. 201.

127 Dietrich Bonhoeffer, *Barcelona, Berlin, Amerika, 1928–1931* (Dietrich Bonhoeffer Werke [DBW] Bd. 10, Gütersloh: Chr. Kaiser Verlag, 1991), S. 251 [DBW 10].

128 Inge Karding, Interview mit Martin Doblmeier, *Bonhoeffer. Pastor, Pacifist, Nazi Resister. A Documentary Film by Martin Doblmeier* (Princeton University, unveröffentlichtes Filmmaterial, vor 2003), zitiert mit Erlaubnis des Regisseurs.

129 »... dann gleitet das Bild des Verführers über in das des Verführers«, Dietrich Bonhoeffer, *Berlin 1932–1933* (DBW 12, München: Chr. Kaiser Verlag, 1997), S. 257.

130 Der berühmte Satz Bonhoeffers, der nirgends schriftlich dokumentiert ist, stammt von etwa Ende 1935, der Zeit der Nürnberger Rassegesetze; vgl. E. Bethge, »Dietrich Bonhoeffer und die Juden«, in: *Konsequenzen. Dietrich Bonhoeffers Kirchenverständnis heute*, hg. von Ernst Feil und Ilse Tödt (München: Chr. Kaiser Verlag, 1980), S. 171-214, hier: S. 195.

131 »Entwurf für eine Arbeit«, August 1944, in: : Dietrich Bonhoeffer, *Widerstand und Ergebung. Briefe und Aufzeichnungen aus der Haft* (DBW 8, Gütersloh: Chr. Kaiser Verlag, 1998), S. 558.

132 Dieses berühmte Zitat hat Niemöller bei seinen zahlreichen Vorträgen nach dem Krieg in verschiedenen Versionen gebracht. Zitiert nach: »›Als die Nazis die Kommunisten abholten ...‹. Das Zitat«, 22. September 2005, Martin Niemöller Stiftung. 25. April 2014. <http://www.martin-niemoeller-stiftung.de/4/daszitat/a31>

133 Vgl. Wolf-Dieter Zimmermann (Hg.), *Begegnungen mit Dietrich Bonhoeffer* (München: Chr. Kaiser Verlag, 4. Aufl. 1969), S. 150-151.

134 Vgl. Eberhard Bethge, *Bekennen und Widerstehen. Aufsätze, Rede, Gespräche* (München: Chr. Kaiser Verlag, 1984), S. 152f.; vgl. E. Metaxas, *Bonhoeffer,* S. 446.

135 Dietrich Bonhoeffer, *Widerstand und Ergebung. Briefe und Aufzeichnungen aus der Haft* (in vielen Ausgaben und Auflagen ab 1951).

136 Johannes Salzig, »Die Sippenhaft als Repressionsmaßnahme«, in: F.-W. von Hase, *Hitlers Rache,* S. 288.

137 Dietrich Bonhoeffer, *London 1933–1935* (DBW 13, Gütersloh: Chr. Kaiser Verlag, 1994), S. 329-330.

138 So der Titel des Gedichts; DBW 8, S. 570-572.

139 Vgl. dazu die Jahreslosung 2013 im biblischen Zusammenhang: »So lasst uns nun zu ihm [Jesus Christus] hinausgehen aus dem Lager und seine Schmach tragen. Denn wir haben hier keine bleibende Stadt, sondern die zukünftige suchen wir« (Hebräer 13,13f).

140 Dietrich Bonhoeffer, *Nachfolge* (Gütersloh: Gütersloher Verlagshaus, 2. Aufl. der Taschenbuchausgabe 2005), S. 81.

141 Arnold Rampersad, *Jackie Robinson* (New York: Ballantine Books, 1998), S. 24.

142 Ebd., S. 51.

143 Ebd., S. 96.

144 Scott Simon, *Jackie Robinson and the Integration of Baseball* (Hoboken, NJ: John Wiley & Sons, Inc., 2007), S. 19.

145 A. Rampersad, *Jackie Robinson,* S. 103.

146 Ebd., S. 106.

147 Ebd.

148 Ebd., S. 107.

149 Ebd., S. 122.

150 S. Simon, *Jackie Robinson and the Integration of Baseball,* S. 63.

151 A. Rampersad, *Jackie Robinson,* S. 125.

152 Ebd., S. 126.

153 Ebd., S. 127.

154 Ebd., S. 129.

155 Murray Polner, *Branch Rickey. A Biography* (Jefferson, NC: McFarland & Company, 2007), S. 176.

156 Jackie Robinson, Alfred Duckett, *I Never Had It Made: An Autobiography of Jackie Robinson* (New York: Harper Perennial, 2003), S. 41.

157 A. Rampersad, *Jackie Robinson,* S. 167.

158 J. Robinson, A. Duckett, *I Never Had It Made,* S. 58.

159 A. Rampersad, *Jackie Robinson,* S. 173.

160 S. Simon, *Jackie Robinson and the Integration of Baseball,* S. 122.

161 Jonathan Eig, *Opening Day: The Story of Jackie Robinson's First Season* (New York: Simon & Schuster, 2007), S. 224.

162 Sharon Robinson, *Jackie's Nine: Jackie Robinson's Values to Live By* (New York: Scholastic Inc., 2002), S. 89.

163 Rachel Robinson, *Jackie Robinson: An Intimate Portrait* (New York: Abradale/Abrams, 1998), S. 216.

164 Rick Weinberg, »93: Baseball retires Jackie Robinson's No. 42«, ESPN's 100 Most Memorable Moments. 28. April 2014. <http://sports.espn.go.com/espn/espn25/story?page=moments/93>

165 Monsignor Virgilio Levi und Christine Allison, *John Paul II: A Tribute in Words and Pictures* (New York: William Morrow & Company, 1999).

166 Ebd.

167 David Aikman, *Great Souls: Six Who Changed a Century* (Lanham, MD: Lexington Books, 2003), S. 272.

168 George Weigel, *Zeuge der Hoffnung. Johannes Paul II. Eine Biografie* (Paderborn: Schöningh: 2., korr. Aufl. 2003), S. 59.

169 D. Aikman, *Great Souls,* S. 277.

170 G. Weigel, *Zeuge der Hoffnung,* S. 60.

171 Ebd., S. 71.

172 D. Aikman, *Great Souls,* S. 283.

173 Ebd., S. 285.

174 G. Weigel, *Zeuge der Hoffnung,* S. 148.

175 Ähnlich wurde es dann in der Erklärung des Zweiten Vatikanischen Konzils, *Nostra Aetate,* 13, formuliert.

176 G. Weigel, *Zeuge der Hoffnung,* S. 171.

177 D. Aikman, *Great Souls,* S. 296.

178 G. Weigel, *Zeuge der Hoffnung,* S. 265. Weigel bezieht sich auf einen Bericht von Jerzy Turowicz für *Tygodnik Powszechny* über das Konklave, zitiert nach: Jerzy Turowicz, »Habemus Papam«, in: Boleslaw Wierzbianski, *The Shepherd for All People* (New York: Bicentennial Pub., 1993).

179 Ebd., S. 267.

180 Ebd.

181 D. Aikman, *Great Souls,* S. 253.

182 G. Weigel, *Zeuge der Hoffnung,* S. 274.

183 D. Aikman, *Great Souls,* S. 255.

184 V. Levi und C. Allison, *John Paul II,* S. 113-116.

185 Stanislaw Dziwisz, *A Life with Karol: My Forty-Year Friendship with the Man Who Became Pope* (New York: Doubleday, 2008), S. 237.
186 V. Levi und C. Allison, *John Paul II*, S. 116.
187 S. Dziwisz, *A Life with Karol*, S. 249.
188 D. Aikman, *Great Souls*, S. 301-302.
189 CNN World, »Vatican Reasserts Stem Cell Stand«, CNN.com, 25. Juli 2001.
190 George Weigel, *Der Papst der Freiheit. Johannes Paul II. Seine letzten Jahre und sein Vermächtnis* (Paderborn: Schöningh, 2011), S. 344; Schreibfehler wurde hier stillschweigend verbessert.
191 Ebd., S. 357.
192 Zitiert nach: Jean Bethke Elshtain, Who Are We? C. S. Lewis and the Question of Man, in: Eric Metaxas (Hg.), *Socrates in the City: Conversations on »Life, God, and Other Small Topics«.* (New York: Plume, 2012), S. 131-158, hier: S. 156.
193 G. Weigel, *Der Papst der Freiheit*, S. 386.
194 Ebd., S. 396.
195 D. Aikman, *Six Great Souls*, S. 307.
196 Charles W. Colson, *Der Berater. Die Machenschaften der Mächtigen* (Neuhausen-Stuttgart: Hänssler, 4. Aufl. 1990), S. 26.
197 Ebd., S. 29.
198 Jonathan Aitken, *Charles W. Colson: A Life Redeemed* (Colorado Springs, CO: Waterbrook Press, 2005), S. 194.
199 C. Colson, *Der Berater*, S. 131-132.
200 Ebd., S. 139.
201 Ebd., S. 140-141.
202 Ebd., S. 141.
203 Ebd., S. 151.
204 J. Aitken, *Charles W. Colson*, S. 241.
205 C. Colson, *Der Berater*, S. 182.
206 Ebd., S. 276.
207 Ebd., S. 306.
208 J. Aitken, *Charles W. Colson*, S. 254-255.
209 Ebd., S. 258.
210 Ebd., S. 278.
211 Ebd.
212 Ebd., S. 271.
213 Ebd., S. 274.
214 Ebd., S. 276.

215 Ebd.

216 Charles Colson, »Kids Who Kill. The Jonesboro Slaughter«. Breakpoint.org, 30. März 1998, 28. April 2014. <https://www.breakpoint.org/commentaries/4835-kids-who-kill>

217 Jim Tonkowich, »The Wideness of Worldview. Remembering Chuck Colson«, 23. April 2012, 28. April 2014. <http://www.religiontoday.com/news/wideness-of-worldview-remembering-chuck-colson.html>

218 Winston Churchill, »Never Give In«. Rede im Internat Harrow (England), *The Churchill Centre*. 29. Oktober 1941, 28. April 2014. <http://www.winstonchurchill.org/learn/speeches/speeches-of-winston-churchill/103-never-give-in>

219 Aus der Erinnerung des Autors.

220 Ebd.

Danke!

Wenn mich früher jemand fragte, wer mir bei den Recherchen für meine Bücher (vor allem für die Wilberforce- und die Bonhoeffer-Biografie) geholfen habe, lachte ich meistens und meinte, es wäre schön gewesen, wenn mir jemand geholfen hätte; aber ich hätte, bitte sehr, alles selbst gemacht und selbst geschrieben. Ich sah mich ein wenig in der Rolle eines Einradfahrers. Erfolgreich Einrad zu fahren, macht man entweder selbst oder gar nicht. Doch in diesem Buch habe ich das erste Mal endlich (und gerne) mit dieser Tradition gebrochen.

Zum ersten Mal habe ich Hilfe in Anspruch genommen, am meisten von meiner Freundin Anne Morse – vor allem bei den Kapiteln über Liddell und Robinson; und von unserer *Breakpoint*-Kollegin Gina Dalfonzo, die mir bei dem Kapitel über Johannes Paul II. half. Einen weiteren *Breakpoint*-Kollegen muss ich noch erwähnen – meinen lieben Freund Roberto Rivera, der mir 1998 verriet, dass Jackie Robinson und Branch Rickey ja Christen gewesen seien, und mich auf die Biografie von Arnold Rampersad aufmerksam machte. Für das Kapitel über Martin Luther, das ich für die deutsche Ausgabe verfasste, habe ich wertvolle Hinweise durch die Lutherkenner Pfarrer Dr. Wolfgang Schöllkopf und Pfarrer Robert Stratmann erhalten.

Und nicht zuletzt möchte ich meinem lieben Freund Markus Spieker danken, der mich sehr ermutigte, ein Buch wie dieses zu schreiben. Seine Ermutigung hat endlich Früchte getragen; möge sie das auch weiterhin tun.

Eric Metaxas
New York City im Mai 2014

Über den Autor

Eric Metaxas ist Autor der Bestseller-Biografie *Bonhoeffer. Pastor, Agent, Märtyrer und Prophet* (5. Auflage 2013), von *Bonhoeffer. Eine Biografie in Bildern* (2013) und der Biografie *Wilberforce. Der Mann, der die Sklaverei abschaffte.* Dazu kommen mehr als 30 andere Titel. Zurzeit arbeitet er als Redakteur für *Breakpoint*, eine von mehr als vierhundert amerikanischen Rundfunkstationen ausgestrahlte tägliche Radiosendung, die acht Millionen Zuhörer erreicht.

2012 war er Hauptredner beim *National Prayer Breakfast*, einer Veranstaltung, an der auch das amerikanische Präsidentenehepaar Michelle und Barack Obama teilnahm. 2011 wurde ihm die Canterbury-Medaille des *Becket Fund for Religious Freedom* verliehen. Frühere Preisträger waren unter anderem Chuck Colson und Elie Wiesel. Metaxas hat in den USA für Charles Colson und die *New York Times* und *CNN* geschrieben. Mit seiner Ehefrau und Tochter lebt Metaxas in New York.

Bildnachweis

Cover

Martin Luther: © akg-images; William Wilberforce: Wilberforce House, Hull City Museums and Art Galleries, UK, © www.bridgemanart.com; Eric Liddell: © Getty Images; Dietrich Bonhoeffer: Staatsbibliothek zu Berlin, © bpk; Jackie Robinson: The Granger Collection, © ullstein bild; Papst Johannes Paul II: © ullstein bild – Reuters; Charles Colson: © Thomas Nelson.

Innenteil

Die Seitenzahlen beziehen sich auf den gesonderten Bildteil. Porträts: siehe Bildnachweis für das Cover.

S. 1 (Szene aus John Fox' »Book of Martyrs«): © akg-images; S. 1 (Szene aus Plutarchs parallelen Biografien): © The National Gallery, London / akg; S. 2 (Martin Luther auf dem Reichstag zu Worms): © Ulrich Kneise / Eisenach; S. 3 (William Wilberforce im Parlament): © Henry Guttmann / Getty Images; S. 4 (Eric Liddell beim entscheidenden Lauf): © Eric Liddell Centre; S. 5 (Dietrich Bonhoeffer auf Fanö): © bpk / Rotraut Forberg; S. 6 (Auszeichnung für Jackie Robinson): © akg-images; S. 7 (Papst Johannes Paul II besucht seinen Attentäter): © ullstein bild – Reuters; S. 8 (Watergate-Gebäude): © akg-images.

Eric Metaxas

Wilberforce
Der Mann, der die Sklaverei abschaffte

Gebunden, 15 x 21,6 cm, 416 S.,
Mit 16-seitigem Bildteil, Schutzumschlag
und Lesebändchen
Nr. 395.391, ISBN: 978-3-7751-5391-1

Trotz Krieg, Morddrohungen und Selbstzweifeln kämpfte William Wilberforce sein ganzes Leben für die Abschaffung der Sklaverei. Doch warum setzte ein Politiker wie er seine Karriere aufs Spiel? Eine neue rasante Biografie des Bestsellerautors Eric Metaxas.

Eric Lidell

Die Stunde des Siegers

DVD, 118 Minuten, FSK ab 12 Jahre
Nr. 210.272, €D 9,95*

Das Jahr der Olympischen Spiele in Paris. Harold Abrahams und Eric Lidell, bereiten sich auf den Wettkampf vor. Beide wollen nur eines: gewinnen. Aber nicht nationaler Stolz oder Geld sind die Motive, für die sie sich bis an die Grenze ihrer Leistungsfähigkeit bringen.